자본주의는
미래가
있는가

DOES CAPITALISM HAVE A FUTURE?

자본주의는
미래가
있는가

이매뉴얼 월러스틴
랜들 콜린스
마이클 맨
게오르기 데를루기얀
크레이그 캘훈 지음

성백용 옮김

창비

차례

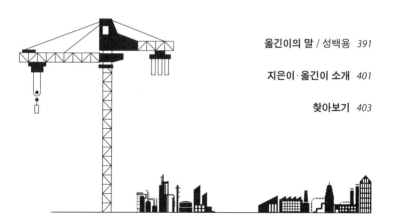

공동서론

다음번의 대전환

앞으로 수십년은 놀라운 충격과 거대한 도전의 시기가 될 것이다. 개중에는 새로운 것으로 보이는 충격과 도전도 있을 것이고, 아주 오래된 것으로 보이는 충격과 도전도 있을 것이다. 그중 많은 것이 전례 없는 정치적 딜레마와 어려운 선택지 들을 가져다줄 것이다. 이런 일은 곧 닥치기 시작해 지금 어린 사람들이 어른이 되었을 때 틀림없이 그들의 삶을 좌우할 것이다. 그러나 그런 사태가 반드시, 또는 오로지 나쁜 것만은 아니라는 게 우리의 생각이다. 과거 세대와 다른 방식으로 그런 일에 대처할 수 있는 기회들 또한 앞으로 수십년 안에 찾아올 것이다. 이 책에서 우리는 세계사에 대한 우리의 사회학 지식에 기초해 그러한 도전과 기회 들이 과연 어찌 될 것인가 하는 문제를 탐구하고 토론할 것이다. 솔직히 가장 난감한 일은 거의 30년 전 냉전의 종식과 함께 가능한 세계의 미래들, 특히 자본주의의 전망들에 대해 논의하는 것이 한물간―심지어 난감한―일이 되고 말았다는 점이다.

우리 필자들이 5인조가 되어 예사롭지 않은 이 책을 함께 쓰기로 한 이유는 무언가 거대한 사태가 수평선 위로 모습을 드러내고 있기 때문이다. 그 사태란, 뒤돌아보면 더 깊은 곤경과 변화의 시기로 접어드는 서막에 불과한 것으로 보일 수도 있을 최근의 대침체(Great Recession, 2007년 비우량 주택 담보 대출subprime mortgage 사업의 대붕괴로 시작된 미국발 세계 경제 침체. 2008~9년 정점에 달했으며 지금도 진행 중이다. 이하 방주는 옮긴이 주이다)보다 훨씬 더 심대한 구조적 위기를 말한다. 이매뉴얼 월러스틴(Immanuel Wallerstein)은 자본주의 체제의 몰락을 예언하는 근본적인 이유를 설명한다. 향후 30년 내지 40년에 걸쳐 세계시장을 과포화 상태로 만들고 또한 사업 경영의 사회적·생태적 비용 때문에 모든 면에서 큰 압박을 받게 되면서 세계의 자본가들은 통상적인 투자 결정이 아예 불가능한 상황에 직면할 수도 있다. 지난 5세기 동안 자본주의는 그 지리적 핵심부에 유리하게 포진한 엘리뜨 경영자들이 큰 몫의, 꽤 확실한 이윤을 거둬들이는 위치에 있는 범세계적이고 명백히 위계적인 세계시장경제였다. 그러나 월러스틴의 주장에 따르면, 이러한 역사적 상황은 비록 그것이 아무리 역동적일지라도, 모든 역사적 체제들이 그렇듯이 결국에는 그 체제 자체의 한계에 이르게 될 것이다. 이러한 가정 아래서 자본주의는 결국 자본가들 자신의 좌절로 끝이 날 것이다.

랜들 콜린스(Randall Collins)는 자본주의의 미래를 위협하는 좀더 구체적인 메커니즘, 즉 서구에서만이 아니라 전세계적으로 새로운 정보기술이 그 직무를 대체함으로써 교육받은 중간계급의 2/3 정도나 되는 많은 사람들이 구조적 실업 상태에 놓이게 되는 사태의 사회적·정치적 여파에 초점을 맞춘다. 최근에 경제평론가들은 중간계급의 규모가 축소되고 있음을 알아차렸지만, 그저 막연하게 정책적인 해법을 요구하는 것으로 넘어가기 일쑤다. 콜린스는 과거에 기술혁신운동에 따르는 사회적 비용으로부터 자본주의를 구출한 다섯가지 탈출로를 면밀히 고찰한다. 오늘날 이미 알려진 이 탈출로 가운데 어느 것도 써비스 및 관리직의 기술적 대체를 보상할 만큼 효력이 있는 것 같지는 않다. 19, 20세기의 자본주의는 육체노동을 기계화했지만, 그 대신 중간계급의 일자리를 늘리는 것으로 이를 벌충했다. 지금 21세기 첨단기술의 궤적은 중간계급을 잉여의 존재로 밀어낸다. 이같은 현실 앞에서 우리는 자본주의가 중간계급이라는 정치적·사회적 완충장치를 잃어버림으로써 종말을 고할 수도 있지 않을까 하는 또다른 추측을 해보게 된다.

크레이그 캘훈(Craig Calhoun)은 그와 반대로 자본주의가 개혁된 형태로 온존할 수 있을 것이라고 주장한다. 캘훈은, 우리 모두가 인정하는 바이거니와, 자본주의는 시장경제일 뿐만 아니라 하나의 **정치**경제이기도 하다는 점을 역설한다. 그것의 제도적 얼개는 정치적 선택에 좌우된다. 구조적 모순은 복잡한 시장들의 작동에 본래 내재하는 것일지 모르지만, 그 모순이 개선되느냐 그렇지 않고 파멸에 이르도록 그냥 방치되느냐 하는 것은 정치의 영역에 속하는 문제다. 달리 말하자면 충분히 계몽된 자본가 당파가 그들 체제의 비용과 책임을 감수하든가, 아니면 한 세대 전에 자유주의/좌파의 도전이 약해진 이래 그들이 해온 대로 앞으로도 계속 무심한 무임승객처럼 행동하든가, 둘 중 하나일 것이다. 이 시대의 자본주의로부터 개편된 미래 체제로의 이동이 얼마나 근본적인 전환이 될 것인가는 열려 있는 문제다. 중앙집권화된 사회주의 경제로 옮아갈 가능성도 있겠지만, 중국식 국가자본주의(state capitalism)로 옮아갈 가능성이 훨씬 더 클지도 모른다. 미래에, 특히 자본주의적 소유 및 금융 양식이 쇠퇴해버린 상황에서도 시장은 존재할 수 있다. 자본주의는 존속하되 세계의 경제적 통합을 밀고 나가는 그것의 능력을 잃어버릴 수도 있다.

마이클 맨(Michael Mann)은 자본주의의 문제들에 대해 사회민주주의적인 해결책을 지지하는 입장이지만, 다원적인 권력의 원천들(sources of power)에서 생겨나는 한층 더 심층적인 문제들을 조명한다. 자본주의 외에도 그 원천은 정치, 군사적 지정학, 이데올로기, 그리고 세계 지역들의 다중성(multiplicity)을 포함한다. 맨이 보기에는 이같은 복잡성이 자본주의의 미래를 예측 불가능한 것으로 만든다. 오로지 예측할 수 있는 가장 중요한 위협은 21세기 내내 커져갈 생태위기이다. 이것은 자칫하면 물과 식량을 둘러싼 투쟁으로 번지고, 환경파괴와 대량이주 사태를 낳을 것이며, 그리하여 전체주의적 반동과 핵전쟁까지 일으킬 수 있다. 맨은 이러한 위기를 이 책의 주안점인 자본주의의 미래에 연결시킨다. 그의 분석에 따르면, 기후변화의 위기는 세계화된 오늘날의 모든 지배적 제도들──무제한의 이윤 추구로서의 자본주의, 제각기 주권을 주장하는 자치적 민족국가들(nation-states), 현대 국가와 시장을 동시에 정당화하는 개개인의 소비자 권리──에서 비롯하기 때문에, 저지하기가 그만큼 쉽지 않다. 그러므로 생태위기를 해결하려면 오늘날 우리 삶의 제도적 조건들에서 일대 변화가 일어나지 않으면 안될 것이다.

이 모든 것은 토목공학이나 요즘 흔히 듣는 말로 금융업에서의 '스트레스 테스트'(stress tests, 일반적인 의미는 스트레스에 대한 반응을 실험·평가하는 방법이지만, 금융 분야에서는 경기 변동이나 위기 상황을 가정해 금융씨스템이 받을 충격과 위기관리능력을 평가하는 프로그램을 말한다)와 흡사한 구조적 차원의 투영이다. 우리 저자들 가운데 누구도 비난하거나 찬양하는 견지에서 자본주의의 미래에 대한 예측을 시도하지 않았다. 우리는 나름대로 도덕적이고 정치적인 신념을 가지고 있다. 하지만 역사사회학자로서 우리는, 적어도 수렵채집생활의 초보 단계를 넘어선 지난 1만년 동안 인간사회들의 운명이 제각기 얼마나 많은 선 또는 악을 빚어냈느냐에 따라서 결정되지 않았음을 잘 알고 있다. 우리의 논점은 자본주의가 이제까지 존재했던 어떤 사회보다 더 좋으냐 아니면 더 나쁘냐 하는 것이 아니다. 문제는 '자본주의는 미래가 있는가?'이다.

이 질문은 오래된 예언을 메아리치게 한다. 자본주의가 붕괴하리라는 예상은 그보다 먼저 무너지고 만 소련의 공식 이데올로기 한가운데 놓여 있었다. 하지만 이러한 사실이 자본주의의 전망을 보장하는가? 게오르기 데를루기얀(Georgi Derluguian)은 세계 지정학의 거대한 상황판 속에서, 결국 자멸을 부른 쏘비에뜨 실험의 현장을 보여준다. 그는 또한 중국이 가장 최근에 자본주의적 성장을 이뤄낸 기적의 주인공이 되었으면서도 어떻게 공산주의의 붕괴를 피할 수 있었는지를 설명한다. 공산주의는 자본주의의 유망한 대안이 아니었다. 그럼에도 1989년 이후 쏘비에뜨 블록이 아래로부터의 광범위한 동원과 엘리뜨들 사이의 맹목적인 공황 속에서 급작스럽게 종말을 고한 사태는 자본주의의 정치적 미래에 무언가 중요한 시사점을 줄 수 있다.

최후심판의 날(doomsday)에 관한 씨나리오들이 이 책에서 논의하려는 바는 아니다. 기존 구성에서 변수들을 바꿈으로써 단기적 미래를 예측하는 경영 및 안보 전문가들과 달리, 우리는 구체적인 씨나리오를 쓸모없는 것으로 생각한다. 사건들이란 다양한 인간의 의지와 변화하는 상황에 좌우되기 때문에 너무도 우연적이고 예측 불가능하다. 더 심층의 구조적 동역학(dynamics)만이 대략 예측이 가능하다. 우리 저자들 가운데 두 사람, 자본주의에 탈출구는 이제 없다고 생각하는 콜린스와 월러스틴은 1970년대에 이미 쏘비에뜨 공산주의의 종말을 예언했다. 하지만 어느 누구도 그 날짜까지 예언하거나, 이 종전의 산업강국이자 초강대국을 갈가리 찢어놓은 장본인이 전임 중앙위원회 위원들이라는 사실까지 예언할 수는 없었다. 이같은 결과는 사태가 그런 식으로 굴러가지 않을 수도 있기 때문에 예측이 불가능하다.

우리는 우리의 미래가 정치적으로 충분히 결정되지 않은 바로 그 범위 안에서 운명에 거슬러 희망을 찾는다. 체제 위기는 그 자체가 과거의 딜레마들과 이전 세대의 제도적 결단의 유산인 구조적 압박을 느슨하게 하고 산산조각낸다.

평상시의 경영은 유지할 수 없게 되며, 이런 역사적 전기에는 여러 갈래의 진로가 나타난다. 자본주의는 낡은 기술과 생산방식을 창조적으로 파괴하면서, 또한 불평등 및 환경 파괴의 한 근원이 되어왔다. 자본주의의 심각한 위기는 더 많은 사회정의와 더 살기 좋은 지구 환경을 증진하는 쪽으로 인류의 지구사(地球事)를 재조직할 기회가 될 수 있다.

우리가 힘주어 주장하는 바거니와, 역사적 체제들은 다른 어떤 체제로 변신하면서 다소 파괴적인 방식으로 사멸하기도 한다. 인간사회의 역사는 돌발적인 혁명과 팽창적인 발전의 시기들, 그리고 고통스럽게도 긴 침체기나 심지어 퇴행기들을 겪어왔다. 그런데, 어느 누구도 원하는 바는 아니지만, 이 나중의 가능성은 미래에 세계적인 위기의 결과들 가운데 하나로 나타날 수 있다. 현 자본주의의 정치·경제구조들은 비용의 상승과 사회적 압력들에 직면해 그 활력을 잃어버릴 것이다. 구조상으로 볼 때 이는 세계가 방어적이고, 대내적으로는 억압적이며, 대외적으로는 배타적인 블록들로 분열되는 사태로 이어질 수 있다. 어떤 이들에게 그것은 문명의 충돌로 보일 것이고, 또 어떤 이들에게는 첨단 전자감시 기술에 의해 시행되는 조지 오웰(George Orwell, 1903~50. 『동물농장』『1984』 등의 작품을 쓴 영국 소설가)의 '1984'와 같은 반(反)유토피아의 실현으로 보일 것이다. 극한의 갈등 속에서 사회 질서를 회복하는 방식들 가운데는 파시즘을 연상케 하는 것도 있을 수 있겠지만, 또한 훨씬 더 확장된 민주주의도 한가지 가능한 방식이다. 바로 이것이 이 책에서 우리가 무엇보다도 강조하고자 한 바이다.

근래 수십년 동안 정치학 및 주류 사회과학에서는, 무엇이 됐든 대규모의 구조적 변화라는 것은 생각해볼 가치조차 없다는 것이 지배적인 견해였다. 신고전주의 경제학은 기본적으로 불변하는 사회세계에 대한 가정 위에서 그 모델들을 구성한다. 위기가 발생하면, 자본주의는 정책 조정과 기술혁신을 통해 갱신되기 마련이다. 하지만 이것은 경험의 일반화에 지나지 않는다. 하나의 체제로서 자본주의가 500년 동안 존속했다고 해서 그것이 영원히 그러하리라는 것이 증명된 것은 아니다. 1980년대 — 그러니까 1968년의 유토피아적 희망이 좌절감 속으로 뒷걸음치고 쏘비에뜨 공산주의의 위기가 불거져나온 때 — 에 하나의 대항운동으로 등장한 다양한 포스트모던 계열의 문화-철학 비평가들은, 상당한 실존적 절망을 느끼는 가운데 자본주의의 영속성에 대한 똑같은 가정을 공유하게 되었다. 그 결과 문화적 포스트모던주의자들의 경우 구조적 현실을 직시하고자 하는 의지가 꺾이고 말았다. 우리는 결론 장에서 그 지적 풍조를 포함하여 현 세계의 상황에 대해 더 상세하게 논의할 것이다.

우리의 주장들이 더 넓은 토론장에서 논의되었으면 하는 바람에서 우리는 이 책을 좀더 이해하기 쉬운 형식으로 쓰려고 했다. 모든 각주와 아울러 우리 논의에 관한 상세한 설명은 각 저자들의 논문을 참고할 수 있다. 우리가 주로 연구해온 전문분야는 통상 세계체제 분석(world-systems analysis) 또는 거시역사사회학(macrohistorical sociology)이라고 불린다. 거시역사사회학자들은 고대 제국 및 문명 들의 변천과 아울러 자본주의와 근대 사회의 기원들을 탐구한다. 사회 형태들을 매우 장기적인 관점에서 살펴봄으로써 그들은 인간의 역사가 교차하는 구조들의 비항구적인 구성체들로 장기간에 걸쳐 응결되는 다양한 모순과 갈등을 통해 움직인다는 것을 알게 된다. 이 점은 이 책을 열고 닫는 첫 장과 마지막 장을 우리가 공동으로 집필해도 좋을 만큼 충분히 동의하는 지점이다. 하지만 우리는 저마다 특수한 이론과 전공영역이 있으며, 그에 따른 견해는 각각의 장에 반영되어 있다. 이 짧은 책은 한목소리로 제창하는 선언서가 아니다. 이것은 인간사회의 과거와 현재에 대한 우리의 지식을 바탕으로 동등한 사람들이 벌이는 토론이다. 그런 까닭에 이것은 세계사에서 다음번의 거대한 전환은 어떠한 것이 될지 진지하게, 그리고 솔직하게 질문을 던져보자는 하나의 권유이다.

　결국, 우리는 일종의 사회주의를 예언하고 있는 것인가?

이데올로기적 신념에서 나온 쓸데없는 논쟁이 아니라 사리에 맞는 대답이 되려면 다음 두가지를 반드시 갖추어야 한다. 첫째로, 우리는 과학적 분석의 규칙을 견지하므로, 이것은 예언이 아니다. 이 말은 곧 왜 변화가 일어날 수 있는지, 그리고 현재와 다른 역사적 상황으로 어떻게 옮아가는지를 상당히 정확하게 설명하고자 한다는 뜻이다. 그런 변화의 종착점이 사회주의가 될 것인가? 우리가 따라가는 추론은 향후 수십년에 걸치는 중기적 미래에 가닿는다. 랜들 콜린스는 이렇게 묻는다. 이윤을 추구하는 시장조직에서 과학기술의 발달로 잉여가 될 역할을 맡은 중간계급이 다가오는 빈곤을 피할 수 있는 방도는 무엇인가? 그것은 생산 및 분배의 사회주의적 재조직―다시 말해서 대다수의 사람들을 의미있는 존재로 만들도록 설계된, 어떤 의식적이고 집단적으로 조율된 방식의 정치경제―의 형태를 띨 수 있다. 따라서 사회주의가 자본주의를 대체할 가장 유력한 대안이 되게끔 만드는 것은 선진 자본주의가 안고 있는 문제들의 구조적 확대인 것이다. 그러나 공산주의 및 사회민주주의 국가들에 대한 20세기 경험의 교훈들은 잊히지 않았다. 사회주의는 그 자체의 문제들, 주로 독재정치와 장기간에 걸친 경제적 활력 상실로 이어지기 십상인 조직상의 과도 중앙집중화(hypercentralization)에서 비롯한 문제들을 안고 있었다. 설령 자본주의의 위기가 사회주의적 노선을 따라 해결된다고 해도, 사회주의의 문제들은 다시 관심의 초점으로 떠오를 것이다. 더욱더 멀리 장기적인 미래를 내다보면서 콜린스는 사회주의 자체도 영원히 지속되지는 않을 것이며, 자본주의와 사회주의가 각각 그 자체의 결점들 때문에 침몰하고, 세계는 이 두 체제의 다양한 형태들 사이에서 진자처럼 움직이지 않을까 하는 생각을 내비친다.

또달리 낙관적인 투영 속에서, 크레이그 캘훈과 마이클 맨은 생태 및 핵 재앙에 직면하여 하나로 뭉친 민족국가들의 연합 가능성을 내다본다. 그들의 주장에 따르면 이것은 세계화의 좀더 온건한 사회민주주의적 버전으로, 자본주의의 지속적인 생명력을 보장할 수 있다. 게오르기 데를루기얀은 자본주의 이후 어떤 체제가 들어서든지 간에 그것은 결코 공산주의 유형을 닮지 않을 것이라고 주장한다. 다행스럽게도 쏘비에뜨형 '요새 사회주의'(fortress socialism)의 역사적 조건들은 지난 세기의 지정학적·이데올로기적 대립과 함께 사라졌다. 한편, 이매뉴얼 월러스틴은 어떤 체제가 자본주의를 대체할 것인지 예언하기란 본래 불가능하다고 생각한다. 그런 대안 체제는 자본주의는 아니되 그럼에도 그 계층화·양극화하는 특징을 지속시킬 비자본주의 체제거나, 아니면 비교적 민주주의적이고 평등주의적인 체제이다. 혹은 몇가지 세계체제들이 이행의 결과로 등장할 것이다. 캘훈 또한 자본주의 내부의 위험들만이 아니라 외부의 위협들에 따른 파열에 대처하기 위해서 좀더 느슨하게 결합된 체제들이 발달할 수 있다고 주장한다. 이는 세계가 비가역적으로 세계화되어왔다는 널리 공유되는 가정과 충돌한다. 그런데 여기서도, 이같은 이데올로기적 주장을 지탱하는 이론은 무엇인가?

그 성향을 막론하고 20세기의 사상가와 정치지도자 들이 따랐던 신념, 즉 자본주의와 공산주의, 파시즘의 열렬한 옹호자들이 주장하고 주입하려 했던 대로 미래로 가는 길은 단 하나뿐이라는 그들의 이데올로기적 신념은 결국 그릇된 것으로 드러났다. 인류에게는 무엇이든 가능하다는 그런 유토피아적 견해는 우리 가운데 어느 누구도 찬동하지 않는다. 그러나 우리 사회들이 다소간 다양한 방식으로 구성될 수 있다는 것은 증명할 수 있다. 그 결과는 새로운 역사의 전기를 마련하는 중대한 위기들이 지나간 뒤 우세해지는 정치적 비전과 의지에 크게 좌우된다. 과거에 그런 전기는 흔히 정치적 붕괴와 혁명을 의미했다. 하지만 개별 국가들 안에서, 종종 상당한 폭력을 수반해 일어난 과거의 혁명들이 세계적 차원에서 자본주의의 위기에 관한 미래 정치학을 예기한다는 것을 우리 다섯명의 저자 모두는 매우 의심한다. 이러한 깨달음은 우리에게 미래의 사태들에 더 잘 대처해나갈 수 있을 것이라는 희망을 준다.

자본주의는 왕궁이나 금융가처럼 혁명적 군중에 의해 점거되거나 이상주의적인 시위운동으로 대치해야 할 하나의 물리적 장소가 아니다. 그것은 또한 경제신문 논설이 처방하는 대로 채택되고 정정되어야 할 일련의 '건전한' 정책들도 아니다. 자본주의가 단순히 시장경제에서의 임금노동 같은 것이라는 생각은 많은 자유주의자와 맑스주의자 들의 오래된 이데올로기적 착각이다. 그런 생각이 어느 편에서든 20세기의 기본적인 신념이었다. 우리는 지금 그런 착각의 해로운 결과들을 상대하고 있다. 시장과 임금노동은 자본주의보다 더 오래전부터 존재해왔으며, 시장을 통한 사회적 조정은 필시 자본주의보다 더 오래도록 존속할 것이다. 주장하건대, 자본주의는 거의 모든 수단에 의한 개인의 경제적 이익이 가장 중요한 목적이자 성공의 척도가 되는, 시장 및 국가 구조들의 특정한 역사적 구성체일 뿐이다. 언젠가는 이와 다르고 더 만족스러운 시장 및 인간사회 조직이 실현될 수도 있다.

이같은 주장의 근거들은 이 책과 이전의 여러 저술에서 논의했으니 이 문제는 접어두고, 잠시 짤막한 역사적 우화 하나를 이야기하겠다. 적어도 사회정의에 대한 꿈만큼이나 오랫동안 인간은 자고로 하늘을 나는 것을 꿈꾸어왔다. 수천년 동안 그 꿈은 환상일 뿐이었다. 그런데 비로소 열기구와 비행선의 시대가 도래했다. 거의 한 세기 동안 사람들은 이 장치들을 가지고 실험을 했다. 그 결과는 잘 알다시피 성패가 엇갈리거나 아니면 말 그대로 재난이었다. 하지만 이제 거기에 공학자와 과학자, 그리고 그들의 창의력을 지원하고 자극하는 사회구조가 존재하게 되었다. 새로운 종류의 엔진과 알루미늄 날개가 고안되면서 마침내 돌파구가 열렸다. 지금 우리는 모두 하늘을 날 수 있다. 대다수 사람들은 비좁은 저가 좌석에 처박혀 가기 예사지만, 일부 대담무쌍한 사람들은 경비행기나 패러글라이더를 조종하면서 자유로운 비행의 쾌감을 맛본다. 인간의 비행은 또한 공중폭격과 상공을 맴도는 무인비행체(drone)의 공포를 몰고 왔다. 기술은 새로운 것을 제안하지만 그것을 어떻게 이용하느냐는 인간에게 달려 있다. 비록 우리에게 난처한 새로운 선택들을 강요할지라도, 오랜 꿈들은 실현될 수 있다. 게다가 낙관주의는 구조적으로 분기(分岐)하는 기회들의 선택에 직면하는 세계에서 감정 에너지를 동원하는 데 필요한 역사적 조건이다. 충분한 지지와 대중의 관심이 대안 설계를 사색하고 논의하는 데 모아질 때 획기적인 돌파구가 열릴 것이다.

이매뉴얼 월러스틴, 랜들 콜린스, 마이클 맨,
게오르기 데를루기얀, 크레이그 캘훈

제1장

구조적 위기, 또는 자본주의가 자본가들에게 더이상 이득이 되지 않는 이유

• 이매뉴얼 월러스틴

나의 분석은 두가지 전제에 입각해 있다. 첫번째 전제는 자본주의는 하나의 체제(system)이며, 모든 체제에는 수명이 있다는 것, 즉 결코 영원하지 않다는 것이다. 두번째 전제는 자본주의가 하나의 체제라는 것은 내가 보기에 약 500년의 존속 기간 동안 일단의 특유한 규칙들에 의해 작동해왔다는 뜻이라는 것이다. 여기서 나는 이 규칙들을 간략하게 말하고자 한다.

체제들은 수명이 있다. 일리야 프리고진(Ilya Prigogine, 1917~2003. 복잡계 이론을 창시한 화학자·사상가로 비평형 열역학 분야에 관한 연구로 1977년 노벨화학상을 수상했다)은 이를 다음과 같이 간결하게 표현했다. "우리에겐 일생이 있고, 우리 문명에도 일생이 있으며, 우리의 우주에도 일생이 있다."[1] 이는 내가 보기에, 중간 규모의 역사적 사회체제들을 포함해 극소 규모의 체제에서부터 우리가 알고 있는 극대 규모의 체제(우주)에 이르기까지 모든 체제가 세가지 질적으로 다른 모멘트로 이루어진 것으로서 분석되어야 한다는 뜻이다. 세가지 모멘트란 체제의 생성기, '정상적인' 생애 동안의 작동기(가장 긴 시기), 그리고 사멸기(구조적 위기)이다. 근대세계체제(modern world-system)의 현 상황에 대한 분석에서 그것의 생성을 설명하는 것은 우리의 주제가 아니다. 그러나 생애의 다른 두 시기——즉 '정상적인' 생애 동안의 자본주의의 작동법칙과 사멸양식——는 우리가 살펴봐야 할 주안점이다.

여기서 논의하는 바는 일단 근대세계체제가 자본주의 체제로 작동하게끔 해온 법칙들이 무엇인지를 이해하고 나서, 그것이 왜 현재 구조적 위기의 말기 단계에 처하게 되었는지를 이해하려는 것이다. 그러면 우리는 이 말기 단계가 이제껏 어떻게 작동해왔으며 또 앞으로 20~40년 동안 어떻게 작동할 것인지를 제시할 수 있을 것이다.

하나의 체제, 즉 근대세계체제로서 자본주의의 고유한 특질, 그것의 **필요불가결한** 조건은 무엇인가? 많은 분석가

---

1 I. Prigogine, *The End of Certainty: Time, Chaos, and the New Laws of Nature* (New York: Free Press 1996) 166면.

들은 그들이 결정적으로 중요하다고 생각하는 단 하나의 제도에 초점을 맞춘다. 이를테면 임금노동이 있다든가, 교환 그리고/또는 이윤을 위한 생산이 있다든가, 사업가/자본가/부르주아와 임금노동자/무산자 프롤레타리아 사이의 계급투쟁이 있다든가, '자유로운' 시장이 있다든가 하는 것이다. 자본주의를 규정하는 특질에 대한 이 정의들 가운데 어느 것도 내가 보기엔 그다지 사리에 맞지 않는다.

그 이유는 간단하다. 임금노동은 근대세계에서만이 아니라 수천년 동안 세계 도처에서 어느정도 존재해왔다. 게다가 근대세계체제에서는 임금노동이 아닌 노동도 상당히 존재한다. 수천년 동안 세계 도처에서 이윤을 위한 생산이 어느정도 존재해왔다. 하지만 그것이 일찍이 어떤 역사적 체제의 지배적 현실이었던 적은 결코 없다. '자유시장'은 정말이지 근대세계체제의 만트라(mantra, 힌두교·불교 등에서 영험하다고 믿어지는 주문呪文)이지만, 근대세계체제에서 시장들이 정부 규제나 정치적 고려로부터 자유로웠던 적은 없었으며, 또 그렇게 될 수도 없었을 것이다. 근대세계체제에서 계급투쟁은 실제로 존재했지만, 투쟁하는 계급들에 대한 부르주아–프롤레타리아 위주의 기술(記述)은 너무나 편협한 틀에 맞춰진 것이다.

내가 보기에, 어떤 역사적 체제가 자본주의 체제로 간주될 수 있으려면 그것의 지배적인 또는 결정적인 특징은 자본의 끝없는 축적 — 더 많은 자본을 축적하기 위한 자본의 축적 — 에 대한 집요한 추구여야 한다. 그리고 이러한 특징이 지배적인 것이 되려면 그와 다른 가치관이나 목적을 추구하는 비순응적인 행위자들이 조만간 무대에서 제거되든가, 아니면 적어도 상당량의 자본을 축적할 그들의 능력을 심각하게 저해할 정도로 그런 행위자들을 제재하는 메커니즘들이 있어야 한다. 근대세계체제의 그 많은 제도는 모두 자본의 끝없는 축적을 촉진하도록 작동하거나, 적어도 촉진하는 압력에 의해서 제약을 받는다.

더욱더 많은 자본을 축적하기 위해 우선적으로 자본을 축적한다는 것은 내게는 완전히 비합리적인 목적으로 보인다. 여기서 비합리적이라는 말은 실질적 또는 실체적 합리성(베버Max Weber의 materielle Rationalität)이라는 개념에 의거한 것으로, 그것이 적어도 상당한 기간 동안 어떤 역사적 체제를 지탱할 수 있는 능력(베버의 형식적 합리성formale Rationalität) 면에서 효력을 갖지 못한다는 뜻이 아니다. 근대세계체제는 대략 500년 동안 존속해왔고, 자본의 끝없는 축적이라는 그 지도적 원리의 관점에서 볼 때 더할 나위 없이 성공적이었다. 그런데, 앞으로 논의하겠지만, 그것이 이런 기초 위에서 계속 작동할 수 있었던 시대가 이제 막바지에 이른 것이다.

'정상' 작동기의 자본주의

자본주의는 실제로 어떻게 작동해왔는가? 모든 체제는 변동한다. 다시 말해, 기계장치처럼 체제는 그것의 평형점으로부터 끊임없이 벗어난다. 대개의 사람들에게 아주 낯익은 예는 인체의 생리작용이다. 우리는 숨을 들이쉬고, 그런 다음 내쉰다. 우리는 숨을 들이쉬고 내쉬어야 한다. 그러나 인체에는, 그리고 근대세계체제에는 체제의 작동을 평형상태─사실 평형상태라는 것도 움직이는 것이지만 그래도 어떤 평형상태─로 되돌리는 메커니즘이 그 속에 있다. 체제의 '정상' 작동기란 말하자면 평형상태로 되돌아가려는 압력이 평형상태로부터 이탈하려는 어떠한 압력보다도 더 큰 시기라고 할 수 있다.

근대세계체제에는 이와 같은 메커니즘들이 여럿 있다. 그중 가장 중요한─체제의 역사적 발전을 주로 결정하는 요인이라는 의미에서 가장 중요한─두가지는 내가 꼰드라띠예프 싸이클(Kondratiev cycles, 1920년대에 소련의 경제학자 니꼴라이 꼰드라띠예프가 제시한 학설로, 대략 50년 전후 기간을 단위로 경기의 팽창과 수축이 반복되는 근대 세계경제의 주기적 변동을 가리킨다)이라 부르는 것과 헤게모니 싸이클(hegemonic cycles)이라 부르는 것이다. 이것들이 각각 작동하는 방식은 이렇다.

먼저, 꼰드라띠예프 싸이클: 상당량의 자본을 축적하려면 생산자들은 준(準)독점(quasi-monopoly)을 필요로 한다. 준독점 상태에 있을 때에만 그들은 자신의 생산품을 생산비용보다 훨씬 더 높은 가격에 판매할 수 있다. 생산요소들이 완전히 자유롭게 이동하는 진정으로 경쟁적인 체제에서라면, 영리한 구매자는 제품을 단 1페니의 이윤을 붙여 팔거나 심지어 생산비용에도 못 미치는 가격에 팔려고 하는 판매자들을 찾을 수 있을 것이다. 말 그대로 완전한 경쟁체제에서는 어떠한 실질이윤도 있을 수 없다. 실질이윤은 자유시장에 대한 제한, 다시 말해 준독점을 필요로 한다.

그런데 준독점은 다음과 같은 두가지 조건 아래서만 성립할 수 있다. (1) 생산품이 그에 대해 구매의사가 있는 구매자들이 상당수 존재하는(또는 존재하도록 유인할 수 있는) 혁신제품일 경우, (2) 하나 또는 다수의 강국들이 국가권력을 이용해 다른 생산자들의 시장 진입을 가로막으려고(또는 최소한 제한하려고) 나서는 경우이다. 요컨대, 준독점은 시장이 국가의 개입으로부터 '자유롭지' 않을 때에만 존재할 수 있다.

이렇게 준독점화된 제품은 '주도제품'(leading products)이라고 불리게 되었다. 세계체제 경제활동의 큰 비율을 좌우한다──그 자체의 비중으로, 그리고 그에 말미암은 전후방의 연관 제품들을 통해──는 의미에서 그것들은 '주도적'이다. 그러한 준독점이 확고히 자리잡으면 뒤이어 세계경제 전체에 걸쳐 '성장'의 팽창이 이루어지고, 이런 시기는 전반적으로 '번영'의 시기로 인식된다. 일반적으로 이런 시기에는 전체 고용이 높은 수준을 유지하는데, 이는 준독점 및 전후방 연관 제품 생산자들의 인력 수요와 고용된 인력의 소비지출 때문이다. 그리고 세계체제의 어떤 지역과 그 안의 어떤 집단은 다른 지역, 다른 집단보다 확실히 더 앞서 가겠지만, 대부분의 개인과 집단에 이러한 생산의 전반적 성장기는 '밀물이 모든 배를 들어올리는' 상황과 같다.

국가는 이같은 준독점을 창출하고 보호하는 데 많은 역할을 할 수 있다. 특허제도나 이른바 지적 소유권을 보호하는 다른 방식들을 통해 그것을 법적으로 규정할 수 있다. 또한 준독점 산업에 대해 특히 연구·개발 부문에서 직접 도움을 줄 수 있다. 국가는 종종 부풀려진 가격으로 대량 구매하는 주요 구매자 노릇을 하기도 한다. 국가는 자신의 지정학적 세력을 사용해 잠재적인 타국 생산자들이 그러한 준독점을 침해하지 못하도록 막는 데 주력한다.

준독점의 이득은 영원히 지속되지 않는다. 생산자들에게 체제상의 문제는 그러한 준독점이 시간이 지나면 스스로 청산된다는 것이다. 이번에도 이유는 간단하다. 만일 그런 준독점의 이윤이 대단히 크다면 보나마나 다른 생산자들이 거기에 한몫 끼려고 그 시장에 진입하기 위해 무진 애를 쓸 것이다. 이렇게 하는 데에는 여러가지 방법이 있다. 준독점의 근거가 비밀로 되어 있는 어떤 신기술이라면 그들은 그 비밀 기술을 훔치거나 복제하는 데 매달릴 수 있다. 만일 준독점을 보호하는 나라의 지정학적 세력에 가로막혀 그 시장에 진입할 수 없다면 그들은 이를 무력화할 또다른 지정학적 세력을 끌어들이려고 노력할 수 있다. 또 그들은 그렇게 힘으로 가로막고 있는 나라 안의 반독점 여론을 동원할 수 있다.

게다가 어느 한 생산자가 준독점권을 쥐고 있다고 해도 가장 직접적인 목전의 관심사는 조업중단 사태를 피하는 것인데, 왜냐하면 독과점을 유지하는 여타 생산자들이 동시에 조업중단 사태를 감내하지 않는다면 회복할 수 없는 막대한 자본 손실이 뒤따르기 때문이다. 이 점은 끊임없이 더 나은 조건을 추구하는 노동자들에게 주요한 무기가 된다. 이런 상황에서 생산자들은 흔히 결과적으로 노동자들에 대한 양보가 조업중단 사태보다 비용이 더 적게 든다는 것을 깨닫는다. 그러나 시간이 지나면서 이는 전체 이윤폭을 줄이는 노동비용의 점진적인 증가를 의미하게 된다.

이런저런 방식으로 다른 잠재적 생산자들은 준독점을

유지하는 주도제품 생산자들의 능력을 잠식할 수 있다. 지금껏 이런 일이 이루어지는 데는 평균 25~30년이 걸렸던 것 같다. 그러나 주도산업의 보호 기간이 얼마든 간에 조만간 준독점이 상당히 침해되는 시점이 오기 마련이다. 그리고 이러한 침해와 더불어 자본주의의 전령들이 예언한 대로 가격 하락이 시작된다. 가격 하락은 구매자들에게는 이롭겠지만 판매자들에게는 당연히 부정적이다. 한때 유리한 주도제품이던 것이 세계 무대에서 경쟁은 더 심하고 이윤은 훨씬 더 적은 제품이 되고 만다.

생산자들은 무얼 할 수 있을까? 한가지 대안은 낮은 거래비용의 이점을 더 낮은 생산비용과 맞바꾸는 것이다. 이는 으레 일차 생산지를 하나 또는 다수의 '핵심부'(core) 지역에서 '역사상' 노동비용이 더 낮은 세계체제의 다른 지역들로 이전하는 결과를 낳는다. 이 새로운 생산지의 사람들은 이러한 세계 생산망으로의 진입을 국가적 '발전'으로 받아들이고 대단히 반길 것이다. 좀더 적절히 말하면 그것은 예전의(하지만 이제는 그렇지 않은) 초과이윤 (super-profitable) 산업들의 낙수(trickle-down) 이동 같은 것이다.

산업 재배치는 변화된 상황에 대한 한가지 대응방식일 뿐이다. 한물간 주도산업의 생산자들은 어떤 틈새 부제품 (niche subproduct), 즉 다른 곳에서는 단기간에 복제하기가 좀처럼 쉽지 않은 부차적 제품을 특화함으로써 역사적으로 주도산업들의 터전이 된 나라들에서 그 생산의 특정 부문을 유지하려고 노력할 수 있다. 그들은 더욱더 철저히 산업 재배치를 강행하겠다고 위협함으로써, 그리하여 이전 생산지 노동력에 훨씬 더 심각한 실업 상태를 감수하도록 위협함으로써 (온갖 다양한 형식으로 지불되는) 보수를 인하하기 위해 그 노동력과 협상을 벌일 수도 있다. 일반적으로, 노동계층이 세계경제의 팽창기에 얻은 그들의 기득권을 지켜낼 수 있는 능력은 이렇게 세계시장의 경쟁이 심화됨에 따라 호된 시련을 겪게 된다.

생산자들은 또한 자신들의 자본 투자를 생산 부문(그리고 상업 부문까지)으로부터 일부분 또는 전부 이전하여 금융 부문의 수익에 집중할 수도 있다. 오늘날 우리는 이런 '금융화'가 마치 1970년대의 발명품인 것처럼 이야기한다. 그러나 실제로 그것은 꼰드라띠예프 싸이클의 B국면(경기 하강기) 때마다 나타나는 아주 오래된 관행이다. 브로델(Fernand Braudel, 1902~85. 프랑스 아날학파의 대표적인 역사가로 『펠리뻬 2세 시대의 지중해와 지중해세계』 『15~18세기 물질문명·경제·자본주의』 등을 저술했다)이 보여주었듯이, 정말로 성공한 자본가들은 언제나 산업이나 상업 또는 금융에 '특화'하기를 거부하고 기회가 명령하는 대로 그런 사업 부문들 사이에서 움직이는 다각경영자(generalists)가 되기를 선호하는 사람들이었다.

금융 분야에서는 어떻게 돈을 벌어들이는가? 기본적인 메커니즘은 돈을 빌려주고 이자를 붙여 돌려받는 것이다. 빌려주는 사람에게 가장 득이 되는 빚은 채무자가 과도하게 차용해 이자는 갚되 원금은 갚지 못하는 빚이다. 이러한 빚은 채무자가 파탄에 이를(즉 파산할) 때까지 빌려준 사람에게 정기적이고 점점 더 늘어나는 수입을 가져다준다.

이같은 금융대출 메커니즘은 새로운 실질가치를 창출하지 않으며, 심지어 새로운 자본을 창출하는 것도 아니다. 그것은 근본적으로 기존 자본을 재배치하는 것이다. 그것은 또한 파탄에 이른 채무자들을 대체할, 또 그럼으로써 대부와 차입의 흐름을 유지하기 위한 새로운 채무자들의 순환을 줄곧 필요로 한다. 이같은 금융 프로세스는 그 방정식의 대부 쪽에 위치한 사람들에게 매우 유리하게 돌아갈 수 있다.

하지만 대부-차입의 사슬은 자본주의 체제의 '정상적' 작동이라는 관점에서 볼 때 하나의 하락세(downside)를 나타낸다. 그것은 결국 모든 생산에 대한 유효수요를 고갈시킨다. 이는 체제에 대한 경제적 위험요인인 동시에 정치적 위험요인이며, 따라서 이런 위험을 피하려면 평형상태로, 다시 말해 주로 새로운 생산활동을 통해서 자본이 축적되는 상황으로 돌아가야만 한다. 슘페터(J. A. Schumpeter,

1883~1950. 케인스John M. Keynes와 더불어 20세기 전반의 대표적인

경제학자로 경제발전, 경기순환 등에 관한 이론을 확립했다)는 이런

일이 경제적으로 어떻게 일어나는지 아주 뚜렷하게 보여

주었다. 어떤 발명이 혁신(innovation)으로 탈바꿈하여 그

결과 세계경제가 다시 팽창할 수 있는 새로운 주도제품이

등장하는 것이다.

이 탈바꿈의 정치학은 많은 논란거리가 되어왔다. 그것

은 계급투쟁에서 노동계급의 지위 강화를 요구하는 것으

로 보인다. 그것은 노동계층의 이러한 지위 강화를 기꺼이

수용하려는 생산자계급 일부의 의지 — 생산자계급 전체

의 장기적 이익을 위해 그들 개인의 단기적 이익을 희생하

기—를 요구할 수도 있다.

이렇게 팽창하고 수축하는 자본주의의 패턴은 자본주

의가 어느 한 국가 안에 자리잡은 체제가 아니라 그 어떤

단일 국가보다도 당연히 더 큰 하나의 세계체제 안에 깃들

어 있기 때문에 가능할 뿐이다. 만일 그런 과정이 어느 한

국가 안에서 일어난다면 국가권력 보유자들이 잉여를 독

차지하고 그에 따라 새로운 생산품을 개발할 기업가들의

동기가 없어지는(또는 적어도 상당히 줄어드는) 사태를

막을 도리가 없을 것이다. 다른 한편으로, 시장 범위 안에

여하튼 어떠한 국가도 존재하지 않는다면 준독점을 획득

하는 것은 불가능할 것이다. 자본가들이 '세계경제'—즉

그 안에 복수의 국가들이 있는 체제—안에 있을 때에만 기업가들은 자본의 끝없는 축적을 추구할 수 있다.

그리고 이는 꼰드라띠예프 싸이클보다 상당히 더 긴 싸이클, 이른바 헤게모니 싸이클이라 불리는 것이 존재하는 이유를 설명해준다. 세계경제에서 헤게모니라는 것은 다른 모든 국가의 행동에 일련의 규칙을 부과하는, 그리하여 세계체제에 상대적인 질서가 자리잡게 하는 한 국가의 능력을 말한다. '상대적인' 질서의 중요성은 슘페터가 그의 입론에서 강조한 바 있다. 무질서—국가간 전쟁 및 국내전쟁(내란), 마피아단의 공갈 갈취, 광범위한 공적·제도적 부패, 사소한 범죄의 만연—는 모두 세계 인구의 작은 부분에 이익을 안긴다. 그러나 그것은 한결같이 자본축적의 극대화를 향한 전지구적 추구를 방해한다. 실제로, 그것은 자본주의적 축적의 지속과 팽창에 필요한 기반시설의 대량 파괴를 불러온다.

따라서 한 헤게모니 국가에 의해 유지되는 상대적 질서는 자본주의 체제 전체의 '정상적' 작동에 확실한 이득이 된다. 그것은 또한 헤게모니 세력 자체—그 국가, 그 기업가들과 일반 시민들—에도 큰 이득이 된다. 그 체제 전체(그리고 그 헤게모니 국가)에 이득이 된다고 해서 그에 따라 다른 나라들, 그리고 그들의 기업과 시민 들에게 역시 이득이 되는지는 의심할 만하다. 헤게모니를 획득하고 지키는 것이 왜 그리 어렵고 드문 일인지, 그 갈등과 이유에 대한 설명이 바로 거기에 있다.

이제까지 헤게모니 싸이클의 패턴은 세계체제에서 지배력을 추구하기에 가장 유리한 처지에 있던 두 강국이 대단히 파괴적인 '30년전쟁'을 벌여 둘 중 하나가 결정적인 승리를 거두는 것으로 나타났다. 그 시점에서 한 국가는 그 경제발전 과정에서 경제활동의 세가지 형태—생산, 상업, 금융—모두에서의 뚜렷한 우위를 결합시킨다. 게다가 이런 국가는 든든한 경제적 기반과 직전 투쟁에서의 성공적인 승리의 결과로 상당한 군사적 우위를 누리게 된다. 그리고 이 모든 지위에 관을 씌우듯이, 그 국가는 지구문화(geoculture)의 표준판을 포함해 문화적 우월성(그람시A. Gramsci의 헤게모니 개념)을 주장한다.

이렇듯 세계체제의 모든 영역에서 동시에 우위를 누림으로써 그 국가는 대부분의 시간 동안 대개 자신의 목적을 달성하고 자신의 의지를 강요할 수 있다. 우리는 이를 지정학적 강국의 준독점 같은 것으로 생각할 수 있다. 처음에는 이러한 헤게모니적 지배력이 실제로 세계체제 내에서 상대적 질서와 상대적 안정을 창출한다. 주도산업에 대한 준독점의 경우와 마찬가지로, 여기서도 문제는 지정학적 강국의 준독점이 다음과 같은 몇가지 이유로 말미암아 스스로 청산된다는 것이다.

첫째로, 상대적인 안정 상태에서 명백히 손해를 보는 측이 언제나 있다. 그들은 다양한 방식으로 저항하기 시작한다. 그들의 반란을 억지하려면 억압활동, 때론 군사행동이 필요하다는 것을 헤게모니 강국은 알게 된다. 억압활동은 그 당시로서는 종종 대단히 성공적일 수 있다. 그러나 무력 사용에는 두가지 부정적 결과가 뒤따르기 마련이다. 군사행동은 때론 완전히 성공하지 못하며, 그 결과 헤게모니 강국의 억지력에 일정한 한계가 있음이 드러난다. 이리하여 미래의 도전적인 시위는 점점 더 대담성을 띠기 십상이다.

둘째로, 억압적 무력의 사용은 헤게모니 강국의 군대와 기타 제도들에 댓가를 요구한다. 생명비용(인명 피해)이 꾸준히 늘어간다. 그리고 재정비용이 증가하기 시작한다. 대중이 이득(으레 불균형하게 헤게모니 강국 인구의 한 부분집합에 돌아가는)과 손실(으레 훨씬 더 큰 부분집합에 돌아가는)을 더욱 뚜렷이 인식하기 시작함에 따라, 서서히 그러나 확실히 이 비용은 그런 억압활동에 대한 대중의 지지를 깎아내린다. 그 결과 헤게모니 국가당국은 세계질서를 부과할 그들의 능력에 대한 국내의 반대 압력을 느끼기 시작한다.

셋째로, 새로운 헤게모니 지배기가 시작될 때 지정학적 세력 면에서 헤게모니 강국에 한참 뒤쳐졌던 다른 국가들이 힘을 회복하고 더 큰 지정학적 역할을 주장하기 시작한다. 세계체제는 다툼의 여지가 없는 헤게모니 상황에서 세력균형 상황으로 옮아가기 시작한다. 그 과정은 주기적인 것이어서, 후계 헤게모니 강국의 역할을 노리는 다른 국가들의 노력이 시작된다. 그러나 이는 복잡하고 지난한 과정으로, 헤게모니 싸이클이 꼰드라띠예프 싸이클보다 왜 주기가 훨씬 더 긴지 그 이유를 설명해준다.[2] 이 모든 이유 때문에, 헤게모니 강국은 완만한 쇠퇴를 겪기 시작한다.

근대세계체제의 진행과정에 대한 이 기술에서 강조해야 할 마지막 요소가 있다. 꼰드라띠예프 싸이클과 헤게모니 싸이클은 둘 다 주기다. 그러나 그것들은 하나의 주기가 끝날 때 다시 시작점으로 돌아간다는 의미에서의 그런 완벽한 주기가 결코 아니다. 이 두 싸이클의 A국면이 성장──실질가치, 지리적 범위, 상업화 정도 면에서──을 포함하고 있기 때문이다. B국면에서 이 모든 성장을 없던 일로 되돌리기란 불가능하다. 오히려 B국면이 의미하는 평형상태로의 복귀는 잘해야 체제의 부분적 후퇴이

---

2 나는 이 과정을 "The Concept of Hegemony in a World-Economy", in Prologue to the 2011 Edition of *The Modern World-System, II: Mercantilism and the Consolidation of the European World-Economy, 1600-1750* (Berkeley: Univ. of California Press 2011) xxii~xxvii면에서 설명한 바 있다.

며, 이는 우리가 어떤 기준으로 측정하든지 간에 체제의 이전 위치로의 완전한 퇴행이이라기보다는 체제의 '침체'(stagnation)라고 표현하는 것이 더 나을 것이다.

이를 도식화하면 두 걸음 전진하고 한 걸음 후퇴하는 일종의 톱니효과(ratchet effect, 한번 상승한 소비 수준은 소득 수준이 저하해도 그에 비례해 감퇴하지 않으며 그리하여 경기 하강을 억제하는 효과가 나타남을 가리키는 용어)로 표현할 수 있겠다. 이렇게 역사적 체제의 주기적 리듬은 그것의 주곡선들 이상의 장기적 추세로 나타나는 움직이는 평형상태를 빚어낸다. 이것을 평면 위에, 말하자면 어떤 현상의 백분율을 표시하는 y축 즉 세로좌표와 시간을 표시하는 x축 즉 가로좌표 위에 그린다면 점근선(y축에서 측정되는 현상의 100%)을 향해 서서히 움직이는 곡선으로 나타날 것이다. 어떤 체제라도 점근선을 지나갈 수는 없으므로, 그 체제가 이 점근선에 접근함에 따라 그것은 평형상태로부터 줄곧 점점 더 멀어진다. 일단 그 곡선이 80% 부근의 어느 지점에 이르면 그 체제는 급격히 진동하기 시작하고, '대혼란' 상태가 반복적으로 나타나며 분기(分岐)하는 것으로 보인다. 우리는 이 지점에서 그 체제가 구조적 위기의 초입에 들어갔다고 말할 수 있다. 이제부터는 우리의 역사적 체제 안에서 이런 일이 지금까지 어떻게 진행되어왔는지를 구체적인 증거를 통해 살펴볼 것이다.

근대세계체제, 1945년부터 약 1970년까지

헤게모니를 위한 최근의 대투쟁은 독일과 미국 사이의 투쟁이었다. 이 투쟁은 1873년(독일·오스트리아·러시아의 삼제 三帝동맹 결성) 무렵에 시작되었다고 볼 수 있으며, 1914~45년에 이르는 '30년전쟁'으로 절정에 달했다. 1945년 독일의 '무조건 항복'과 함께 미국은 이 투쟁에서 자타가 공인하는 승자가 되었다.

미국은 엄청난 경제력을 지닌 채 우리가 제2차 세계대전으로 부르는 전쟁에서 부상했다. 미국의 경제적 능력과 경쟁력은 이 전쟁이 발발하기 이전부터 이미 막강한 상태였다. 전쟁은 이 힘을 두가지 방식으로 확대했다. 한편으로는 세계체제의 여타 산업열강들——영국으로부터 유럽을 가로질러 쏘비에뜨사회주의공화국연방(USSR, 구소련)과 일본에 이르기까지——의 물적 산업기반이 중대한 손상을 입었다. 게다가 전시에 농업생산이 파괴되어 그들 대부분이 종전 직후에 심각한 식량부족 사태까지 겪었다. 다른 한편 이와 사뭇 대조적으로, 예전에도 그랬듯이 물리적 손상으로부터 보호받은 미국은 전쟁 내내 자신의 산업 및 농업 기반을 한층 더 발전시킬 수 있었다. 패배한 추축국들(독일·이딸리아·일본)뿐만 아니라 미국의 전시 동맹국들조차도 미국에서 즉각적인 구호와 부흥원조를 받고자 했다.

우리는 미국이 처음에 누린 우위의 정도를 아주 간단한 방식으로 가늠할 수 있다. 1945년 이후 10~15년 동안 어떠한 주요 생산 부문에서든 미국은 여타 산업국가 내에서 현지 생산자들보다 더 낮은 수준의 비용(운송비를 포함해)으로 제품을 판매할 수 있었다.

미국이 압도적 우위를 갖지 못한 한가지 분야는 군사 분야였다. 소련은 막강한 군사력을 보유했고, 그 군대가 중·동부 유럽 및 북동 아시아(중국의 만주와 내몽골, 북한, 일본의 사할린 남부와 쿠릴 열도)의 넓은 지역을 점령하고 있었다. 1945년 당시 미국은 유일하게 핵무기를 보유한 나라였으나 이런 우위조차 1949년에 이르면 사라지고 만다.

결과적으로 미국이 만일 헤게모니 강국의 역할을 하고자 했다면 소련과 모종의 타협을 이루고 소련의 군사력을 중립화해야야만 했다. 이는 미국 국내의 정치적 압력으로 세계 곳곳에 주둔한 지상군이 비교적 신속히 철수하게 되었기에 더더욱 그래야만 했다.

그 결과로 나온 것이 우리가 얄따(Yalta)라는 은유적 명칭을 붙인 미국과 소련 사이의 암묵적 '거래'(deal)였다는 것이 나의 논점이다. 이 거래에는 세가지 구성요소가 있었던 것으로 보인다. 첫째는 대략 종전 당시 두 나라 군대가 배치된 선을 따라서 세계를 양대 세력권으로 사실상 분할

하는 것이다. 쏘비에뜨 블록은 중부 유럽의 오데르-나이세(Oder-Neisse) 강에서 한국의 38도선에 이르는(그리고 1949년 중국공산당 세력에 의한 국민당의 결정적 패배 이후 중국 본토를 포함하는) 것으로 확정될 것이었다.

실제로 미국과 소련이 서로 지키기로 합의한 것은 그 영역 내의 문제를 결정할 각자의 주도적인(사실상 배타적인) 권리였다. 이 사실상 합의의 중대한 요소 한가지는 군사적(또는 심지어 정치적) 수단으로 둘 사이의 경계를 바꾸려는 어떠한 시도도 없을 것이라는 점이었다. 1949년 이후 이 합의는 양 진영이 상대방의 어떠한 공격과 파괴에 대해서도 응수할 충분한 핵전력을 보유했다는 사실에 기초한 '상호확증파괴'(mutually assured destruction) 개념에 의해서 보강되었다.

암묵적 합의의 두번째 요소는 두 세력권 사이에 사실상의 경제적 분리 상태를 유지하는 것이었다. 미국은 쏘비에뜨 블록의 재건에 어떠한 원조도 제공하지 않을 것이었다. 미국의 원조는 그 세력권──서유럽에서의 마셜 플랜(Marshall Plan, 제2차 세계대전 이후 서유럽의 경제 재건을 촉진하고 공산주의 확산을 저지하기 위해 시행한 미국의 유럽 부흥계획)과 동아시아의 일본, 나중에 남한과 타이완에 대한 비슷한 원조──에 한정될 것이었다. 동맹국들에 대한 미국의 원조는 단순히 이타주의적 자선행위가 아니었다. 미국은 자신의 번성하는 산업을 위한 고객들이 필요했고, 이 동맹국들의 경제를 재건하는 것은 그들을 충실한 정치적 위성국으로뿐만 아니라 좋은 고객으로 만들어주었다. 소련 역시 나름대로 그 영역 자체의 경제구조, 즉 쏘비에뜨 세력권의 자급자족적 성격을 강화하는 구조들을 발전시켰다.

그 '거래'의 세번째 요소는 둘 사이에 어떤 거래가 있었음을 부인하는 것이었다. 각 진영은 자신이 상대방과의 전면적인 이데올로기 투쟁에 놓여 있음을 각자의 언어로 아주 떠들썩하게 선언했다. 우리는 이를 '냉전'(Cold War)으로 부르게 되었다. 하지만 그것은 하나의 '차가운' 전쟁이었고 또 끝까지 내내 '차가운' 전쟁이었다는 것에 주목해야 한다. 이렇듯 아주 요란한 수사의 목적은 적어도 상대진영이 어떻게든 스스로 붕괴할 아주 먼 미래의 어느 순간이 오기 전에 실제로 상대방을 탈바꿈시키는 것이 아니었다. 이런 의미에서 어느 진영도 조속한 시일 내에 그 전쟁을 '이기기' 위해 힘을 쏟지 않았다. 각 진영은 오히려 그 위성국들(완곡한 표현으로 동맹국으로 불리는)로 하여금 두 초강대국이 지시한 대로의 정치노선을 한치도 어긋남 없이 따르도록 통제하려 했다. 어느 진영도 상대 진영 내의 저항세력들을 조금이라도 의미있는 정도로 지원하려 하지 않았으니, 이는 그러한 지원이 두 초강대국 사이의 군사적 현상유지에 관한 기본 합의를 깨버리는 사태로 번질 수도 있었기 때문이다.

일단 군사적인 현상유지가 이루어지자, 미국은 세계체제 안에서 자신의 전반적인 정치적·문화적 지배력을 실현하기 위해 앞으로 나아갈 수 있었다. 미국은 국제연합(UN) 및 그밖의 다양한 초국가적 제도들 안에서 자동적으로 다수결의 지지까지 등에 업을 수 있었다. 유일한 예외는 군사 문제를 통제하는 기구, 즉 국제연합 안전보장이사회에 있었으니, 여기에서 각 진영이 가진 거부권은 군사적 현상유지를 확실하게 지켜주었다.

이러한 타협은 처음에는 아주 잘 작동했다. 그런데 스스로 청산되는 지정학적 준독점의 특질이 타격을 가하기 시작했다. 1945년 이후 20년 동안 가장 중요한 지정학적 변화는 제3세계에서 일어난 반란들과 서유럽 및 일본의 경제 부흥이었다.

그 당시 제3세계 국가들로 불린(그리고 나중에는 흔히 남반구the South라고 불리게 된) 나라들은 두 초강대국이 세계에 부과하려는 지정학적 현 질서에서 득 볼 것이 정말이지 거의 없었다. 그들 중 몇몇은 예의 그 타협에 도전하기 시작했다. 중국공산당은 소련이 원하던 대로 국민당과 타협하기를 거부했다. 대신 그들은 국민당을 쳐부수고 국가권력을 장악했다. 베트민(Việt Minh, 1941년 호찌민胡志明 등 공산주의자 주도로 조직된 베트남 독립운동 통일전선조직)과 베트콩(베트남 공산주의자라는 뜻으로 남베트남 민족해방전선을 부르는 말)은 프랑스와 미국을 모두 물리치고 그들 자신의 노선을 좇았다. 피델 까스뜨로(Fidel Castro, 1926~. 1959년 꾸바혁명으로 사회주의국가를 수립하고 2008년까지 최고지도자로 꾸바를 통치했다)와 그 휘하의 게릴라들은 정권을 장악했고, 1962년에는 세계의 앞날을 뒤엎을 뻔했다(1962년 꾸바의 미사일기지 건설로 촉발된 꾸바사태를 가리킴). 알제리인들은 프랑스공산당에는 (적어도 처음에는) 퍽 유감스럽게도 독립의 길로 나아갔다. 그리고 나세르(Gamal Abdel Nasser, 1918~70. 이집트의 정치가로 1952년 쿠데타 이후 권력을 쥐고 수에즈 운하 국유화를 단행했으며 적극적인 비동맹 중립외교를 표방해 아랍연맹과 제3세계의 지도자가 되었다)는 수에즈 운하를 장악하는 데 성공했다.

　미국도 소련도 이런 소란이 실은 달갑지 않았다. 둘 다 이런 현실에 비슷한 방식으로 적응했다. 처음에 각 진영은 당시 미 국무장관 존 포스터 덜레스(John Foster Dulles)의 유명한 말처럼 "중립은 없다"라는 믿음 아래, 냉전에서 어느 한편에 대한 충성을 선택하도록 강요하는 입장이었다. 하지만 나중에 양 진영은 자신들의 태도를 누그러뜨리고 중립을 추구하는 나라들에 공들여 구애할 필요가 있다고 깨닫게 되었다. 그 과정에서 소련은 중국을 '잃어버렸다.' 그리고 미국은 베트남전쟁으로 말미암아 경제적으로 정치적으로 혹독한 댓가를 치렀다.

다른 하나의 변화—소련보다 미국에 더 큰 영향을 끼친 변화—는 대단히 팽창적인 꼰드라띠예프 A국면이 한창 진행 중일 때 일어난 경제 부흥의 정치적 결과들 속에서 찾아볼 수 있을 것이다. 미국이 (예를 들어) 자동차를 독일이나 일본에서 현지 생산자들보다 더 싸게 판매할 수 있다는 것은 1960년대 초에 이르면 더이상 사실이 아니었다. 실은 정반대의 일이 일어나기 시작했다. 독일산, 일본산 자동차들이 미국 시장에 성공적으로 진입하고 있었던 것이다.

과거 미국의 위성국들은 이렇듯 새로운 경제력을 갖춤에 따라 세계시장에서 진짜 경쟁자로 변모했다. 1960년대 말에 이르러 미국은 세계 생산 분야에서, 또는 심지어 초국적 무역에서 그 주요 동맹국들에 대해 더이상 상당한 경제적 우위를 유지하지 못했다. 지정학적 헤게모니의 기반이 닳기 시작한 것이다.

1945년 이후 세계체제는 자본축적 면에서 장기 16세기(대략 1450~1640년에 이르는 유럽 경제의 팽창 국면)에 근대세계체제가 출범한 이래 일찍이 유례 없는 (단연) 최대의 팽창을 누렸다. 또한 1945년 이후 세계체제는 미국 헤게모니 시대를 맞아 지정학적 세력 면에서 근대세계체제 출범 이래 일찍이 유례 없는 (단연) 최대의 팽창을 누리기도 했다. 이 두가지 싸이클은 동시에 진행되었으며 또 거의 동시에 자기청산 시점에 도달했다. 최대 상승세는 곧잘 최대 하락세로 이어졌다. 그 과정에서 세계체제는 하나의 역사적 체제로서 평형상태로부터 아주 멀리 나아갔다. 그래서 그것의 복원 메커니즘은 원상복구가 불가능할 정도로 너무 당겨진 것 같다. 바야흐로 그것은 구조적 위기 속으로 들어가고 있었다.

구조적 위기: 1970년 무렵부터 언제까지?

이러한 구조적 위기의 요인이 된 두가지 중대한 사태가 전개되었다. 하나는 이제 자본가들에 의한 자본의 끝없는 축적을 극히 어렵게 만들 세계경제의 장기적 추세에 관련된 것이었다. 다른 하나는 세계체제의 정치적 안정을 해치게 될, 지구문화에 대한 중도 자유주의자들의 지배 국면의 종식과 관련된 것이었다. 이 문제들을 차례차례 살펴보기로 하자.

장기 구조적 추세들

자본주의 체제에서는 어떻게 자본을 끝없이 축적하는가? 유일한 것은 아니지만 기본적인 방법은 생산을 통한 것으로, 기업가-생산자가 상품을 생산하는 데 드는 비용과 그것을 판매할 수 있는 가격 사이에 차액을 남기는 것이다. 비용이 낮을수록 그리고 판매가격이 높을수록 더 많은 이윤이 실현되고 또한 재투자될 수 있다.

하지만 어떻게 비용과 판매가격 사이의 차액을 최대화할 수 있는가? 실제로 이렇게 하는 데에는 두가지 요소가 필요하다. 판매가격을 최대화하려면 앞에서 우리가 이미 다룬 주제인 준독점이 있어야만 한다. 여기서 논의할 문제는 게다가 어떻게 비용을 최소화하느냐 하는 것이다. 먼저, 어떤 생산과정에서든 현실적으로 드는 비용은 세가지 종류로 일반화할 수 있다. 그 세가지는 곧 인건비, 투입비용, 세금이다.

생산자/소유자가 보수를 지불해야 하는 인력은 비숙련 및 반(半) 숙련 노동력, 숙련노동자 및 관리직 간부들, 그리고 최고경영자, 이렇게 세가지 층위가 있다. 가장 덜 숙련된 노동력의 비용은 A국면에서 올라가는 경향이 있는데, 이는 그들이 이런저런 형태의 단체행동을 통해 고용주에게 집단적으로 요구하기 때문이다. A국면에서 고용주들은 가장 숙련도가 낮은 이 인력에 양보할 수가 있는데, 이는 휴업이나 태업을 피하는 것이 임금을 올려주는 것보다 비용이 덜 들기 때문이다. 그러나 언젠가는 결국 이 비용이 고용주에게, 특히 주도산업 부문의 고용주들에게 너무 커지게 된다.

고용주들에게 해결책은 역사적으로 공장의 도피, 즉 B 국면 동안 '역사적으로' 임금이 더 낮은 지역들로 공장을 재배치하는 것이었다. 이런 지역에서 노동자들은 그들의 실질수입이 새로 입주한 (으레 도시의) 생산지에서 제공하는 것보다 훨씬 더 낮은 (으레 농촌의) 장소들에서 모집된다. 그것은 노동자와 고용주 모두가 득을 보는 윈윈(win-win) 상황으로 보인다. 하지만 일정한 시간이 지나면 이 이식된 노동자들은 자신들의 새로운 처지에 대해 더 잘 인식하게 되며, 전세계적으로 볼 때 자신들이 받는 임금이 낮은 수준이라는 것을 더욱 똑바로 알게 된다. 그들은 상당한 단체행동에 가담하기 시작한다. 그리고 조만간 고용주들은 그 결과로 비용이 다시 너무 높아졌음을 알게 된다. 해결책은 또다시 다른 곳으로 이전하는 것이다.

　이렇게 이전하는 것은 비용이 들기는 하지만 효과적이다. 그러나 세계적인 차원에서 톱니효과가 나타난다. 감소분이 증가분을 결코 완전히 상쇄하지 못하는 것이다. 지난 500년에 걸쳐 이같은 과정이 되풀이된 결과 이제 이전해 갈 새로운 장소들이 사실상 남지 않게 되었다. 이는 지난 50년 동안 두드러지게 증가해왔고 지금도 빠르게 진행되는 것으로 보이는 세계체제의 탈농촌화 정도를 보면 가늠할 수 있다.

　중간간부층에 들어가는 비용의 증가는 두가지 요인의

결과이다. 첫째로, 생산단위의 규모가 줄곧 커짐에 따라 그것을 조정하는 데 더 많은 중간인력이 필요하다. 둘째로, 상대적으로 숙련도가 낮은 인력의 거듭되는 노동조합 조직에서 비롯되는 정치적 위험들을 중간층을 늘림으로써 저지할 수 있는데, 이유인즉 중간층은 지배층에 정치적 동맹자가 될 수 있는 동시에 다수의 비숙련 노동자계층에 일어날 수 있는 상향이동의 모델이 될 수 있고, 그럼으로써 그들의 정치적 동원을 완화할 수 있기 때문이다. 중간층의 봉급은 전체 인건비를 상당히 증가시킨다.

최고경영자들에게 들어가는 비용의 증가는 기업구조가 점점 더 복잡해진 것 —— 잘 알려진 소유와 경영의 분리 —— 의 직접적 결과이다. 그 덕분에 최고경영자들은 지대(rent) 같은 회사 수입금 가운데 점점 더 많은 몫을 차지할 수 있게 되고, 그럼으로써 이윤으로 '소유자들'(주주)에게 돌아가는 몫이나 재투자를 위해 회사로 투입되는 몫은 줄어든다. 이같은 비용의 증가는 최근 몇십년 동안 그 규모에서 대단히 두드러졌다.

투입비용 역시 비슷한 이유들로 말미암아 증가해왔다. 자본가들은 할 수 있는 한 많은 종류의 비용을 외부화(externalize, 기업이 기반시설 같은 간접비용이나 공해, 혼잡 등의 부정적 효과를 제3자 또는 공동체에 전가해 이윤을 극대화하는 것)하려고 한다. 이것은 고상한 표현일 뿐이고, 본뜻은 그들이 사용하는 투입요소들에 대해 응분의 댓가를 지불하지 않는다는 말이다. 그들이 외부화할 수 있는 세가지 주요 비용은 유해폐기물 처리, 원자재 재생, 그리고 교통 및 통신을 위한 필수 기반시설의 건설이다. 근대세계체제 역사 대부분에 걸쳐 이 비용들을 외부화하는 것은 정상적인 관행으로 간주되었다. 이 문제는 정치당국자들에게 좀처럼 관심사가 되지 못했다.

그러나 최근 몇십년 사이에 정치적 분위기가 근본적으로 바뀌었다. 기후변화는 아주 널리 논의되는 쟁점이 되었으며, 그 결과 '녹색' 및 '유기' 제품 수요가 늘어났다. 외부화를 '정상 관행'으로 보던 태도는 먼 과거의 기억이 되어버렸다. 유해폐기물 처리를 둘러싸고 정치적 논쟁이 이는 이유는 사실 단순하다. 세계에 쓰레기를 처리할 빈 공유지가 거의 바닥나버린 것이다. 이것의 결과는 세계 노동력의 탈농촌화, 즉 잠재적 저임금 노동력의 충원집단이 바닥나는 것의 결과와 맞먹는다. 공중보건상의 위험은 크고 분명해졌다. 그 결과는 환경 정화 및 규제를 요구하는 사회운동의 성장이었다.

둘째로, 자원 재생에 관한 공적 관심──또 하나의 새로운 정치현실──은 대부분 급격한 세계 인구 증가의 결과이다. 갑자기, 세계는 이미 닥쳐왔거나 곧 다가올 다양한 종류의 자산 부족──예컨대 에너지원, 물, 숲, 어류와 육류——을 실감하게 되었다. 누가 무엇을 소유하고, 누가 무엇을 이용하고, 무슨 용도로 자원이 이용되고, 누가 그 댓가를 지불하는지에 대한 논란이 일고 있다.

셋째로, 하나의 체제로서의 자본주의는 상당한 기반시설을 필요로 한다. 세계시장 판매를 위해 생산된 제품은 운반되어야 한다. 통신은 상업에 결정적인 요소다. 교통과 통신은 오늘날 훨씬 더 효율적이고 빠르고도 빠르다. 그러나 이것은 또한 비용이 상당히 상승했음을 의미하는 것이다. 누가 그 비용을 지불하는가? 종래 기반시설을 가장 많이 이용해온 생산자들은 그 비용의 작은 일부만을 지불했다. 그리고 사회의 일반 대중이 그 나머지를 전부 지불해왔다.

오늘날에는 유해물질 처리와 자원 재생, 기반시설 확충을 보장하는 데 정부가 직접 새로운 역할을 떠맡아야 한다는 강력한 정치적 요구가 있다. 이로 말미암아 정부는 세금을 상당히 인상할 수밖에 없는 형편이다. 그런데다 부정적 현상의 원인들이 해결되지 않은 채로 방치되어 있다면 그런 일을 실행해봐야 별 소용이 없다. 이런 연유로 정부는 기업가들이 비용을 더 많이 내부화(internalization)하도록 요구하지 않으면 안 된다. 증세와 그보다 훨씬 더 큰 비용 내부화에 대한 요구가 모두 기업들의 이윤폭을 급격히 줄일 것이다—— 생산자들이 늘 내세우는 바와 같이.

끝으로, 모든 형태의 과세는 근대세계체제 역사에 걸쳐서 줄곧 증가해왔다. 온갖 다양한 정치적 수준의 통치행위는 인건비를 위해서 그리고 정부가 제공하리라 기대되는 써비스의 확대를 위해서 과세를 필요로 한다. 또한 사적 과세라고 부를 수 있는 것—즉 정부 공무원들의 부패와 마피아조직의 약탈적 요구—까지 있다. 사적 과세는 국가 과세와 똑같이 기업가에게는 비용이 된다. 정부기구의 규모가 특히 지난 50년 동안 거대하게 팽창함에 따라 매수할 대상도 더 많아졌다. 게다가 세계 경제활동이 성장함에 따라 마피아 활동의 여지도 그만큼 더 커졌다.

그럼에도 불구하고, 증세의 가장 큰 근원은 세계 반체제운동들의 정치투쟁에서 비롯되었다. 지난 두 세기 동안 그들의 요구는 세계 정치의 민주화를 가져다주었다. 대중운동의 강령은 근본적으로 일반 시민을 위한 세가지 기본 보장—교육, 보건, 평생소득원—을 국가로부터 얻어내는 것이었다. 이 각각의 요구는 지난 200년에 걸쳐 두가지 방식으로 꾸준히 확대되어왔다. 하나는 요구되는 써비스 수준이 점점 높아지고 그에 따라 비용이 점점 더 늘어나는 것이며, 다른 하나는 그런 요구들이 제기되는 지리적 장소들이 확산되어간 것이다. 이 비용들은 우리가 '복지국가'—비록 대개 그 나라 부의 수준에 따라 제공 수준이 제각기 다르다고 해도 이제는 사실상 세계 모든 정부의 통상적인 정치활동에서 중요한 일부가 된 형태 —— 라고 부르는 것과 관련되어 있다.

지금까지의 논의를 요약하자면, 세가지 기본적인 생산비용들이 줄곧 증가해왔고, 그 체제가 지난 500년 동안 이용해온 다양한 메커니즘을 통해서는 평형상태로 되돌아갈 수 없을 정도로 이제 그것들이 제각기 점근선에 매우 근접했다는 것이다. 생산자들이 자본의 끝없는 축적을 이루어낼 가능성들은 이제 닫히고 있는 것으로 보인다.

주요한 지구문화적 변화

자본가적 생산자들에 대한 이윤 압박은 하나의 거대한 문화변동에 의해서 가중되었다. 그것은 지구문화에서 중도 자유주의의 지배가 종식된 것으로, 이는 1968년 세계혁명의 의미이자 결과였다. 1968년 세계혁명의 이야기는 대부분 근대세계체제에서의 반체제운동에 관한 것 —— 그것의 탄생과 전략, 1968년에 이르기까지의 역사, 근대세계체제의 정치적 작동에 있어 그것의 중요성 —— 이다.

1968년 세계혁명 때 불리게 된 명칭대로 구좌파(Old Left)는 19세기 동안 주로 세계 사회운동의 두가지 조류, 즉 공산주의 및 사회민주주의 더하기 민족해방운동으로 이루어져 있었다. 이 운동들은 주로 19세기의 마지막 3분기와 20세기 전반기 동안에 서서히 그리고 어렵사리 성장했다. 오랫동안 그것들은 미약했고 정치적으로 다소 주변에 머물러 있었다. 그러다가 1945~68년에 이르는 시기에 꽤 급속하게 다시 세계체제의 거의 모든 지역에서 대단히 강력해졌다.

그 운동들이 이렇게 막강해진 시기가 바로 꼰드라띠예프 A국면의 특별한 팽창기요 미국 헤게모니의 절정기였다는 것은 다소 뜻밖의 일로 보인다. 하지만 나는 이것이 우연이라고 생각하지 않는다. 앞서 말했거니와 세계경제가 번창할 때, 더욱이 자본가들이 가장 수익성 좋은 사업 즉 주도산업에 관여하고 있을 때, 자본가들에게는 그들의 생산과정이 중단되는 사태(파업, 태업, 조업 방해)를 피하려는 욕구가 강하다는 것을 염두에 둬야 한다. 이 시기의 팽창이 예외적 수익을 가져다주는 상황에서 생산자들은 임금 문제에서의 양보가 조업중단으로 인한 이윤 손실보다는 비용이 적게 들 것이라고 생각했기 때문에, 그들의 노동자들에게 상당한 양보를 할 각오가 되어 있었다. 사실 이는 중기적으로 생산비용의 상승을 의미했고, 이러한 생산비용 상승이 1960년대 말 준독점의 쇠퇴를 야기한 하나의 주요한 요인이 될 것이었다. 그러나 당시 대부분의 기업가들은 언제나 그랬던 것처럼 3년 뒤에 일어날 일조차 예측하거나 조종할 수 없다고 생각하면서 단기적 수익성의 관점에서 자신들의 이해관계를 계산했다.

헤게모니 강국이 자신의 이해관계를 생각하는 방식도 다소간 이와 비슷했다. 그것의 일차적 관심사는 지정학상 상대적인 안정을 유지하는 것이었다. 반체제운동에 대한 세계 무대에서의 억압활동은 비용이 매우 많이 드는 것으로 보였다. 식민지에 관한 협상에서 가능한—언제나 가능한 것은 아니었지만—경우, 미국은 아마도 장래에 정치적으로 더 '온건한' 성향을 띨 것으로 기대할 수 있는 정권 수립으로 이어지는 '탈식민화'(decolonization)를 지지했다. 이것은 아시아와 아프리카, 카리브해에 걸친 매우 광범위한 지역에서 민족주의/민족해방운동이 집권하는 결과를 가져왔다.

19세기 말 운동 내부의 대논쟁—산업국가들의 사회주의운동에서는 맑스주의자 대 무정부주의자, 반식민운동에서는 정치적 민족주의 대 문화적 민족주의 사이의 논쟁—에서 맑스주의자와 정치적 민족주의 들은 유일하게 믿을 만한 프로그램은 이른바 2단계 전략, 즉 먼저 국가권력을 장악하고 그다음에 세계를 변혁하는 것이라고 주장했다. 1945년에 이르러 맑스주의자와 정치적 민족주의자 들은 운동 내부의 논쟁에서 분명히 우위를 점했고, 가장 강력한 조직들을 장악했다.[3]

_____

3 러시아혁명 당시 '맑스주의자'들이 두 진영, 즉 사회민주주의자(또는

거대기업들과 헤게모니 강국의 비교적 관대한 태도에 힘입어 1960년대 중엽에 이르면 구좌파운동은 거의 모든 곳에서 국가권력이라는 그들의 역사적 목적을 이룬 상태였다. 공산당은 그 당시 사회주의권이라고 불린, 세계의 1/3에 달하는 범위에서 집권하고 있었다. 사회민주당은 세계의 다른 1/3──범유럽 세계──의 대부분 지역에서 번갈아가며 집권하고 있었다.[4] 그리고 1968년에 이르면 거의 모든 식민지 국가에서 민족주의 및 민족해방운동 세력이 정권을 쥐고 있었다.[5]

제2 인터내셔널)와 공산주의자(또는 제3 인터내셔널)로 갈라져 있었던 것은 사실이다. 그러나 그들의 차이는 2단계 전략에 관한 것이 아니라 첫 단계──즉 국가권력 장악──를 성취하는 방법에 관한 것이었다. 게다가 1968년에 이르러 사회민주주의자들은 자신들을 맑스주의자라고 부르기를 그만두었고, 반면에 공산주의자들은 이제 자신들을 맑스-레닌주의자로 부르고 있었다. 1968년 세계혁명 참여자의 대부분을 이루었던 청년들은 구좌파 사회운동의 두 종류 모두에 경멸적 태도를 보이는 경향이 있었기 때문에, 구좌파에 매우 중요했던 두 인터내셔널 옹호자들 사이의 이러한 논쟁이 그들에게는 거의 가당치 않은 것으로 보였다.

4 그 당시 사회민주당의 주요 정책──복지국가──은 그들과 권력을 주고받은 보수 정당들에 의해 수용되었다. 이 보수 정당들은 세부 사항에 대해서만 애매한 말을 늘어놓았을 뿐이다. 나는 미국의 뉴딜 자유주의자들(New Deal Liberals, 뉴딜로 알려진 프랭클린 루스벨트 정부의 정책, 즉 경제와 사회에 대한 정부의 적극적인 개입과 주도를 지지하는 사람들──옮긴이)을 사회민주주의자의 일종으로 간주한다. 이들은 미국 정치사 특유의 이유로 그런 명칭을 마다했을 따름이다.

이 운동들 가운데 많은 것이 정권을 쥔 동안 아무리 '온건하게' 보였다 해도, 세계체제는 그 당시 이 모든 운동이 취한 승리주의(triumphalism, 특정 교의가 우월하며 영원불멸하다고 믿는 태도)에 상당히 물들어 있었다. 그 운동들은 미래는 그들 것이라고, 역사는 그들 편에 있다고 느꼈고 또 소리 높이 선언했다. 그리고 근대세계체제의 강자들은 이 선언이 들어맞을까봐 우려했다. 그들은 최악의 상황을 두려워했다. 하지만, 1968년 세계혁명에 참여한 사람들은 동의하지 않았다. 그들은 구좌파운동들의 정권 장악을 승리가 아니라 오히려 배신으로 보았다. 그들의 말은 요컨대 이랬다. 당신들은 집권세력이 될 수 있겠지만(제1단계), 세계를 조금도 변혁하지는 못했다(제2단계).

우리가 1968년 세계혁명 가담자들의 수사에 귀를 기울이고 (당연히 나라마다 서로 다른) 지역적 언급들을 무시한다면, 사회주의권이나 범유럽 세계에 속하든 아니면 제3세계에 속하든 간에 이 다중적인 봉기에 가담한 사람들에 대한 분석에 스며든 것으로 보이는 테마는 다음과 같은 세 가지로 나타난다.

---

5 대부분의 라틴아메리카 국가는 19세기 전반기에 형식적으로 독립국이 되었다. 그러나 여기서 포퓰리즘운동은 아직 형식적으로 식민지 상태에 있던 세계에서 민족해방운동이 발휘한 것과 유사한 힘을 보여주었다.

첫번째 테마는 헤게모니 강국에 관한 것이었다. 미국은 세계질서의 보증자로 여겨지지 않고 오히려 제국주의적인 종주(宗主)로, 하지만 감당할 수 없을 정도로 확장한 나머지 취약성을 드러내는 종주로 보였다. 베트남전쟁은 그 절정기에 일어났고, 1968년 2월의 구정(舊正)공세는 미국 군사작전의 조종(弔鐘)으로 간주되었다. 이게 다가 아니었다. 혁명가들은 소련을 미국 헤게모니에 한패가 된 파트너라고 비난했다.

그들이 보기에 냉전은 거짓된 허울이었다. 현상유지에 관한 얄따의 거래가 주된 지정학적 현실이었다. 이러한 심층의 의혹은 1956년부터 점점 더 커져갔다. 1956년은 수에즈와 헝가리의 해였다——두 초강대국 어느 쪽도 냉전적 수사에 부합하게 행동하지 않았다. 그것은 또한 흐루쇼프(Nikita Khrushchyov, 1894~1971. 1953년 스딸린 사후 실권을 장악하고 스딸린 비판과 서방과의 평화공존에 나섰으며 꾸바 위기, 중소 분열, 농업정책 실패 등으로 1964년 실각했다)가 제20차 소련공산당 대회에서 '비밀' 담화, 즉 스딸린주의 수사와 그의 여러 정책들을 취소하고 그리하여 종전의 충실한 지지자들 사이에 널리 '환멸'을 퍼뜨린 담화를 발표한 해였다.

두번째 테마는 집권에 성공한 뒤 그들의 약속(제2단계)을 이행하지 못한 것 때문에 도처에서 공격받고 있던 구좌파운동들에 관한 것이었다. 투사들은, 요컨대 당신들이 세계를 변혁하지 못했으니 우리는 실패한 전략을 재고해야 하며, 당신들을 새로운 운동으로 갈아치워야 한다고 말했다. 많은 이들에게 하나의 모델로 구실한 것은 중국의 문화혁명—당과 정부 최고위직에 포진한 '주자파'(走資派, capitalist roaders)를 숙청하라는 그들의 외침과 함께—이었다.

세번째 테마는 잊혀진 사람들이라고 불릴 만한 사람들—인종, 젠더, 민족성, 성적 취향, 그밖에 가능한 모든 면에서의 타자성 때문에 억압당하는 사람들—에 관한 것이었다. 구좌파운동들은 어느 나라에서의 어느 한 운동만이 바로 '그' 혁명운동이 될 수 있고, 그 운동은 특정한 유형의 투쟁, 즉 산업국가들(북반구)에서의 계급투쟁, 그 나머지 세계(남반구)에서의 민족투쟁에 우선권을 주어야 한다고 주장하는 한결같이 위계적인 태도에 머물러 있었다.

그들 입장의 논리는 자율적인 전략을 추구하고자 하는 어떠한 '그룹'이든 우선권을 갖는 투쟁을 손상시키며, 따라서 객관적으로 반혁명적이라는 것이다. 저 모든 그룹은 위계적 정당구조 안에서 조직되어야 했으며, 당의 상의하달식 전술 결정에 복종해야만 했다.

1968년의 투사들은 이 모든 그룹이 제기하는 평등한 대우에 대한 요구를 주요 투쟁이 '승리한' 이후의 막연히 추정되는 미래로 더이상 미룰 수 없다고 주장했다. 그러한 요구는 절박했고, 그들이 맞서 싸우던 억압 역시 현재 우선권이 있다고 주장하는 집단이 맞서 싸우는 억압과 마찬가지로 중요했다. 잊혀진 사람들은 누구보다도 여성, 사회적으로 정의된 (인종적·민족적·종교적) 소수자집단, 다양한 성적 취향을 가진 사람들, 그리고 생태 문제나 평화운동에 우선권을 두는 사람들을 포함했다. 그 이래로 점점 더 범위가 넓어지고 전투적으로 된 잊혀진 사람들의 명부는 끝이 없다. 당시 미국에서 등장한 흑표범단(Black Panthers, 1965년에 결성된 미국 흑인의 급진 혁명조직으로 1960년대 반문화운동의 한 상징이 되었다)이 이런 부류에 속하는 그룹의 아주 두드러진 예이다.

1968년의 세계혁명(실제로는 1966~70년에 걸쳐 일어났다)은 세계체제의 정치적 변형을 이끌어내지 못했다. 실상 대부분의 나라에서 그 운동은 성공적으로 진압되었고, 가담자들 가운데 많은 이들이 세월이 흐름에 따라 젊은 시절의 열정을 저버렸다. 하지만 그것은 영속적인 유산을 뒤에 남겼다. 자신들이 추구하는 지구문화가 유일하게 정당한 것이라고 주장하던 중도 자유주의자들의 능력이 그 과정에서 무력화되었다. 진정으로 보수적이고 진정으로 급진적인 이데올로기의 대변자들은 자율적인 존립 기반을 되찾았고, 자율적인 조직 및 정치전략들을 추구하기 시작했다.

근대세계체제의 작동에 있어 이러한 문화-정치적 변혁의 결과는 엄청났다. 자본의 끝없는 축적을 추구할 수 있는 자본가들의 능력이라는 관점에서 위기 상황에 진입했기 때문에, 근대세계체제의 정치적 안정은 모두에게 점점 더 나은 미래가 오리라——이렇게 점점 더 나은 미래를 가져다줄 전문적 능력을 갖춘 사람들의 현명한 조치들을 우리가 잘 참고 따르기만 한다면, 마침내——고 장담하는 중도 자유주의의 위력으로는 더이상 보증되지 않았다.

뒤이어 일어난 혼란

1968년 세계혁명은 엄청난 정치적 성공이었다. 1968년 세계혁명은 엄청난 정치적 실패였다. 그것은 지구 전역으로 퍼지고 번성하는 듯했지만, 1970년대 중엽에 이르면 거의 모든 곳에서 사그라진 것으로 보였다. 이 격렬한 산불로 무엇을 성취했는가? 참말로 적지 않았다. 중도 자유주의는 세계체제의 지배 이데올로기, 사실상 유일하게 정당한 이데올로기로서의 지위에서 물러났다. 이제 그것은 다른 여러 이데올로기들 가운데 그저 하나의 대안으로 끌어내려졌다. 그뿐 아니라 구좌파운동들은 어떠한 종류든 근본적인 변혁의 동원자로서의 힘을 빼앗기고 말았다. 그럼에도 불구하고, 중도 자유주의에 대한 일체의 종속에서 해방된 1968년 혁명세력들의 즉각적인 승리주의는 피상적이고 지속될 수 없는 것으로 드러났다.

세계 우파 역시 중도 자유주의에 대한 일체의 집착에서 자유로워졌다. 그들은 세계 경제침체와 구좌파운동들(그리고 그들의 정부들)의 붕괴라는 기회를 이용해 우리가 신자유주의적(실제로는 지극히 보수적인) 세계화라고 부르는 반격을 펴기 시작했다. 주된 목적은 꼰드라띠예프 A국면 동안 하위계층에 돌아간 모든 이익을 역전시키는 것이었다. 세계 우파는 모든 주요한 생산비용을 절감하고, 모든 다양한 형태의 복지국가를 파괴하며, 세계체제에서 미국의 쇠퇴를 늦추기 위해 안간힘을 썼다. 세계 우파의 전진은 1989년에 최고조에 달했다. 동·중부 유럽 위성국들에 대한 쏘비에뜨 통제의 종식과 1991년 소련 자체의 해체는 순식간에 세계 우파의 새로운 승리주의를 낳았다.

세계 우파의 공세는 대성공이었다. 세계 우파의 공세는 대실패였다. 1970년대 세계 경제침체(꼰드라띠예프 B국면)의 엄습과 함께, 대자본가 생산자들은 상당 부분의 생산활동을 상당히 '발전 중인' 것으로 보이는 새로운 지역들로 이전했다. 그러나 이것이 수적으로 눈에 띄게 팽창 중이던 이들 나라의 중간계층에 아무리 이익이 되었다고 해도, 세계적 차원에서 볼 때 자본축적의 양은 그리 인상적인 것이 아니었으며, 이 기업 생산자들이 1945~70년 기간에 축적할 수 있었던 것에도 뒤떨어지기 시작했다.

세계 잉여가치에 대한 일정 수준의 대량 전유를 유지하기 위해 자본가들은 금융 부문에서 그것을 손에 넣는 쪽으로 방향을 틀어야만 했으니, 이것이 곧 세계체제의 '금융화'라고 불리게 된 현상이다. 앞에서 언급했듯이 이같은 금융화는 지난 500년 동안 주기적으로 재발하는 근대세계체제의 특징이었다.

1970년대 이래로 자본축적을 지탱하고 있는 것은 생산효율화를 통한 이윤 추구에서 좀더 정확히는 투기라고 불리는 금융조작을 통한 이윤 추구로의 전환이다. 투기의 핵심 메커니즘은 부채를 통해 소비를 진작하는 것이다(이것은 물론 꼰드라띠예프 B국면 때마다 일어난 일이다). 이번 경우가 다른 점은 그것의 규모와 아울러 투기활동에 이용된 새로운 금융수단의 교묘함이었다. 자본주의 세계경제 역사상 최대의 A국면 팽창이 최대의 투기열풍으로 이어진 것이다.

제각기 거품을 일으키고 끝내 꺼져버리는 부채의 잇따른 표적들을 추적하는 것은 어려운 일이 아니다. 첫번째 큰 표적은 1973년과 1979년 석유수출국기구(OPEC)가 일으킨 대폭적인 유가 상승이었다. 오펙의 유가 인상을 주도한 세력은 이 기구의 급진파 회원국들이 아니라 회원국 가운데 미국의 가장 친밀한 동맹국들인 사우디아라비아와 (샤Shah〔'왕'이란 뜻으로 고대부터 이란 군주들의 칭호〕의 나라)

이란이었다. 미국이 그들의 이런 움직임을 부추겼다고 믿을 만한 이유가 오래전부터 있었다.

어쨌든, 금융 면에서 유가 상승의 결과는 뚜렷했다. 많은 돈이 OPEC 회원국들의 금고로 흘러들어갔다. 이것은 남반구와 사회주의권의 비산유국들에 이중으로 부정적인 영향을 끼쳤다. 그들은 필요한 석유와 석유로 만들어지는 모든 생산품에 대해 더 많이 지불해야 했고, 그들이 수출로 벌어들이는 수입은 북아메리카와 서유럽의 침체로 말미암아 줄어들었다. 이 나라들의 국제수지 악화에 따른 자금난은 대중의 불안을 조장하고 있었다.

OPEC 회원국들은 늘어난 수익 전부를 당장 활용할 수 없었으며, 그래서 서구 은행들에 예치했다. 이 은행들은 남반구 및 사회주의권 국가들에 밀사를 보내 국제수지 악화에 따른 자금난을 완화해줄 자금을 대출해주겠다고 제안했고, 거의 모든 나라가 이를 기꺼이 수락했다. 그러나 이 나라들은 채무상환 기한을 지키기가 어려웠고, 결국 이른바 채무위기가 빚어지게 되었다. 1982년 멕시코의 채무불이행(default)이 그 위기의 공공연한 신호였다. 하지만 사실상 그것은 1980년 폴란드가 거의 채무불이행에 다다른 때부터 시작되었다. 채무상환을 위해 폴란드 정부가 시행한 긴축정책은 자유노조(Solidarność, 정식 명칭은 '자주관리노동조합연대'로 1980년 그단스크Gdańsk의 레닌조선소에서 레흐 바웬

사 Lech Wałęsa를 중심으로 출범하여 동유럽 사회주의 정권들을 무너뜨린 민주화운동의 돌풍을 일으켰다)운동의 방아쇠를 당겼다.

그다음 채무자 집단은 일찍이 1980년대부터 자신들의 유동성 문제를 해결하는 한 수단으로 유명한 정크본드(junk bonds, 수익률이 매우 높은 대신 위험률도 높은 채권)를 발행한 대기업들의 행렬이었다. 걸신들린 투자자 무리가 이런 채권을 사들인 다음 기업들의 실물가치를 털어가는 수법으로 돈을 벌어들였다. 1990년대에 와서는, 주로 북반구에서 신용카드 보급과 더 나중에는 주택 투자의 여파로 광범위한 개인 채무 증가가 시작되었다. 21세기의 첫 10년에는 막대한 전쟁비용과 대폭적인 세수(稅收) 감소로 말미암아 미국의 공적 채무가 현저하게 증가했다. 2007년 미국 주택 시장의 붕괴와 함께 세계 언론과 정치가 들은 공공연하게 '위기'에, 은행들을 '긴급구제'(bail out)하려는 노력에, 그리고 미국의 경우 통화를 찍어내려는 노력에 촉각을 곤두세웠다. 이후로 정부 부채는 나선형으로 점점 더 확대되었으며, 그에 따라 국가 채무를 줄이기 위한 긴축정책에 대한 압력이 도처에서 점점 더 거세지고, 이는 동시에 유효수요를 줄이는 결과를 가져왔다.

21세기의 첫 10년에는 또한 자본전유의 지리적 재배치 현상이 나타났다. 이른바 신흥국가들, 특히 브릭스(BRICS, 2000년을 전후해 괄목할 만한 경제성장을 보이는 5개국으로 브라질, 러시아, 인도, 중국, 남아프리카공화국의 영문표기 첫 글자를 딴 신조어) 국가들의 부상은 예전부터 규칙적으로 그래왔던 것처럼 근대세계체제의 위계질서가 서서히 재정렬되는 현상을 나타내는 것이다. 하지만, 그런 재정렬은 그 체제 안에 새로운 생산적 주도산업들이 발전할 여지 ─ 일반화된 이윤 압박과는 상충하는 것으로 보이는 현상 ─ 가 있음을 상정한다. 브릭스 국가들의 부상은 그보다는 오히려, 세계 잉여가치 분배에 참여하는 구성원의 범위가 넓어지고 있음을 의미한다. 이것은 실제로 자본의 끝없는 축적의 가능성을 줄이는 것이지 늘리는 것이 아니며, 세계체제의 구조적 위기를 저지하기보다는 오히려 심화한다. 게다가 지금 널리 퍼진 긴축정책은 브릭스 국가들의 수출에 대한 수요 기반을 축소하고 있다.

경제 혼란으로 나타날 가능성이 가장 큰 금융상의 결과는 세계의 준비통화(reserve currency)로서 미국 달러화의 결정적인 퇴출이다. 달러화가 퇴출되면 다른 하나의 통화가 그 빈자리를 채우는 것이 아니라 상시적인 환율 변동을 허용하는 복수통화(multicurrency) 체제가 들어설 것이며, 이는 새로운 생산활동의 자금 조달을 동결하는 또 하나의 요인이 될 것이다.

한편 그리고 동시에, 2001~6년 기간에 조지 W. 부시(George W. Bush) 대통령 행정부가 밀어붙인 일방적인 군사력 과

시라는 네오콘(neocon, 신보수주의자들neo-conservatives. 전통적
보수주의자와 달리 강경하고 적극적인 대외개입정책을 지지하며 군사
력을 바탕으로 한 미국 패권을 추구한다) 프로그램의 정치-군사
적 낭패에 따른 역풍 이후로 미국 헤게모니의 쇠퇴는 돌이
킬 수 없게 되었다. 그 결과는 상대적 자율성을 지니고 다
른 주축들과 협상을 벌일 수 있을 만큼 강력해진 힘의 주
축이 8개 내지 10개 존재하는 다극화된 세계라는 현실이
었다. 그런데 이제는 그런 힘의 주축들이 너무 많아졌다.
그리고 이 주축들이 제각기 최대한의 이득을 추구함에 따
라서 임시적인 지정학적 재편성이 빈번하게 일어나는 것
이다. 요동하는 시장과 통화에다 그로 인해 요동하는 힘의
동맹들까지 가세한 형국이다.

　기본적인 현실은 중기적으로뿐만 아니라 단기적으로는
더욱더 예측할 수가 없다는 것이다. 이러한 단기 예측 불
가능의 사회심리학적 결과는 당혹과 분노, 권력을 쥔 자들
에 대한 경멸, 그리고 무엇보다도 격심한 불안이었다. 이
불안을 등에 업고 종전에는 환대받지 못하던 종류의 정치
적 대안들이 인기를 얻게 된다. 미디어에서는 이를 포퓰리
즘(populism)이라고 부르지만, 기실 그것들은 이런 슬로건
식 용어가 나타내는 것보다 훨씬 더 복잡하다. 어떤 이들
에게 그 불안은 다양하고 비합리적인 희생양 만들기를 일
삼게 했다. 또 어떤 이들에게 그것은 근대세계체제의 작동

에 대한 깊숙이 뿌리박은 전제들을 기꺼이 고쳐 생각해보도록 이끌었다. 미국의 티파티(Tea Party, 정부 지출 축소 및 세금 인하, 재정 건전화 등을 주장하며 오바마 행정부에 반기를 든 강경 보수 정치운동)운동과 월스트리트 점거(Occupy Wall Street, 2011년 9월 사회경제적 양극화와 금융자본의 부도덕성 등 신자유주의에 반대하여 뉴욕 월가에서 시작해 미국 주요 도시로 확산된 시위운동) 운동이 바로 그 차이를 보여준다.

세계 각국 정부——미국에서 중국에 이르기까지, 프랑스에서 러시아와 브라질에 이르기까지, 그리고 세계 무대에서 그보다 취약한 모든 정부들은 말할 것도 없고——의 주된 관심은 실업 상태의 노동자들에다, 저축과 연금이 사라지고 있는 중간계층까지 가세한 봉기를 피해야 하는 긴급 상황이 되었다. 한가지 대응으로 정부들은 한결같이 보호무역주의자가 되었다(이를 강력하게 부인하면서). 이러한 보호무역주의 충동의 원인은 정부들이, 그 댓가를 어떻게 치를 수 있고 또 얼마나 치러야 하든지 간에, 일단 단기자금을 확보하려고 한다는 것이다. 보호무역주의는 실업을 해결하는 데 불충분하기 때문에 또한 정부들은 점점 더 억압적인 태도를 보이고 있다.

이같은 긴축, 억압, 그리고 단기자금에 대한 욕구가 결합해 세계 상황을 한층 더 악화시킨다. 그 체제의 체증이 점점 더 심해지는 것은 이 때문이다. 그런 체증이 이번에는 점점 더 난폭한 파동들로 이어질 것이며, 따라서 단기적 예측들—경제와 정치 양면에서의—은 한층 더 신뢰할 수 없게 될 것이다. 그리고 이것은 다시 대중의 불안과 소외를 가중할 것이다. 이는 하나의 악순환이다.

후속 체제를 둘러싼 정치투쟁

오늘날 세계 앞에 놓인 문제는 자본의 끝없는 축적을 효율적으로 추구하는 능력을 되찾을 수 있도록 정부들이 어떤 식으로 자본주의 체제를 개혁할 수 있는가 하는 것이 아니다. 이런 일은 불가능하다. 그러므로 문제는 무엇이 이 체제를 대체할 것인가가 되었다. 그리고 이것은 2011년부터 쓰이는 표현으로 1%와 99% 모두에 관련되는 문제다. 물론 모든 이가 그에 동조하거나 그런 식으로 말하는 것은 아니다. 사실 대부분의 사람들은 여전히 이 체제가 오래된 규칙들을 따라서, 혹은 그 규칙들을 고쳐가면서 계속 굴러가고 있다고 생각한다. 이런 생각이 틀린 것은 아니다. 다만 현 상황에서는 오래된 규칙들을 따르는 것이 실제로는 구조적 위기를 심화시킨다는 것이다.

그러나 일부 행위자들은 그 구조적 위기를 똑똑히 알아차리고 있다. 그들은 우리가 현 체제를 유지할 수는 없지만 세계가 분기점에서 어느 갈래로 나아갈지, 세계가 어떤 종류의 새로운 역사적 체제를 이룩할 것인지 결정하는 데

기여할 수 있다는 것을 알고 있다. 인정을 하든 안 하든 간에, 우리는 후속 체제를 위한 투쟁이 한창인 때를 살고 있다. 복잡계 연구(complexity studies)는 이같은 분기의 결과가 본질적으로 예측 불가능하다고 주장하지만, 그럼에도 불구하고 세계가 택하게 될 선택지들은 꽤 간단명료하며 대략적으로 윤곽을 그릴 수 있다.

새로이 안착할 수 있을 체제의 한 종류는 현 체제의 기본 특징, 즉 위계질서, 착취와 양극화 같은 특징을 그대로 지니는 체제다. 자본주의가 이런 특징을 지니는 유일한 체제는 결코 아니며, 새로운 체제가 자본주의보다 훨씬 더 나쁜 체제일 수도 있다. 논리적으로 이에 대비되는 다른 대안은 상대적으로 민주적이고 평등한 체제다. 이 나중의 체제는 아직 존재한 적이 없다. 그것은 하나의 가능성일 뿐이다. 물론 우리 중 어느 누구도 그 제도들의 세세한 면면에 이르기까지 다른 대안을 설계할 수는 없다. 그 설계는 새로운 체제가 그 일생을 시작하면서 점진적으로 변모해갈 것이다.

나는 이 두가지 가능한 대안에 상징적인 이름을 붙였다. 하나는 '다보스(Davos, 자본주의 질서를 옹호하고 현 세계경제의 발전을 추구하는 세계 정·관계, 재계 유력 인사들의 국제민간회의기구. 정식 명칭은 '세계경제포럼'World Economic Forum으로 매년 스위스 다보스에서 총회가 열려 '다보스 포럼'으로 널리 알려져 있다) 정신'

이고, 또 하나는 '뽀르뚜알레그리(Porto Alegre, 신자유주의 및 세계화 등에 반대해 더 민주적이고 평등한 체제로의 변화를 추구하고 대안적 미래를 모색하는 비정부기구들의 연례 모임. 2001년 브라질 뽀르뚜알레그리에서 출범한 '세계사회포럼'World Social Forum을 가리킨다) 정신'이다. 명칭 자체는 아무래도 상관이 없다. 여기서 분석해야 할 것은 어느정도는 1970년대에 시작해 틀림없이 2040년 또는 2050년 무렵까지 계속될 이 투쟁에서 각 진영이 취할 수 있음직한 조직적인 전략이다.

구조적 위기의 정치투쟁들은 두가지 기본적인 특징을 지닌다. 먼저, 한 역사적 체제의 '정상적인' 작동 상황으로부터 근본적인 상황 변화가 일어난다는 것이다. '정상적인' 생애 동안에는 평형상태로 복귀하려는 매우 강한 압력이 존재한다. 바로 이 점이 그것을 '정상적이게' 만드는 것이다. 그러나 구조적 위기에는 변동이 끊임없이 일어나고 그 폭이 넓어지며, 체제는 평형상태로부터 점점 더 멀어진다. 바로 이것이 구조적 위기의 정의다. 그리하여 아무리 급진적인 '혁명들'이 일어난다고 해도 '정상' 시기에는 그 영향이 제한적이다. 반면에, 구조적 위기 동안에는 소규모의 사회적 동원이라 해도 아주 커다란 영향을 몰고 온다. 이것이 이른바 '나비효과'로, 이때 자유의지는 결정론을 누른다.

구조적 위기의 정치적으로 중요한 두번째 특징은 두가

지 대안적 '정신' 가운데 어느 것도 어떤 소수집단이 그들의 행동을 충분히 결정할 수 있을 정도로 조직될 수 없다는 것이다. 서로 다른 이해관계를 대변하고 서로 다른 단기 전술을 신봉하는 다양한 행위자들이 있으며, 이들 사이의 조율은 이루기 어렵다. 게다가 각 진영의 투사들은 점점 더 늘어나는 잠재적 지지자 집단에 그들 활동의 유용성을 납득시키느라 정력을 쏟아야만 한다. 혼란스러운 것은 비단 그 체제만이 아니다. 후속 체제를 위한 투쟁 역시 혼란스럽다.

지금까지 우리가 간파할 수 있는 것은 실제로 등장했던 전략들이다. '다보스 정신' 진영은 몹시 분열되어 있다. 한 그룹은 즉각적이고도 장기적인 강압책을 지지하며, 반대를 분쇄하기 위한 무력 집행자 네트워크를 조직하는 데 재원을 투자해왔다. 하지만 억압이 장기적으로는 효력이 없을 것이라고 생각하는 다른 그룹이 있다. 이들은 아무것도 바뀌지 않도록 모든 것을 바꾸려 하는 디 람뻬두사 전략 (di Lampedusa strategy, 이딸리아 소설가 주세뻬 디 람뻬두사의 소설 『표범』 *Il Gattopardo*의 주인공 쌀리나 공작이 가리발디 혁명군에 점령당한 상황에서 자신이 속한 구질서를 온존하기 위해 취하는 전략)을 지지한다. 이들은 능력주의(meritocracy), 녹색 자본주의, 더 많은 평등, 더 많은 다양성, 반대자에 대한 관대한 대응에 대해—모두 상대적 민주주의 및 상대적 평등을 전제로 하는 어떤 체제를 예방하려는 의도로——논의한다.

'뽀르뚜알레그리 정신' 진영 역시 마찬가지로 분열되어 있다.

먼저, 그들이 건설하고자 하는 세계상을 반영한 이행기 전술을 추구하는 사람들이 있다. 그것은 때로 '수평주의'(horizontalism)라고 불린다. 실제로 그것은 배경과 목전의 이해관계가 서로 다른 사람들 사이에서 최대한 토론과 상대적인 합의를 모색하고 이끌어내려고 한다. 그것은 그 운동과 세계의 기능적 탈중앙집중화를 제도화하려는 노력이다. 또한 이 그룹은 이른바 '문명의 위기'라 불리는 현실을 자주 강조해왔거니와, 이는 실제로 경제성장이라는 기본 목표를 거부하고 이 목표 대신 바로 상대적 민주주의와 상대적 평등주의를 낳게 될 사회적 목표들의 합리적 균형을 추구하는 것을 의미한다.

이들에 맞서 포진해 있는 그룹은 정치권력을 위한 투쟁에서 모종의 수직적 조직이 없으면 실패는 예정된 운명이므로 그런 조직이 필수불가결한 조건이라고 주장한다. 이 그룹은 또한 이익 재분배 수단으로 오늘날 세계의 덜 '개발된' 지역에서 상당한 단기적 경제성장을 이루는 것이 중요하다고 역설한다.

이렇듯 전체적인 대립구도는 단순히 두 진영 사이의 양자대결이 아니라 네 그룹이 겨루는 정치적 대결이다. 이런 상황은 모든 이에게 대단히 혼란스럽다. 이 혼란은 지적인 것인 동시에 도덕적이고 정치적인 것이다. 그리고 이로 말미암아 그 결과의 불확실성은 더욱더 커진다.

마침내 이런 종류의 불확실성은 현 체제의 단기적 문제들을 격화시킨다. 이같은 불확실성은 우리를 들뜨게 하는 (행동이 어떤 변화를 만들어낸다는 자각) 동시에 무력하게 만드는(단기적 결과들이 그렇듯 불확실하니 행동할 수 없다는 의식) 것이기도 하다. 이는 현 체제에서 이득을 보는 사람(자본가)에게도 해당하고, 어마어마한 규모의 최하층계급(underclasses)에도 해당하는 사실이다.

그러므로 다시 요점으로 돌아가면, 우리가 살고 있는 근대세계체제는 평형상태로부터 너무 멀리 이탈했고 자본가에게 자본의 끝없는 축적을 더이상 허용하지 않기 때문에 지속될 수가 없다. 최하층계급은 더이상 역사가 그들 편에 있다고 믿지도, 또한 그들의 후손이 반드시 그 세계를 물려받으리라고 믿지도 않는다. 요컨대 우리는 후속 체제를 둘러싼 투쟁이 벌어지고 있는 구조적 위기 속에 살고 있다. 비록 그 결과는 예측 불가능하다고 해도, 우리는 이쪽 또는 저쪽 진영이 향후 수십년 안에 승리를 거둘 것이며, 웬만큼 안정된 새로운 세계체제(또는 일단의 세계체제들)가 자리잡으리라는 것을 확신할 수 있다. 우리가 할 수 있는 전부는 역사적 선택지들을 분석하고 더 바람직한 결과에 대한 우리의 도덕적 선택을 확실히 하는 것이며, 거기에 다다르기 위한 최적의 정치적 전술을 판별하는 것이다.

　역사는 어느 누구의 편에도 있지 않다. 우리가 어찌 행동해야 할지를, 우리 모두가 잘못 판단할 수도 있다. 그 결과는 본래, 본질적으로 예측 불가능한 것이므로, 우리가 바라는 종류의 세계체제를 이룩할 가능성은 잘해야 50 대 50이다. 그러나 50 대 50의 가능성은 큰 것이지 결코 작은 것이 아니다.

제2장

중간계급 노동의 종말: 더이상 탈출구는 없다

• 랜들 콜린스

장기적 관점에서 자본주의의 구조적 약점 한가지가 지금 전면에 드러나고 있다. 그것은 지난 20년 동안 컴퓨터화 및 정보기술의 형태를 취해온, 기계에 의한 노동의 기술적 대체(technological displacement of labor)이다. 이러한 대체는 지금 점점 더 빨라지고 있으며 중간계급의 생존을 위협하고 있다. 나의 논의는 그리 독창적인 것은 아니다. 맑스 또한 공장 기계화에 근거해서 기술적 대체 메커니즘을 논의한 바 있다. 비록 그의 논의에서는 그것이 경기순환, 이윤율 하락, 그리고——현재의 네오맑스주의 이론들에서의——금융화 및 금융위기 같은 다른 여러 이론적 메커니즘들과 결부되어 있기는 하지만 말이다. 그러나 내가 여기서 강조하고 싶은 것은, 어떤 충분한 한도까지 치달은 노동의 기술적 대체 과정은 맑스주의 및 네오맑스주의 이론상의 다른 어떤 과정들 없이 그 자체만으로도 자본주의의 장기적인, 그리고 필시 최종적인 위기를 낳을 것이라는 점이다. 세계 차원의 꼰드라띠예프 파동(K-waves)이나 세계체제 헤게모니들과 마찬가지로, 경기순환(business cycles)은 타이밍이 불분명하고 부정확할 수 있으며 그 진동의 높낮이가 가변적이다. 금융위기는 우발적으로 일어날 수도 있고 올바른 정책을 통해서 피할 수도 있다. 어쨌든 상관없다. 기술적 대체에 의한 구조적 위기는 경기순환과 금융거품을 뛰어넘는다. 그것은 자본주의의 미래에 심중한 위협이다. 물론 금융과 경기순환 등의 여러 메커니즘에 따라 일어나는 단기적 위기들이 있지만, 여기서 초점을 맞추는 것은 장기적인 구조 변동, 즉 앞으로 30년 내지 50년 안에 자본주의를 끝장낼 가능성이 꽤 있는 그런 변동이다.

내가 맑스로부터 빌려온 교훈의 순수성이나 신빙성을 주장할 생각은 없다. 오늘날 사회학이 무언가 믿는 것이 있다면 그것은 우리가 보고자 하는 세계상을 다루기 위한 복합적인 과정과 복합적인 원인 그리고 복합적인 패러다임 들일 것이다. 사회학에서 베버는 상당한 정도로 맑스를 능가해왔고, 그래서 우리는 너 나 할 것 없이 계급, 정치, 문화, 또한 젠더의 상호침투에 관해 이야기한다. 그럼에도 불구하고, 장기적인 구조 변동의 핵심 특징이 쟁점—무엇보다도 구조적 위기에 관한 쟁점── 으로 떠오르는 시점들이 있다. 우리가 다학문적 지향(multidisciplinarity)과 지적 다양성을 높이 평가함에도 불구하고, 위기의 메커니즘과 매우 장기적인 구조 변동의 방향을 다루는 이 경우에는 한가지 계통의 이론이 다른 모든 것들보다 단연 빼어난 것으로 보인다. 내가 격찬하는 그 이론은 맑스와 엥겔스가 이미 1840년대에 표명한 기본적인 통찰의 알맹이 같은 것이다.

그것은 실로 껍데기를 다 벗겨낸 맑스주의다. 노동가치설도 없고, 노동의 생산수단으로부터의 박탈이라든가 인간존재(species-being)로부터의 소외에 대한 언급도 없다. 그것은 어떤 존재론적 주장도 내세우지 않으며, 위기의 끝에 올 어떤 최종적인 해방도 가정하지 않는다. 나는 장기적 경제위기에 관한 이론만 남을 때까지 그 겉껍질을 모두 벗겨냈다. 그 위기에 응해 일어나는 사태, 그리고 이후 정치적, 사회적으로 발생하는 사태를 다루려면 우리에게는 다른 계통의 사회학이 필요하다. 게다가 그것은 경제위기의 결과로서의 국가 장악에 관한 이론이, 즉 그 자체만으로는 혁명에 관한 이론이 아니다── 말미에 가서 혁명의 원인에 대해 사회학자들이 알게 된 것을 논의하겠지만. 또한 비록 사회주의의 미래에 대해 시사하는 바가 있겠지만 사회주의에 관한 이론이 아니며, 사회주의가 과거에 그랬던 것보다 미래에 더 잘 굴러가도록 만들 방도에 관한 이론도 아니다. 아니, 그것은 무엇보다도 위기에 관한 이론이다.

기술적 대체란 설비 및 조직상의 혁신으로 노동을 절감하고 그렇게 해서 더 적은 고용 인원으로 더 낮은 비용에 더 많이 생산할 수 있도록 하는 메커니즘이다. 맑스와 엥겔스의 주장에 따르면, 자본가들은 서로 경쟁하여 이윤을 늘리려고 노력한다. 그렇게 하는 데 실패한 사람들은 시장에서 쫓겨난다. 그러나 노동을 절감해주는 기계장치가 노동자들을 대신함에 따라 실업이 증대하고 소비수요가 하락한다. 과학기술은 풍요를 약속하지만, 생산품을 구매할 만큼 충분한 수입을 가진 사람들이 너무 적기 때문에 잠재적 생산품은 판매될 수 없다. 이 근본적인 구조적 경향을 가지고 추정하여, 맑스와 엥겔스는 자본주의의 몰락과 사회주의에 의한 교체를 예언했다.

그 이론이 표명된 지 160년이 지나도록 왜 이런 일이 일어나지 않았는가? 잘 알려져 있다시피, 사회주의 체제들이 정권을 쥐는 데 성공한 곳에서 그 이행은 자본주의의 경제위기로 추동된 것이 아니었다―물론 그들 정권이 몰락했을 때에도 그랬다. 요컨대 여기서는 기술적 대체를 통한 자본주의의 결정적 붕괴가 없었다. 맑스와 엥겔스는 노동계급 노동의 대체에 관심을 집중했다. 그들은 화이트칼라 고용인, 관리직 및 사무직 노동자, 교육받은 전문직 종사자 들로 이루어진 거대한 중간계급의 등장을 예견하지 못했다. 그러나 이것이 지금 내가 기술적 대체 위기의 재발에 대한 주장을 펼치는 이유다. 1980년대나 90년대까지만 해도 기계화는 주로 육체노동을 대체했다. 그런데 최근의 과학기술의 물결 속에서 이제 우리는 관리노동의 대체와 그에 따른 중간계급의 축소 현상을 목격하고 있다. 정보기술은 곧 커뮤니케이션 기술이다. 그로써 중간계급 고용인들의 업무인 커뮤니케이션 노동이 대체되고 대규모 노동 축소의 두번째 시대가 시작된 것이다. 지금은 기계화에 로봇화와 전자화──우리의 장기적 미래를 지시하는 꺼림칙한 용어 목록에 추가해야 할 또 하나의 불쾌하고 흉측한 용어──까지 가세했다.

노동계급이 기계화를 통해 위축되었을 때, 자본주의는 중간계급의 등장에 의해 구조되었다. 지금은 컴퓨터화와 인터넷, 새로운 초소형 전자기술의 물결이 중간계급을 궁지로 내몰고 있다. 자본주의가 기술적 대체의 이 두번째 물결을 헤치고 살아남을 수 있을 것인가?

지난날 자본주의는 다섯가지의 주된 탈출로를 통해서 기술적 대체의 위기들을 벗어날 수 있었다. 여기서 나는 이 다섯가지 탈출로가 지금은 모두 봉쇄되고 있다──그래서 이제 도망칠 길이 없는 막다른 곳에 다다랐다──고 주장하고자 한다.

탈출로 1: 새로운 과학기술은 새 일자리와 전연 새 로운 일자리 부문을 창출한다

새로운 과학기술에 대한 비관론은 쓸데없고 비뚤어진 생각으로 여겨진 지 오래다. 수공업 노동자들의 일자리를 앗아간 기계들을 파괴한 1811년의 러다이트들(Luddites, 영국 산업혁명기에 기계파괴 폭동에 가담한 직공들)은 그들의 생산체제가 장차 산업을 어마어마하게 팽창시키고 백여년에 걸쳐 공장 노동자 수를 증가시킬 공장체제에 길을 내주고 있다는 것을 알지 못했다. 20세기 중엽에 나온 발전이론은 노동 부문이 1차, 2차, 3차(즉 채취업, 제조업, 관리 및 써비스업) 부문의 단계들을 거쳐 발전하는 것이 자연스러운 경향이라고 주장했다. 그러나 발전이론은 역사상 어느 특정 시점의 상황을 경험적으로 일반화한 것일 뿐이다. 그 발전 과정이 영원히 지속되리라는 법은 없다. 농업노동은 예전 전체 일자리의 대부분을 차지했지만 오늘날 선진 경제들에서는 1% 내외로 줄어들었고, 제조업의 비중은 약 40%까지 올라갔다가 15% 이하로 떨어졌다. 행정 및 써비스 부문도 이와 마찬가지로 축소되지 말란 법은 없다.

자본주의적 혁신에 관한 최고의 이론가인 슘페터는 새로운 생산품—따라서 이윤의 주요 원천—은 생산요소들을 새로이 결합해 재편성함으로써 시장에 나오게 된다고 이론화한다. 그러한 재편성은 슘페터가 '창조적 파괴'(creative destruction)라고 부른 것을 수반하기 마련이다. 그럼에도 불구하고, 슘페터에게서 영감을 받은 경제학자들은 또한 과거 경향들에서 유추한 것에 불과한 근거를 가지고 새로운 생산품으로 창출된 일자리 수가 기존 시장의 파괴로 사라진 일자리를 벌충할 것이라는 주장을 편다.

이 이론들 가운데 어느 것도 지금까지 신규 고용으로 기존 고용의 손실을 벌충하도록 해온 안전판인 커뮤니케이션 노동의 기술적 대체를 고려하지 않는다. 그 이론들은 전화교환원과 문서정리원 들이 자동화·컴퓨터화된 씨스템 때문에 실직할 때 같은 수의 인력이 쏘프트웨어 개발자, 컴퓨터 기술자, 휴대전화 판매원으로서 일자리를 얻는다고 주장해왔다. 하지만 왜 이 숫자들이 같아야 하는지, 하물며 그런 종류의 기술적이고 커뮤니케이션에 관련된 업무의 자동화—예를 들면 온라인 쇼핑에 의한—로 말미암아 화이트칼라 노동력 규모가 줄어들지는 않는지, 조금이라도 그럴듯한 이론적 근거를 보여준 사람은 아무도 없었다. 기술적 대체는 앞서 말한 대로 현재 진행 중이다. 지난 몇년 사이에 상점의 계산대 점원들이 자동화된 쎌프 계산대로 대체되면서 중하계급(lower-middle class)의 써비스 부문 일자리에서 가장 비중이 큰 영역들 중 하나가 잠식당했다. 숙련도가 더 높은 영역에서, 전문 언론인들은 소수의 유급 언론인과 다수의 아마추어, 무급 블로거에게서 나오는 온라인 뉴스와의 경쟁에 내몰린 신문의 축소 또는 폐간으로 설 자리를 잃고 있다.

중간계급 노동의 컴퓨터화는 사라진 일자리와 같은 비율의 새로운 일자리 창출로 상쇄되지 않고 있다. 새로운 일자리가 창출되지만, 없어진 일자리 수를 당할 정도도 아니고 잃어버린 수입을 메꿀 수 있는 정도도 아니다. 실직 노동자를 위한 직업 재교육 프로그램들이 구조적 실업률을 낮추는 데 성공하지 못하는 이유가 바로 여기에 있다. 컴퓨터화와 인터넷은 쏘프트웨어 설계, 웹사이트 구축, 수많은 재택 온라인 정보 및 상담써비스 같은 새로운 분야의 일자리들을 만들어냈다. 이런 일자리는 보수가 낮은 경향이 있는데, 이는 점점 더 늘어나는 경쟁자들이 쉽사리 접근할 수 있고 그 가운데 많은 사람이 무료로 자신들의 써비스를 제공하는 상황에 비추어보면 놀라운 일이 아니다. 정보과학기술(IT)이 새로운 활동들을 창출해내고 있지만, 그로 말미암아 사라지는 일자리와 같은 정도로 보수가 괜찮은 일자리들을 만들어내는 것은 아니다. 시사 블로그(opinion blogs)의 번성이 언론계 유급 일자리의 퇴출을 벌충하지는 못한다.

오로지 IT에 의해 대체된 일자리에 대비해 IT로 창출된 유급 고용만을 따져볼 때, 그리고 지난 수십년간의 경향으로 유추해볼 때, 세계 고용의 70% 이상이 컴퓨터 프로그래머, 쏘프트웨어 및 컴퓨터 애플리케이션 디자이너 들로 이루어진다는 것이 있을 수 있는 일인가? 컴퓨터화는 아직 청년기에 있다는 것, 즉 유년기는 지났지만 아직 원숙기에 들어가지는 않았다는 것을 유념할 필요가 있다. 너무 생물학적인 비유지만, 요는 더욱더 정교한 컴퓨터화가 또 다가오리라는 것이다. 이를테면 인공지능 기계들이 인간으로부터 고도의 인지처리능력을 접수한다. 이렇듯 새로운 애플리케이션의 고안은 물론이고 컴퓨터 프로그래밍 자체가 전적으로 컴퓨터에 의해 수행될 때, 중간계급의 노동은 거의 완전히 대체될 것이다. 그렇게 되면 컴퓨터 프로그래머를 위한 일자리가 더이상 탈출구가 되지는 못할 것이다. 그것은 사라진 일자리 수를 벌충하는 평형장치가 된 적이 없었거니와, 앞으로도 컴퓨터가 접수한 노동에 견주어볼 때 인간을 위한 일자리 창출의 총량은 꾸준히 줄어드는 절편(slice) — 또는 양쪽 벽 간격이 점점 더 좁아지는 수로 — 처럼 될 것이다.

미국과 같은 선진 경제에서 써비스업 부문의 일자리 비중은 공업 및 농업/채취업 직종이 쇠퇴한 결과로 노동력의 약 75%까지 성장했다(Autor and Dorn 2013). 그러나 써비스업 부문은 불과 25년 정도밖에 안된 IT 경제에 압박받고 있다. 판매직은 컴퓨터 통신 및 온라인 구매에 의해 급속히 자동화되고 있다. 예컨대 재래식 소매점 점원들은 전자스캐너로 인해 퇴출당한다. 경영직 또한 인공지능이 발달함에 따라 점점 더 큰 압박을 받게 될 것이다.

컴퓨터 및 다른 기계로 인간을 대체하는 이런 과정에는 어떤 내재적 한계가 없다. 인간 노동의 대체는 향후 20년뿐만 아니라 100년 동안, 심지어 1000년 동안—노동의 기술적 대체를 추동하는 근본적인 메커니즘, 즉 자본주의적 경쟁을 변화시킬 어떤 외래적인 사태가 일어나지 않는한—계속될 것이다.

컴퓨터로 경영되는 미래 세계가 반드시 조지 오웰이 『1984』에서 묘사한 것처럼 첨단 과학기술을 이용한 감시와 독재국가의 지배가 이루어지는 세상이 되지는 않을 것이다. 오웰은 경제적 차원, 즉 첨단 전자기술이 정치만이 아니라 고용에도 영향을 끼친다는 사실을 간과했다. 우주시대 모험영화에서 묘사된 온건한 미래상에서도 그렇듯이, 누가 로봇과 컴퓨터를 소유하느냐는 결코 문제가 되지 않는다. 실제 세계에서 그 답은 다음과 같으니, 즉 거대 자본 보유자들이 거대 컴퓨터 씨스템들을 소유할 것이다(그리고 소유하고 있다). 쏘프트웨어든 하드웨어든 IT 제조사는 자본가적 기업이다. 대중 커뮤니케이션 회사들(페이스북, 구글, 아마존, 트위터, 그리고 향후 수십년 동안 새로 등장할 모든 회사들)은 모든 형태의 자본가적 기업에서 볼 수 있는 역사적 발전과 똑같은 패턴을 보여준다. 즉 연쇄적으로 일어나는 급속한 혁신들, 경쟁자들의 급증, 몇몇 소수의 성장을 통한 다수 경쟁자들의 퇴출, 금융시장의 투자열풍, 그리고 금융 압박과 이전 선두주자들의 몰락이 그것이다. IT 시대에 소수 독점으로의 통합은 이전의 신기술 물결들 속에서도 똑같이 일어났던 일이다. IT 시대가 이제 갓 시작된 까닭에, 소수 독점으로의 통합 속도가 철도 시대나 자동차산업 시대에 그랬던 것과 다르게 나타날지 여부는 아직 분명치 않다. 하지만 소수 독점을 향한 지금까지의 속도는 이전 시기에 나타난 것보다 훨씬 더 빠른 것 같다(이것은 중간계급의 기술적 대체라는 주요 사안에서 나온 곁가지 문제이다. 그것이 곁가지 문제로 남아 있는 한, 독과점 정도가 심각한지 아닌지는 자본주의의 장기적 위기에 그리 큰 영향을 끼치지 않는다).

그러나 IT의 경우는 다르다고 반박하는 사람이 있을지도 모른다. 컴퓨터화는 대기업과 대고용주에게만 중요한 무언가가 아니다. 그것은 보통 사람들이 이용하고 즐기는 무엇이다. 컴퓨터는 자본가들만 소유한 것이 아니라 우리 모두가 소유하고 있다. 이는 (가령 1925년이나 1955년에)

이렇게 말하는 것과 같다. "자동차는 자본주의 산업이 아니다. 나 자신도 한대를 소유하고 있고, 어디든 몰고 갈 자유가 있고, 멀리 달아나거나 뒷자리에 드러눕거나 원한다면 고속도로에서 가속 경주를 할 자유가 있으니 말이다." 자본주의 산업의 생산품들에 대한 열광이야말로 자본주의를 잘 굴러가게 만드는 중요한 요인이다. 좋다. 그럴 수 있을 때 즐겨라. 당신이 언제 어디서나 휴대용 기기로 음악을 들을 수 있고, 이미지와 텍스트를 전송하거나 검색할 수 있고, 그밖에 소비자용 IT기기들 덕분에 현대 소비자들이 하는 온갖 것을 할 수 있다는 사실 — 이 모든 것은 거기에 당신 같은 인력을 위한 일자리가 있느냐 없느냐 하는 문제에 대해서는 아무 말도 하지 않는다. 자동차의 인기는 단순히 소비자 취향의 문제만이 아니었다. 그것은 수십년 동안 상당히 많은 수의 보수 좋은 일자리를 만들어낸 하나의 산업을 일으킨 것이다. 그후 기술적 대체와 자본주의적 통합으로 자동차산업 부문의 일자리가 급격하게 감소했다. 만일 이 소비자들이 일자리를 찾지 못한다면 오늘날 사람들의 관심과 열정을 빨아들이는 온갖 개인용 전자기기들이 자본주의의 위기를 막아내지는 못할 것이다. 마침내 소비자는 이런 기기를 구매할 능력이 없어질 것이고, 생산자 역시 그것을 판매할 수 없게 될 것이다. 이것이 심각하고 구조적인 자본주의적 위기의 모습이다.

탈출로 2: 시장의 지리적 확산

우리는 시장의 확산을 세계화로 생각하기 쉬운데, 세계화는 정도 면에서의 양적 차이를 의미하는 것이지 본질 면에서의 질적 차이를 의미하는 것이 아니다. 국가의 경계 안에서도 시장은 원래 어떤 생산품이 들어가지 않던 지역들로 확산됨으로써 성장해왔다. 이렇게 해서 지역 조건은 혁신자에게 어딘가 다른 곳에서 나오는 이윤을 장려한다. 지리적 확산은 시장 변경을 계속 전진시키면서 생산품 혁신과 보조를 맞추어 진행된다. 역동적인 시장들에는 항상 최신에 관한 열광, 어떤 중심에 있다는 또는 중심에 뒤처지지 않고 있다는 문화적 위신이나 후진성에서 벗어나려 노력하고 있다는 소극적인 위신이 따르기 마련이다. 세계 또는 국가간(interstate) 차원에서 이 메커니즘에 대한 자유주의적 설명이 곧 근대화론 또는 발전이론이다. 이에 따르면 세계 각 지역은 아마도 모두가 충분히 발달한 3차 부문 써비스경제가 될 때까지 제각기 여러 단계를 연속적으로 밟아 올라간다는 것이다. 또한 근대성을 향해 거침없이 내달리고 있는 제3세계의 대국 인도와 중국에서 우리는 지금 그러한 현상이 실제로 나타나고 있음을 보고 있다고 주장한다.

이 과정에 대한 네오맑스주의적 해석이 곧 세계체체론이다(Arrighi 1994; Chase-Dunn 1989; Wallerstein 1974~2011). 이 해석은 자본주의 시장들의 지리적 확산에 대해 별로 우호적이지 않다. 이에 따르면 세계시장 지배는 군사력과 정치적 영향력으로 유지되며, 헤게모니를 가진 핵심부는 반 주변부(semiperiphery) 지역들로 이루어진 전달 벨트의 도움으로 주변부(periphery)의 노동과 원료를 착취한다. 세계체제론에서는 이와 같은 패턴이 큰 전쟁들로써 시기가 구분되고, 세계시장에서의 상대적 팽창과 정체에 관한 꼰드라띠예프의 장기 파동에 맞물린 일련의 헤게모니 교체에 의해 복잡하게 나타난다. 그러나 잇따라 헤게모니를 쥔 국가들—에스빠냐, 네덜란드, 영국, 미국, 그리고 추측건대 중국—의 이러한 싸이클은 논리적으로 주변부가 고갈되었을 때, 그리고 지구의 모든 지역이 자본주의 시장 안으로 완전히 끌려들어올 때 끝이 난다. 더이상 안전밸브도 없고, 착취를 위한 지역도 더이상 남아 있지 않으며, 자본주의적 이윤은 바닥난다.

세계체제론의 예언이 지닌 특유한 장점들은 차치하고, 내가 강조하려는 논점은 시장들의 세계화가 이제 중간계급의 일자리를 잘라내고 있다는 것이다. 인터넷 기술은 인도—또는 다른 어느 곳이든—의 화이트칼라 노동자들이 세계의 핵심부 자본주의 지역의 컴퓨터화된 사무직 일자리를 두고 경쟁할 수 있게 해준다. 과거에 중간계급 노동자들은 육체노동자들보다 경쟁으로부터 더 안전하게 보호받아왔지만, 이제는 더이상 그렇지 않다. 인터넷은 특히 멀리 있는 일터로 직접 이동해 노동할 필요가 없는 경우에 유효한 일자리에 접근할 수 있는 노동자들의 인력풀을 한층 더 광범위하게 창출한다. 현대의 세계화에는 또한 한층 더 빠른 국제 이동이 따른다. 경영직·전문직 종사자들은 지구 전역의 사업장으로 그들의 전문기술과 협상기술을 직접 이동시킨다. 이는 상층 중간계급 노동을 단일한 노동시장으로 균질화하며, 경영비용을 절감하고, 고도의 전문기술 노동조차 퇴출시킬 가망성을 높이는 파급 효과가 있다. 연결망의 확대는 일자리 경쟁을 더 격화시키고 중간계급의 임금은 깎아내린다. 비교적 최근에 나타난 현상으로, 지난 몇십년 동안 상층 중간계급의 제트셋(jet-set, 제트기로 유람을 즐기는 부유층, 일명 제트족) 붐은 비용 절감 전문가들이 그 종업원들을 상대로 가해온 것과 동일한 구조적 대체의 표적이 될 공산이 크다. 고도의 전문직·기술직 종사자들은 국가의 울타리로 보호받던 예전 그 어느 때보다도 훨씬 더 치열한 경쟁과 생존의 불확실성에 직면해 있다.

종전에 국제적 이주는 제조업 중심지들에, 그리고 좀더 최근에는 선진 써비스경제의 하층 부문들에 값싼 노동을 공급했고, 그리하여 부유한 국가들의 노동계급을 밑으로부터 잘라냈다. 그런데 이제는 커뮤니케이션 기술이 문화자본을 더 균질적으로 지구 전역으로 확산시켜감에 따라, 잘려나가는 것은 중간 및 상층 중간계급의 노동이다.

탈출로 3: 금융의 메타시장들

노동계급과 그다음으로 중간계급의 노동이 기술로 대체되고 있다면, 모든 사람이 자본가가 됨으로써 풀린 태엽을 다시 쥘 수 있을까? 이같은 논의는 종업원 연금기금이 금융시장에서 큰 역할을 하게 됨에 따라, 그리고 금융회사들이 팽창하고 더 광범위한 고객층을 상대로 투자 상품을 공격적으로 판매함에 따라 제기되어왔다. 주택 소유가 널리 자리잡은 미국 같은 나라들에서, 주택가격 폭등은 자택 소유를 투기적인 투자로 취급할 뿐만 아니라 폭등한 주택가격에서 순자산액(equity, 담보·세금 따위를 공제한 가치)을 개인 소비자금의 형태로 빼낼 기회를 가져다준다. 이러한 금융기법이 최근의 경제위기, 특히 2008년 금융대란의 단기적 원인 가운데 하나였다.

그렇다고 우리의 최근 문제들이 자본주의의 종말이 시작되는 징후라고 말하려는 것은 아니다. 장기적으로는 어차피 상당한 피해를 입겠지만, 단기적으로 우리는 여느 위기들과 마찬가지로 아마도 이 위기를 넘길 것이다. 금융위기는 널리 논의되어온 주제다. 여기서 살펴보려는 것은 단기적 위기가 아니라 중간계급 노동의 대체에 대한 금융화의 영향이다.

　최근의 금융조작들은 자본주의의 한가지 심원한 구조적 경향, 즉 금융시장에서 메타시장들(meta-markets)이 피라미드형으로 구축되는 경향의 사례들이다. 자본주의는 자기지속적인 성장 국면 또는 내적으로 추동되는 팽창 국면에 들어간 이래로 줄곧 물적 재화 및 써비스 시장을 금융상품 시장과 연결시켜왔다. 슘페터는 기업가적(entrepreneurial) 자본주의를 빌린 돈으로 수행되는 기업활동으로 정의했다(Schumpeter 1939). 재생산의 순환에서 생산요소들의 새로운 결합이 이루어지지 않는다면 고정적인 시장들은 기존의 재화와 노동력을 단순히 재생산할 뿐이다. 그러한 새로운 결합은 미래로부터 빌려옴으로써 이루어진다. 이와 같은 슘페터의 견해에 따르면, 은행은 발전을 위한 새로운 배분에 알맞은 곳을 결정하는 자본주의 체제의 사령부다(Schumpeter 1911). 그러나 금융업이라는 것이 본질적으로 투기적이기에, 실물경제 현황에 대한 그것의 관계는 변화무쌍하게 나타날 수 있다. 금융씨스템의 최상층부는 실제로 사고파는 실물재화 및 써비스 가치의 여러 곱절에 이르는 가치를 가질 수 있다. 이를테면 국내총

생산(GDP) 규모에 비해 막대한 양의 자금이 국제통화 투기에 동원된다거나, 특히 2008년의 파산사태 이전에 헤지펀드(hedge funds, 단기 이익을 노리고 국제 증권 및 외환 시장에 투자하는 개인 투자신탁기금. 고수익을 목표로 하는 만큼 고위험이 따름)에 몰린 천문학적인 자금에서 그런 예를 볼 수 있다.

메타시장들을 피라미드형으로 구축한다는 말은 어떤 특정 금융시장이 더 낮은 수준의 금융상품을 거래하는 더 높은 수준의 시장을 형성하는 역사적 경향이 있음을 의미한다. 실제의 사회 관습에서 모든 화폐는 미래에 지불하겠다는 약속이다. 그러므로 금융 전문가들은 지불 약속에 대한 지불 약속을 창출할 수 있으며, 이런 식으로 복잡성의 거의 모든 수준에 이르기까지 그런 약속을 창출할 수 있다. 대부, 유치권(留置權, liens, 타인의 물건이나 유가증권을 점유한 자가 그 점유물에 관해 발생한 채권을 변제받을 때까지 그것을 유치하는 권리), 주식, 채권, 이런 것들은 모두 피라미드에서 비교적 낮은 단계들이다. 주식 공매도(空賣渡, short-selling, 주식가격의 하락이 예상되는 경우 단기 차익을 노리고 소유하지 않거나 차입한 증권을 매도하고 향후 저렴한 가격으로 재매입해 상환하는 매매기법), 2차전매(轉賣) 시장에 대한 모기지 일괄판매(bundling mortgages), 기업담보 차입매수(leveraged buyouts, 매수회사가 매수 대상인 회사의 자산을 담보로 차입한 자금을 이용해 기업을 매수하는 것), 뮤추얼펀드(mutual funds, 투자자를 모집해 형성된 자금을 전문 운용회사가 운영하도록 맡기고 발생한 수익을 투자자에게 배분하는 투자신탁기금), 헤지펀드, 그밖에 복잡한 거래제(trading schemes, 대표적인 예로 탄소배출권 거래제), 이런 것들은 교환수단들 위에 구축된 더 높은 수준의 시장들이다. 얼마나 많은 층위를 더 올릴 수 있는가 하는 그 상층의 한계란 원칙적으로 존재하지 않는다. 비록 그 화폐들이 더 낮은 수준의 재화와 써비스로 전환될 수 있는지는 의문이지만, 여하튼 막대한 금액이 더 높은 수준들에서 생성될 수 있다. 그것들이 모두 동일한 계산단위——달러, 파운드, 유로——로 지칭되는 까닭에 착각이 빚어지는데, 그것들의 명목상 액수는 너무 고액이어서 그것들을 실물세계에서 환전하는 것은 말 그대로 불가능하다.

피라미드형 금융시장들은 고도의 사회적 구성물로서의 성격(social constructedness)을 갖는다. 물론 거의 모든 것이 어느정도는 사회적으로 구성되지만, 어떤 것은 다른 것보다 물적 제약에 대한 연관성이 훨씬 더 희박하다. 예컨대 군대는, 특히 나뽈레옹의 말처럼, 정신 대 물질이 3 대 1인 전투에서 상당한 정도로 사회적 구성물로서의 성격을 갖는다. 그럼에도 불구하고 어떤 군대가 적군보다 5배 더 많은 병력과 무기를 갖추고 있다면 그들은 어느정도 최소한의 사회적 결속력을 유지하는 한 거의 언제나 승리할 것이다. 피라미드형으로 된 금융상품의 세계에서 정신(즉 네트워크와 그것의 감정적 분위기의 상호작용 과정) 대 실물경제의 관계는 대략 6 대 1(대출된 금액과 은행의 현재 예금보유액의 비율)에서 고도로 레버리지된(leveraged, 레버리지는 고정비용이 기업 경영에서 지렛대 같은 작용을 해 손익 변동이 확대되는 효과를 가리키는 말로, 예컨대 고정설비 투자비용이나 차입금 이자 등의 자본조달 비용이 클수록 레버리지 수준이 높다고 할 수 있다) 금융조작의 경우에는 아마도 수백 대 1까지의 범위에 놓일 것이다. 사회학자로서 우리는 사회적 구성물이라는 것을 어떤 철학적 불변성으로 볼 것이 아니라 일단의 변동으로, 즉 네트워크 구조들에 대한 그것들의 고정된 관계라는 면에서, 그리고 시간의 흐름에 따른 활황(boom)과 파산(bust)의 동역학이라는 면에서 이론화될 수 있는 일단의 변동으로 바라볼 필요가 있다.

여기서 나의 주된 논점은 금융 메타시장들이 피라미드화되면 될수록 그것들은 낮은 수준의 실물경제에서 일어나는 상황과 동떨어진 활황과 파산 들이 나타나면서 더욱더 불안정하고 위기에 빠지기 쉽게 된다는 것이다. 그러나 거기에는 낙관적인 — 만일 당신이 자본주의를 보존하고 싶다면 낙관적인 — 면도 하나 있다. 금융시장은 어떤 크기로든 팽창할 수 있는 희한한 재료로 만들어진 거대한 열기구처럼 본질적으로 유연성이 있다. 그렇기에 만인이 금융시장들의 거대한 게임판에 참여하는 금융자본가가 될 수 있다는 생각도 그럴듯하게 들릴 수 있다. 아닌 게 아니라 대중의 금융시장 참여는 지난 20세기와 21세기 초에 종업원 연금기금, 주식시장의 개미군단, 그리고 모기지 주택소유권을 이용한 팽창하는 주택시장의 폰지 수법(Ponzi scheme, 1920년대 미국에서 찰스 폰지Charles Ponzi가 벌인 사기사건에서 유래한 말로 신규 투자자의 돈을 끌어들여 기존 투자자에게 수익금을 지급하는 방식의 다단계 금융사기 수법) 투기를 통해 꽤 늘어났다.

이런 상황이 어디까지 갈 수 있을까? 그것이 자본주의를 구할 수 있을까? 금융시장 본래의 불안정성, 활황과 파산으로 가는 경향을 고려해볼 때 그것은 틀림없이 험난한 길이 될 것이다. 이는 1637년 네덜란드의 튤립 투자열풍(17세기 초 튤립이 큰 인기를 끌면서 빚어진 튤립 알뿌리에 대한 투기과열 현상. 사실상 최초의 투기거품 현상으로 알려져 있다)과 1720년의 남해 거품사건(South Sea bubble, 1711년 설립되어 남아메리카와의 무역독점권을 부여받은 영국 남해회사South Sea Company 주식에 대한 과열 투기로 빚어진 파산사건) 이래로 하나의 장기적인 역사적 패턴이었다. 투기열 붕괴는 매우 일반적인 현상이어서, 슘페터는 경기순환을 자본주의에 고유한 것으로, 그리고 그것의 존재를 자기추동적인 자본주의 동역학이 실재함을 나타내는 역사적인 표지로 간주했다(Schumpeter 1939). 혹자는 역사적인 논거를 거꾸로 돌려세울 수 있을 것이다.

즉 투기거품의 폭발은 바닥을 치기 마련이고, 결국 금융시장들은 회복되었다는 것이다. 금융위기는 자본주의적 야수성을 띠고 있으며, 역사의 기록은 어떤 금융위기든 우리가 그로부터 언제나 회복할 것임을 시사한다. 이것 역시 충분한 이론적 근거가 없는 경험적 일반화이다. 금융위기가 중간계급 일자리의 구조적 고갈과 함께, 그리고 사실상 노동력 전반에 걸친 기술적 대체 위기와 짝을 이루어 불거진다면 어떤 일이 일어나겠는가? 금융 부문에서 나오는 수입이 모든 사람의 일차 수입원으로서 봉급과 임금을 대체할 정도까지 나아갈 수 있을까?

여기에는 두가지 가능성이 있으니, 모든 사람이 투자 수익으로 살아가는 자본가가 되든가, 아니면 금융 부문 자체가 주된 고용 영역이 되든가(즉 금융노동의 성장) 하는 것이다. 앞의 경우로 말하자면, 모든 사람이 금융 투자자로서 사는 미래는 생각하기 어려운 노릇이다. 게임에 뛰어들려면 먼저 노름 밑천이 있어야 하듯이, 투자를 시작하려면 최초의 자금 공급을 위해 시초의 일정한 자금 축적이 필요하다. 소액 투자자들은 그들의 봉급, 저축, 연금을 가지고 시작한다. 하지만 이런 자금원은 바로 기술적 대체의 씨나리오에 따라서 말라버리고 말 것들이다. 여기서 우리는 이론적 변경을 맞닥뜨리게 되며, 정치경제학의 미래는, 호레이쇼, 너의 철학으로는 상상도 못했던 것들을 당연히 포함할 것이다(『햄릿』에서 햄릿이 친구 호레이쇼에게 하는 대사 "이 천지 간에는, 호레이쇼, 자네의 철학으로는 상상도 못할 일이 많다네"를 빗댄 것이다). 하지만 모든 일이 자동화된 미래에 인구 전체가 금융 투자자로, 평생을 카지노의 도박 예비군으로 인생을 소비한다는 게 상상할 수 있는 일인가? 모든 사람이 그들의 투자활동을 통해 계속 돈을 벌 수는 없는 노릇이다. 어떤 사람들은 호기에도 쪽박을 차며, 투기 파산 시기에는 많은 사람들이 그런 처지가 된다. 그리고 일단 그들이 투기시장 에서 손을 씻고 나오면 그들 스스로 돈벌이가 되는 일자리 를 걷어차고 그리로 다시 들어갈 리가 있겠는가?

금융시장은 본질적으로 불평등해서 그 피라미드의 정상에 있는 소수의 거물들에게 부를 집중시킨다. 더 높은 메타시장들에 있는 거물들이 더 낮은 수준의 시장들에 있는 중소 참가자들로부터 이익을 보는 비결은 바로 더 나은 네트워킹, 내부자 관점, 선점자의 우위, 그리고 군소 참가자들보다 경기변동에 더 잘 대처하는 그들의 능력에서 나오는 우위이다. 화폐라는 것이 동질적인 것이 아니라 그들 자신의 사회적 네트워크 내부에서 유통되는 특정 통화들의 다양한 집합이라는 비비아나 젤리저(Viviana Zelizer, 1946~. 프린스턴 대학의 저명한 경제사회학자로 경제행위의 사회적·문화적 의미 연구에 주력한다)의 이론(1994)은 피라미드형으로 이루어진 화폐들의 층위를 설명해준다. 예컨대, 헤지펀드 판에서 움직이는 사람들은 매우 제한된 집단의 개인과 조직들이다. 군소 참가자는 이런 시장에 들어가는 것이 심지어 법적으로도 허용되지 않는다. 어쩌면 논점에서 벗어나는 것인지도 모르겠는데, 미래의 목가적인 금융 유토피아에서 핵심 투자자들은 거부(mega-rich)가 되고, 군소 투자자들은 그들의 몫을 챙길 것이다. 그렇게 되면 경제 전반에 걸쳐 개인 소비지출을 지탱하고 그리하여 자본주의의 작동을 지속시키는 데 충분할까? 금융시장들이 밑바닥의 군소 참여자들을 착취하면서 점점 더 집중화하는 쪽으로 나아간다면, 그렇지 못할 것이다.

두번째 가능성에 대해 말하자면, 기술적 대체는 금융 부문의 고용을 침해할 것이라고 예상할 수 있다. 낙관적인 자본주의의 씨나리오에서 언급했듯이, 금융시장은 만인을 자본가로 만들거나 아니면 만인을 금융 부문의 고용인으로 만듦으로써, 그렇지 않으면 줄어들 중간계급을 지탱할 수 있다. 그런데 모든 이가 금융 부문에 고용되는 것이 있을 법한 이야기인가? 다른 모든 노동이 기술적으로 대체되는데, 금융노동이 풀린 태엽을 다시 죌 수 있을까? 기술적 대체가 금융업 안에서는 일어나지 말란 법이 있는가? 은행 직원들을 밀어낸 온라인 뱅킹, 더 많은 금융수단들을 취급하게 된 바로 그 시점에 노동력 감축에 들어간 은행들의 경우에서 우리는 이미 낮은 수준에서 그런 대체가 이루어지는 것을 보아왔다. 자본주의 경제전문가들이 외는 주문은 비숙련 노동이 더 고도로 숙련된 전문직으로 대체된다는 것이다. 그러나 금융전문직 부문이 어느 정도까지 팽창할 수 있겠는가? 1990년대에 나타났던 것과 같은 일시적인 급성장이 결국 지나가는 한 국면에 그치고 만 것도 당연하다. 여하튼 자동화된 미래에 조금이라도 다수에 가까운 노동자들이 헤지펀드 매니저로 일한다는 것은 상상하기 힘든 노릇이다. 그럼에도 불구하고, 어느 누구도 어떤 실질적인 생산노동을 하지 않으면서 모든 이가 금융 수완가가 되는 것, 이것이 미래의 자본주의가 제안해야 하는 최상의 꿈이다. 어쩌면 21세기 언젠가 우리는 이런 국면을 겪을 수도 있다. 만일 그렇다면 나는 그것은 자본주의의 마지막 붕괴로 가는 전 단계일 것이라고 예언하겠다.

탈출로 4: 정부 고용 및 투자

이제 우리는 자본주의에 내재하는 탈출로가 아니라 외부로부터 오는 구제책을 생각할 수 있다. 그 가운데 두드러진 것은 케인스주의적 복지국가라는 해결책이다. 자본주의가 1930년대, 40년대, 50년대의 복지국가들──이데올로기적 우파가 스스로를 구출하는 데 무능하다는 것이 확실해졌을 때 자본주의를 구출한 자유주의적 좌파—에 의해 구조되었다는 점은 50년 전부터 널리 회자되어왔다. 정부 지출이 중간계급 노동의 기술적 대체를 해결할 수 있을까?

직접적인 정부 고용의 주된 형태는 중간계급의 행정직 일자리였다. 그러므로 이런 일자리를 자동화하고 컴퓨터화하는 경향이 지속되는 한 정부 고용 역시 축소될 것이다. 웬만큼 확고한 의지를 가진 정치체제라면 이렇게 일자리를 자동화하기를 거부함으로써 고용 축소를 저지할 수 있을 것이다. 1940년대 말부터 70년대까지 영국의 노동조합과 사회주의 성향의 정치가들이 이러한 종류의 신(新)러다이트 정책을 시도했다. 고용을 보호하기 위해 기술적으로 뒤떨어진 상태에 머문다는 것은 십중팔구 황당하고 정치적으로 실행 불가능한 일일 것이다. 새처주의적(Thatcherite) 반동을 이끌어낸 것은 바로 이러한 영국의 분위기였다. 이제껏 잘 실행되어온 또 하나의 정부 고용 형태는 군사적 케인스주의 정책, 즉 군사 부문 생산을 통해 경제를 활성화함과 아울러 군대에서의 고용을 증대하는 것이었다. 그러나 현대의 군사는 첨단 과학기술화되어 컴퓨터, 위성, 공중 감지장치, 원격 감시 및 조준 장치로 편제된 소규모 전투부대로의 전환을 촉진하고 있다. 군사 분야는 로봇화의 최첨단이며, 심지어 세계대전식의 총동원

전면전이라 해도 20세기에 경험했던 종류의 대규모 군사를 일으킬 수 있을지는 의심스럽다.

직접적인 정부 고용 외에 오늘날 경기 촉진 패키지로 가장 인기있는 수단인 정부 지출이 있다. 그 대부분은 물적 기반시설—도로, 교량, 공항, 에너지, 그리고 이른바 정보 고속도로—에 투자된다. 그러나 이런 영역들 역시 컴퓨터화 및 자동화를 겪으면서 기술적 대체 경향에 힘을 보태고 있다. 사적 부문에 대한 정부 투자가 일자리 대체의 흐름을 저지할 가능성은 더더욱 적다. 특히 이러한 투자를 효율적으로 실행하기 위한 주문을 외면서 정부 역시 노동비용을 절감하려 들고, 그런 까닭에 고용 축소를 꾀하는 자본가 또는 적어도 자본가적 감독관의 역할을 떠맡는다.

시장 개입의 또다른 형태는 주당 노동시간 단축을 명령하거나 감원으로부터 일자리를 보호하는 등의 민간시장 규제다. 이런 정책은 대륙 유럽 국가들에 의해 널리 시행되어왔지만 기술적 대체의 속도를 늦추는 것 이상으로 큰 성과를 거두지는 못했다. 대체로 이런 정책은 기존 취업자들을 보호하는 데는 도움이 되지만 청년의 진입을 가로막기 십상이다. 이 문제는 정부가 계획적으로 청년을 대량 고용함으로써 해결할 수 있겠지만, 실제로 이런 일이 시도된 예는 (군사적 고용의 형태를 제외하면) 좀처럼 보기 힘들다. 탈출로 5번에서 언급하겠지만, 그런 일은 청년의 학력 자격조건을 끌어올림으로써 은밀하게 이루어져왔다.

이론상 정치적 정책은 오로지 정치적 의지에만 제약을 받을 뿐이다. 다시 말해 그것은 동원되는 정치력과, 정치문화에 의해 규정되는 것으로서의 정치적 비전을 뜻하는 정치적 의지에만 제약을 받으면서, 무엇이든 할 수 있다. 분명히 정치문화는 만일 국가가 중간계급의 기술적 대체에 대해 무언가 의미있는 일을 하려고 한다면 아직 갈 길이 멀다. 민간경제를 떠받치는 혼합된 '자유주의적' 정부정책들은 자본주의가 아주 먼 길을 따라 미래로 절뚝거리며 계속 나아가도록 할 수 있다. 그러나 사적 이윤 추구가 경제를 밀고 나가는 한 그런 혼합된 접근법이 기술적 대체라는 장기적 문제를 해결해줄 것 같지는 않다.

그런 압박에 대해 생각할 때 우리는 단 몇 퍼센트 정도의 작은 변동들과 함께 10% 정도의 실업률을 보이는 현재(미국)의 관점에서가 아니라, 기본 실업률이 3배 내지 5배는 더 올라갈 수 있는 컴퓨터화된 미래의 관점에서 생각할 필요가 있다. 다시 말해 그것은 대규모 고용위기 속에서 복지국가 노선을 따르도록 선출된 정부들의 상황이다. 그 정부들이 지금 정치 무대를 차지하고 있으므로 그런 조치를 취하는 데 어떤 장애가 있을지 예측하기란 어려운 일이 아니다. 그중 하나는 징세반대운동으로, 이는 인터넷의 보급에 따라 극심한 경쟁에 내몰린 채 고투하고 있는 인터넷 사업가들을 포함해 군소 기업들 사이에서 강력하게 지속될 전망이다. 이들은 고용을 개선하려는 정부의 조치에 저항하며, 그럼으로써 체제 위기에 일조한다. 그 반대편에는 정치 유권자들——무엇보다도 교육 수준이 높고, 그런 까닭에 동원 가능성이 높은 인구층 비중이 점점 더 커지고 있는 모든 실업자와 불완전 취업자——로부터 나오는 요구가 있다.

이렇듯 대립하는 세력들이 서로 맞서고 있다. 어느 편이 이길 것인가, 그리고 어느 정도로 이길 것인가? 아무런 제한 없이 방임되는 자유시장 자본주의는 이같은 위기를 막아낼 도리가 없다. 그것이 가장 애용하는 개혁들——즉 자본가들로 하여금 어떤 식으로든 그들이 원하는 대로 대대적인 확장에 주력할 수 있도록 북돋우는 감세 및 정부 규제 축소——은 모두 기술적 대체를 조장하고, 게다가 금융 조작 및 위기를 포함한 다른 종류의 문제들을 일으키는 결과를 빚어낸다. 복지국가를 옹호하는 세력은 이론상 실업 문제에 해결책을 가지고 있지만 국가 예산 문제에 봉착한다. 비용이 많이 드는 복지국가의 재원을 조달하는 국가는 금융시장의 압력을 받게 되며, 또한 그 통화의 구매력을 파괴할 위험을 감수해야 한다. 이렇게 해서 복지국가 정책은, 그렇게 해도 파멸이요 그렇게 하지 않아도 파멸인 궁지에 빠진 것처럼 보일 것이다. 그러나 이 문제는 단순히 일상 정치에 당면한 장애로 볼 것이 아니라 장기적인 시각에서 보아야 한다. 심각한 구조적 딜레마에 빠진 국가는 체제의 혁명적 붕괴를 향해 나아가게 된다. 국가의 금융위기는 국가 붕괴의 주요한 구성요소들 가운데 하나다. 여기에 덧붙일 다른 구성요소는 두가지뿐이니, 하나는 어떤 해결책을 좇을 것인가 하는 쟁점을 둘러싼 국가 엘리뜨 사이의 내분이고, 또 하나는 외부로부터의 어떤 급진적 운동의 동원이다. 여기서 국가 엘리뜨 사이의 내분은 금융시장과 계속 한편에 선 사람들과 국가를 이용해 실업 및 불평등을 완화하고자 전념하는 사람들 사이의 대립이 극렬해졌음을 뜻한다. 10%의 실업률과 절름거리는 침체후(post-recession) 경제라는 정황에서 이 입장들의 대립은 그리 강렬하지 않다. 하지만 50%의 실업률과 그에 따르기 마련인 심각한 불황이라는 정황에서 이를 유추해본다면, 전면적인 국가 붕괴의 가능성은 커질 것이다. 이 시점에서 소유체제의 혁명적 전복은 가장 분명한 해결책이 될 것이며, 거기에는 정부의 통화체제가 파괴되지 않도록 금융씨스템에 대한 통제권의 장악이 포함될 것이다. 비단 자본주의의 고유한 특징들만이 아니라 그것의 제도적 지지대들까지 무너지고 말 것이다.

탈출로 5: 학력 자격조건의 인플레와 기타 감춰진 케인스주의

자격조건의 인플레는 점점 더 많은 비중의 인구가 고급 학위를 취득함에 따라 직업들에 요구되는 학력 수준이 올라가는 현상이다. 특정한 교육 증명서나 학위는 그 취득자가 점점 더 늘어남에 따라 가치가 하락하며, 그럼으로써 사람들을 더 오랜 기간 학교에 묶어두는 유인이 된다. 미국에서 고등학교(12년제 중등학교) 졸업자는 제2차 세계대전 전만 해도 비교적 드물었지만, 이제 고등학교 졸업은 너무 흔한 나머지 취직하는 데 별로 쓸모가 없다. 청년 또래집단의 60% 이상이 지금 대학에 다니고 있으며, 대학 재학이 고등학교 졸업과 똑같은 운명을 따라가는 중이다. 이는 세계적인 추세다. 예컨대, 남한에서는 고등학교 졸업자의 80%가 지금 상급 학교로 진학하고 있다. 인플레된 학위들의 주된 값어치는 그것을 밑거름으로 교육시장에 재투자해 더욱더 높은 학위를 따게 하는 것이다. 이것은 원론적으로 끝이 없는 과정이다. 이렇게 가다보면 학생들이 30대, 40대가 되도록 줄곧 시험을 치렀던 후대 왕조들 치하 중국 관리계급의 상황과 상당히 비슷해질 수도 있다(Chaffee 1985). 다만 지금은 소수의 엘리뜨집단이 아니라 인구 대부분이 이런 과정에 관련되어 있다. 여러 다른 나라들 역시 다양한 비율로 교육 인플레를 겪어왔지만, 20세기 후반부터는 모든 나라가 한결같이 이런 과정을 밟아왔다 (Brown and Bills 2011).

교육의 학위는 일자리 접근을 위해 거래되는, 사회적 품위라는 통화다. 여느 통화와 마찬가지로 그것은 자체적으로 이루어진 통화 공급의 증대가 한정된 재화의 총량을 좇을 때—이 경우에는 점점 더 치열한 경쟁의 대상이 되는 상층 중간계급 일자리의 총량을 좇을 때—물가를 상승 (또는 구매력을 감소)시킨다. 교육 인플레는 그 자체를 근거로 한다. 즉 학위를 추구하는 개개인의 관점에서 보면 학위의 가치 하락에 대한 최선의 대응은 훨씬 더 많은 교육을 받는 것이다. 고급 학위를 보유한 사람이 많아질수록 그들 사이에 일자리 경쟁은 더 치열해지고, 또한 고용주가 요구할 수 있는 교육 자격조건은 점점 더 올라간다. 이는 다시 더 많은 교육을 추구하게 만들고, 그 결과 더 치열한 경쟁, 더 심한 학력 인플레를 낳는다.

이 전반적인 인플레 과정 속에서 전체 인구 중 가장 교육 수준이 높은 일부가 점점 더 많은 비중의 수입을 차지해왔는데, 적어도 1980년대 이후의 미국에서는 그랬다. 우리는 이 특정한 역사적 시기의 상황을 근거로 모든 시대와 장소의 어떤 영원한 패턴을 유추하지 않도록 주의해야 한다. 학력 인플레 경쟁의 맨 꼭대기에 있는 사람들은 다음과 같은 몇가지 과정에서 혜택을 받아왔다. (a) 그들은 기술적 대체가 처음에 보수가 괜찮은 육체노동력을, 그다음에는 저임의 사무직을 초토화할 때 상대적으로 안전한 피난처에 있었다. (b) 교육 위계서열의 다양한 수준들 사이에 직무 수행상의 격차가 명백하게 더 벌어졌다. 충분히 주목받지 못해온 사실이지만, 학교 교육의 나선형 인플레는 경쟁의 정상에 서지 못한 학생들, 더 많은 햇수를 학교에 남아 있도록 강요받지만 그렇다고 엘리뜨 직업에 더 쉽게 접근하지는 못하는 학생들 사이에 점점 더 소외와 열의 없는 학업 수행을 조장했다. 학력 인플레와 낮은 진급기준은 이러한 과정의 증상들이다. 10대, 청년문화, 특히 청년 불량배(youth gangs)에 대한 문화기술학적 연구들은 학교 교육의 팽창이 공식적인 성인 규범으로부터의 소외를 조장해왔다는 상당한 증거를 제시한다(Milner 2004). 청년 불량배들이 처음 등장한 것은 1950년대였는데, 이 시기에 처음으로 노동계급 청년들이 노동력의 일원이 되는 대신 학교에 남아 있도록 압박을 받았다. 그래서 그들은 반학교(anti-school) 이데올로기를 노골적으로 드러냈다(Schneider 1999; Cohen 1955). 이것이 불량배에 속하는 소수와 그들의 도덕률 폐기론적(antinomian) 태도를 공유하는 다수, 이들 무리 사이에 아주 널리 퍼진 반항적인 청년문화의 근원이다. 오늘날 고용주들은 써비스 부문의 절반에 이르는 하급직 일자리를 채울 믿음직하고 성실한 고용인을 찾기 어렵다고 불평한다. 그러나 이는 양질의 숙련기술을 제공하는 대중 중등교육의 실패 때문이라기보다는(고객들을 공손하게 맞이하거나 정확한 주소로 소포를 발송하는 데 고등학교 수학과 과학은 거의 쓸모가 없다), 널리 퍼진 하찮은 노동에 대한 기피 때문이다. 인플레되는 대중교육 체제는 학생들에게 엘리뜨 일자리를 향한 진로를 열어주겠다고 말하지만, 경쟁에서 동료 학생들 80%를 제치지 못하면 하찮은 노동밖에는 할 수 있는 게 없는 그런 경제 속으로 그들 대부분을 흘려보낸다. 그들이 소외되는 것은 하등 이상한 일이 아니다.

학력 인플레가 교육 팽창의 주요한 메커니즘임에도 불구하고 이 과정을 공공연히 인정하는 것은 사실상 프로이트 학설의 방식으로 의식에서 억압되어왔다. 이 경우에 이 상화하고 억압하는 기제인 교육계의 초자아(superego)는 지배적인 테크노크라시(technocracy) 이데올로기다. 점점 더 높아지는 직업의 기술적 요구조건이 비숙련 노동을 몰아내고, 오늘날의 고도숙련 직업들은 날로 더 높은 교육수준을 요구한다는 것이 그것의 주장이다. 30년 전에 『자격증 사회』(The Credential Society, 1979)에서, 나는 기술상의 변화가 자격조건을 높이는 동력이 아니라는 증거를 모아 보여주었다. 교육 내용은 주로 기술적 요구에 따라 짜이지 않는다. 최첨단기술을 포함해 대부분의 숙련기술은 직장 근무를 통해서 또는 비공식적인 네트워크를 통해서 습득되며, 관료주의적 교육조직은 기껏해야 외부에서 혁신된 기술들을 표준화하려고 할 뿐이다. 학력 인플레와 기술 변화의 관계에 대한 더 최근의 연구에서도(Collins 2002; Brown and Bills 2011) 1979년에 발표된 나의 결론을 뒤집을 만한 것은 전혀 없었다. 과학기술 교육을 받아서 득이 되는 일자리가 적은 비율이나마 있는 건 사실이지만, 그것이 교육의 엄청난 팽창을 이끌고 있는 요인은 아니다. 장래에 대부분의 사람들이 과학자나 숙련기술자가 된다는 것은 생각하기 어려운 노릇이다. 사실, 부자 나라들에서 일자리가 가장 크게 성장한 분야는 인간 노동을 고용하는 것이 자동화하는 것보다 비용이 적게 드는 저숙련 써비스직이었다(Autor and Dorn 2013). 현재 미국 경제에서 일자리 성장이 가장 큰 부문들 가운데 하나는 문신 시술이다(Halnon and Cohen 2006). 그것은 교육 자격이 필요 없는 직업이요 소규모 사업이며, 보수가 적고, 그래서 단체의 규제를 받을 염려가 전혀 없는—그리고 주류 문화로부터의 소외의 상징물을 판매하는—업종인 것이다.

학력 인플레가 잘못된 전제들—즉 더 많은 교육이 더 많은 기회의 평등, 첨단기술 경제에 부응하는 더 나은 성과, 그리고 더 많은 좋은 일자리를 가져다준다는 이데올로기——위에서 팽창함에도 불구하고, 그것은 중간계급의 기술적 대체에 어느정도 해결책을 제공한다. 학력 인플레는 더 많은 사람들을 노동현장 밖에 묶어둠으로써 잉여노동력을 흡수하는 데 도움이 된다. 그리고 만일 학생들이 직접적으로 또는 비용이 저렴한(그리고 결국 상환하지 않는) 대부의 형태로 재정적 보조를 받는다면, 이는 숨겨진 이전 지출(transfer payments, 사회보장금처럼 정부 급여로 수급자의 수입을 구성하는 일종의 정부 지출)로 구실한다. 복지국가가 이념적으로 인기를 끌지 못하는 곳에서, 교육의 신화는 숨겨진 복지국가를 지탱한다. 거기에다 수백만의 초중등·고등 교육에 종사하는 교원과 행정직원 들까지 더하면, 교육 인플레의 숨겨진 케인스주의가 사실상 자본주의 경제를 부양한다고 해도 괜찮을 것이다.

교육체제가 어떻게든 재정적으로 뒷받침되는 한 그것은 감춰진 케인스주의로 작용한다. 그것은 이전 지출 및 경기부양책의 숨겨진 형태로, 이를테면 실업자들로 하여금 우체국에 벽화를 그리게 한다거나 자원보존대에 들어가 나무를 심게 하는 등의 뉴딜식 유휴 노동력을 위한 일감 만들기와 같은 것이다. 교육의 팽창은 사실상 유일하게 합법적으로 용인되는 형태의 케인스주의 경제정책인데, 그 이유는 그것이 공공연하게 그러한 정책으로 인식되지는 않기 때문이다. 그것은 첨단 과학기술 및 능력주의의 깃발 아래 팽창한다. 즉 더 많이 교육받은 노동력을 요구하는 것은 과학기술이라는 것이다. 어느 누구도 인정하려 하지 않겠지만, 돌려서 생각해보면 학교를 일자리 총량 축소에 대한 피난처로 만드는 것은 노동의 기술적 대체인 것이 사실이다. 그래도 괜찮다. 대체된 일자리 수만큼 학생 인구가 팽창해 상쇄되는 한 그 체제는 존속할 테니 말이다.

곤란한 문제는 비용 면에 있다. 학교 교육(모든 수준, 즉 초등, 중등, 3차 수준과 그 이상의 모든 수준이 포함된다)의 비용을 지불하는 두가지 주된 방식은 정부 지급에 의하거나 아니면 사적 구매에 의한 것이다. 그러나 이 두 방식 모두 경제가 하강하고 정부 세수가 빠듯한 시기에는 압박을 받게 된다. 2010년 무렵에 미국과 다른 여러 나라에서는 공교육 비용이 정부 예산에서 차지하는 비중이 (특히 지방정부 차원에서) 과중해지자 교육 항목의 지출을 축소하려는 움직임이 일어났다. 예컨대, 또래 청년의 50%가 현재 대학에 다니는 칠레에서는 모두를 위한 무상 대학교육을 요구하는 학생조직과 고등교육의 점점 더 많은 몫을 사적 시장으로 떠넘기려는 행정가 및 조세 보수주의자 사이에 분쟁이 있다. 비슷한 쟁점들이 프랑스 등 몇몇 나라에서 학생층을 성나게 했다. 주로(그리고 점점 더) 학생 자신과 그 가족의 재정 부담으로 고등교육이 이루어지는 미국에서는 학자금 대부 형태의 채무 총액—2011년 현재

GDP의 10%에 육박하는──이 큰 걱정거리가 되어왔다. 기술적 대체에 대응해서 재학 기간을 연장하는 학생 수와 학생 채무로 구성되는 경제의 비중을 근거로 추정하건대, 기술적 대체와 학력 인플레가 향후 20여년가량 더 진행되면 그 체제 전반에 엄청나게 큰 비용 부담이 될 것이다. 학생 채무가 GDP의 50% 또는 100%까지 올라가면 어떻게 되겠는가?

교육은 정부의 주요한 비용 항목이며, 이것이 미래의 성장을 제한하기 쉽다. 그 비용이 늘어남에 따라 교육비 부담을 학생과 학부모에게 떠넘기는 민영화 압력이 나타났다. 하지만 이 역시 중간계급이 경제적으로 압박을 받음에 따라 한계에 봉착하게 된다. 2012년에 이르러 미국에서는, 자기가 취직할 수 있거나 없는 직업에 따라서 어떤 종류의 학위가 그것을 취득하는 데 드는 비용을 감수할 값어치가 있는가 하는 문제가 널리 전파를 탔다. 교육 경쟁에서 그냥 발을 빼는 것도 한가지 개인적 해결책일 테지만, 젊은 이들 사이에서 더 인기있는 선택은 특수한 직업교육을 받는 것이었고, 그래서 의류 디자인, 컴퓨터 프로그래밍, 사업 등 여러 분야의 학교들이 급증했다. 그러나 직업교육으로의 이동도 학력 인플레의 동력을 피하지는 못하며, 그래서 우리는 이 직업 분야들 내부의 경쟁이 점점 더 심해지고 그에 따라 직업교육의 학위도 점점 더 인플레될 것이라고 예측할 수 있다. 한가지 지표가 정치권 그리고 인증 및 규제 기관들에서 논란이 되었으니, 이런 직업학교 학생들의 취업 성공률이 저조한 것을 비판하며 그들에게 정부의 학자금 대부 수혜를 중단하려 한 것이다. 다시 말해서 교육 학위들의 인플레된 가치가 엄연한 문제가 된 것이다.

정보기술이 다시금 하나의 해결책으로 떠오른다. 온라인 대학과정들이 문전성시를 이루고, 그럼으로써 대단한 규모의 경제를 이룬다. 어떤 것들은 오프라인 시설의 현장 수업보다는 훨씬 저렴하지만 유료로 판매되며, 또 어떤 것들은 이타적인 취지에서 무료로 제공된다. 하지만 이 중 어느 방법도 학력 인플레를 막지는 못할 것이다. 오히려 두가지 방법 다 더 많이 교육받은 인력을 시장에 배출함으로써 그런 인플레를 가중한다. 현재 새로운 종류의 자격증들은 대학 학위와 구별되며, 그런 점에서 이것과 직접 경쟁하지 않는다. 이는 좀더 두고 볼 일이다. 사실, 더 전통적이고 값비싼 교육통화와 나란히 새로운 종류의 값싼 교육통화가 창출되고 있는 것이다. 교육통화가 확실히 화폐 같은 것이라면 그레셤 법칙(Gresham's law, 실질가치가 큰 양화와 실질가치가 작은 악화가 동일한 명목가치를 가지고 유통될 경우 악화만 유통되고 양화는 사라진다는 법칙. 흔히 '악화는 양화를 구축한다'고 표현된다)이 적용되어 값싼 통화가 비싼 통화를 몰아낼 것이다. 또 한편으로 비비아나 젤리저와 해리슨 화이트의 경제사회학 연구에서 알 수 있듯이(Zelizer 1994; Harrison White 2002), 고급한 경제객체들은 값싼 객체들과 나란히 별도의 순환과정 속에 존재할 수 있으며, 교육 자격증 생산에서 이는 언제나 사실이라고 해도 괜찮을 것이다.

딜레마는 다음과 같다. 교육을 더 저렴하게 만들려는 노력은 교육 부문 자체의 고용을 축소하는 효과를 낸다. 만일 소수의 유명 대학들이 온라인 교육과정을 통해 수업을 독점하고, 소수의 교수들이 전자 지원을 받아 엄청난 양의 수업을 맡게 되면, 하나 이상의 부문에서 고용이 기술적으로 대체되어버린다. 그 결과는 구식 납세거부운동의 경로를 통해 일어나는 것과 똑같다──즉 납세자 인구의 세금 부담의 단기적 감소는 같은 수의 인구가 얻을 수 있는 일자리를 감소시키는 우회적인 결과를 낳는다.

계속되는 교육 인플레가 자본주의 위기로부터의 다섯 가지 탈출로 가운데 내게는 가장 그럴듯하게 보인다. 학력 인플레에 말미암은 교육체제의 팽창은 그 교육체제 자체 내에서 잠재적인 위기 지점에 도달한다. 이것이 반드시 종국은 아니다. 교육을 통한 구원에 대한 우리의 세속적인 믿음이 환멸과 회생의 과정을 겪으며 나아가듯이, 우리는 멈추고 다시 출발하는 그런 일련의 안정기를 상상할 수 있다. 그런데 이 과정이 점점 더 정부에 의해서 지탱된다면 그것은 교육을 가장한 사회주의와 다름없게 된다. 자유주의 정부들은 그렇지 않으면 실업자가 될 사람들을 지탱하기 위해 교육체제를 케인스주의적 안전밸브로, 그리고 자본가 및 고용 축소 부문으로부터의 지불 이전 형태로 이용하면서 그것을 줄곧 팽창시켜나가려고 할지도 모른다. 그러나 이런 정부를 가진다는 것은 이미 자본주의에 대한 환멸이 거의 혁명에 가까운 지경에 이른 것이라고 해도 괜찮을 것이다.

언제 전면적 위기가 일어날 것인가?

20세기의 마지막 10년 이후 중간계급 노동의 컴퓨터화는 대략 19세기 전체와 20세기의 3/4분기의 시간이 걸린 육체노동력의 기계화보다 훨씬 더 빠른 속도로 진행되고 있다. 노동계급의 노동력을 파괴하는 데 거의 200년이 걸린 데 비해, 중간계급 노동의 기술적 대체는 20년 남짓한 기간이 걸렸을 뿐이다.

자본주의의 위기가 일어날 시점에 대해서는 세계체제론 또한 추측을 시도한 바 있다. 자본주의 세계체제에 관한 초기 저술에서 월러스틴과 동료 학자들은 그 체제의 장기 싸이클에 대한 이론적 모델을 제시했다. 세계체제의 핵심부 지역들은 그들의 팽창국면에서 유리한 조건으로 주

변부에서 추출한 자원으로 우위를 확보한다. 헤게모니는
핵심부 내부의 투쟁으로 인해 주기적으로 위협받으며, 특
히 헤게모니를 위협할 정도로 부상하는 반 주변부 지역들
에 의해 주기적으로 위협을 받게 된다. 결국 핵심부는 따
라잡히는데, 이는 새로운 영역의 기업 이윤을 둘러싼 경쟁
이 점점 더 심해짐에 따라 초창기의 혁신자가 누리던 이
윤이 하락하는 것과 꼭 마찬가지다. 이 점에서 세계체제는
슘페터가 제시한 기업의 싸이클처럼, 하지만 세계적인 규
모로 작동한다. 각각의 새로운 싸이클과 더불어 새로운 헤
게모니의 지도력 아래 팽창과 이윤을 위한 새로운 기회가
열린다. 그러나 그 배후의 결정적인 조건은 세계체제 안으
로 통합되어 주변부에 편입될 외부 영역이 그 체제 바깥에
있어야 한다는 것이다. 그러므로 세계체제에는 종점이 있
으니, 모든 외부 영역이 그 체제 안으로 편입되어버린 시
점이 바로 그 종점인 것이다. 이 시점에 이르면 핵심부와
반 주변부의 이윤을 위한 투쟁은 새로운 경제지역을 정복
하는 것으로 해결될 수가 없다. 여기서 세계체제는 단지
주기적인 위기를 겪는 것이 아니라 최종의 변형을 겪게 되
는 것이다.

　과거의 싸이클들을 근거로 월러스틴(그리고 아리기
Arrighi 1994)은 세계체제의 위기를 대략 2030~45년의 시기
로 예측한다. 중간계급의 기술적 대체 메커니즘에 의해 일

어나는 위기의 시점에 대한 나 자신의 추정은 구조적 실업이 증가하는 비율에 달려 있다(이 비율은 미국에서 이용하는 것처럼 실업수당 신청 건수 같은 간편한 전문용어로써만이 아니라 일자리를 구하지 못하고 고용 부문에서 완전히 배제된 성인 인구 비율이라는 최선의 잣대로 측정되어야 한다). 미국 기준으로 10%의 실업률은 고통스러운 것이다. (위기의 경제들에서 볼 수 있는) 25%의 실업률은 큰 재난이지만, 과거에 견뎌낸 적이 있다. 그러나 실업률이 노동 가능 인구의 50% 또는 70%에 이르면, 자본주의 체제는 존속할 수 없을 정도로 대단한 압박——과소 소비와 정치적 소요라는 양자의 압박——아래 놓일 수밖에 없다. 만일 이런 실업률을 상상할 수 없는 것이라고 여긴다면 전자장치에 의한 모든 노동 범주의 기술적 대체라는 렌즈를 통해서 다시 상상해보자. 지난 50년 동안 기술적 대체에 가속도가 붙은 것은 분명하다. 2040년까지 실업률이 50%에 이르고, 그로부터 머지않아 70%에 이르는 것도 충분히 있을 수 있는 일이다. 대체로 이는 21세기 중엽에 자본주의가 종말의 위기를 맞으리라는 세계체제론의 예측과 일치한다.

반자본주의 혁명: 평화로울 것인가 폭력적일 것인가?

기술적 대체에 따른 위기가 충분히 심화된 상황—극소수의 사람들이 일하고 대부분의 인구는 실업상태거나 저임의 허드레 써비스 직종을 위해 경쟁하는 고도로 자동화, 컴퓨터화된 세상—이 되면, 혁명이 일어날 것인가?

여기서 우리는 경제위기론을 떠나서 혁명론을 살펴봐야 한다. 1970년대 이래로 혁명론은 혁명적 변화를 겪었다. 스카치폴, 골드스톤, 틸리를 비롯한(Skocpol, 1979; Goldstone 1991; Tilly 1995) 여러 학자들은 국가 정치체제들의 흥망에 대한 비교연구를 통해서 국가 붕괴의 혁명론이라 불릴 만한 이론을 확립했다. 이에 따르면, 성공적인 혁명은 궁핍해지고 불만을 품은 밑바닥 대중에 달린 것이 아니라 최상층부에서 일어나는 사태에 달려 있다. 주된 요인으로는 먼저 국가의 재정 위기를 꼽을 수 있다. 국가는 자신의 채권에 대해, 그리고 무엇보다도 자신을 보위하는 무력, 즉 군대와 경찰에 대해 지불능력이 없어진다. 국가의 재정 위기는 두번째 요인, 즉 그 위기의 대처 방안을 둘러싼 엘리뜨들 사이의 내분이 가세할 때 치명적인 것이 된다. 일반적으로 군사적 원인들을 반드시 포함하는 것은 아니라 해도 우리는 일련의 과거 선례들 속에서 부차적 요인들을 덧붙일 수 있으니, 즉 국가의 재정 위기는 흔히 누적된 군사비 지출에서 비롯되며, 엘리뜨의 진퇴양난은 특히 정부를 비합법화하고 철저한 개혁에 대한 요구를 불러일으키는 군사적 패배로 인해 격화된다. 엘리뜨들 사이의 분열은 국가를 마비시키고 급진적 목표들과의 새로운 연합으로 나아가는 길을 열어놓는다. 바로 이런 권력의 공백상태 — 요즘 사회운동 이론가들이 정치적 기회구조(political opportunity structure)라고 부르는 것 — 에서 사회운동들이 성공적으로 동원되는 것이다. 종종 그 운동들은 밑바닥으로부터의 불만들을 대변해서 그렇게 되지만, 일반적으로 그러한 급진적인 운동들은 최상의 네트워크와 조직자원을 가진 상층 중간계급 분파들이 이끌어간다. 오래전에 또끄빌(Alexis de Tocqueville, 1805~59. 귀족 출신 프랑스 정치가이자 정치사상가, 역사가로『미국의 민주주의』『구체제와 혁명』등을 저술했다)이 간파했듯이, 어떤 운동의 급진성은 궁핍화 정도와는 상관관계가 없다. 오히려 급진성 정도를 더 크게 결정짓는 것은, 비록 어떻게 이론화할 것인가 하는 문제는 아직 숙제로 남아 있지만, 바로 폭발하는 갈등의 이데올로기적·감정적 동역학 영역이다.

  실제로 역사상 이 시점에 이르기까지 모든 혁명은 자본주의 시장의 경제적 위기에서 비롯된 것이 아니라 정부 붕괴에서 비롯되었다. 핵심 요소는 정부 예산상의 재정 위기

인데, 하지만 이것은 으레 경제 전반에 걸친 주요 위기와
는 무관하다. 이는 미래에 국가 붕괴, 국가 재정 위기, 엘리
뜨의 진퇴양난, 그리고 그에 따른 국가 강제장치의 마비라
는 좀더 한정된 메커니즘을 통해서 혁명들이 계속 일어날
수 있음을 뜻한다. 국가 위기는 전면적인 경제위기보다 더
자주 일어난다. 이를 노동력의 기술적 대체를 향한 장기적
인 추세의 맥락 속에 놓고 보면 무슨 일이 일어나겠는가?
몇가지 사태가 가능하다. 기술적 대체가 반드시 가장 많이
진전된 것은 아닌 특정 국가들에서 혁명이 일어날 수 있
다. 또는 기술적 대체에 대해 어떤 해결책도 내놓지 않는
혁명들이 일어날 수 있다. 하지만 또한 명시적으로 반자본
주의 성향을 띠는 혁명들이 일어날 수도 있다.

　역사란 다양한 원인들에 의해 굴러가는 것이므로, 미래
는 5개의 주사위에서 동시에 6자가 나오기를 기다리는 중
국식 주사위놀이에서 굴리는 여러개의 주사위 같은 것이
다. 이렇듯이 국가 붕괴에다 어쩌면 전쟁에서의 패배에 전
반적인 기술적 대체까지 겹치는 적당한 조합을 통해서 언
젠가 전면적인 반자본주의 혁명이 일어날 수도 있다.

　자본주의의 위기는 어젠다를 제시한다. 어떤 시점에서
정치적으로 동원된 대중은 그것을 처리해야만 할 것이다.
이것은 국가 붕괴의 고전적인 경로를 통해 일어날 수도 있
다. 즉 국가의 합법성이 논란의 대상이 되고, 국가 자체의

기능이 재정 위기, 그리고/또는 외부의 정치적 양극화를 반영하는 지배 엘리뜨 내부의 정치적 분열로 마비되어 정지되며, 경찰과 군대가 조직적 응집력을 잃고 파벌로 분열됨에 따라 조직화된 폭력에 대한 독점이 산산이 깨어진다. 이는 폭동과 군중 진압에서든 아니면 내전에서든 광범위한 폭력을 낳을 수도 있고 그렇지 않을 수도 있다. 몇몇 혁명(예를 들면 프랑스의 1848년 2월혁명)의 시기에 기존 체제는 조직적 응집력을 잃고, 그 체제의 존속을 위해 책임지고 나서는 사람이 아무도 없으며, 새로운 의회 권력이 신속하게 구성된지라, 긴박한 위기 단계는 상대적으로 적은 폭력만으로 해소되었다. 마찬가지로 1917년 2월 러시아에서도 며칠 동안 산발적인 폭력과 군중과 군인들 사이의 동요가 있은 뒤에 짜르 체제는 황제의 퇴위와 권력 인수 거부(퇴위한 니꼴라이 2세의 제위를 동생인 미하일 대공이 거절한 사건)라는 소용돌이 속에 막을 내렸다. 이런 사례들은 또한 그뒤로 이어지는 몇개월 몇년 동안 새로운 혁명정부가 특히 복고주의운동이 준동하는 상황에서 권력을 강화하는 데 어려움을 겪을 것이며, 나중의 폭력이 애초의 혁명적 이행기보다 흔히 더 심각하다는 것을 보여준다. 혁명 기간을 그 직후 기간과 떼어놓고 보면 혁명적인 국가 붕괴의 과정이 대단히 폭력적일 이유는 없다. 혁명 직후의 통치권 강화가 어떤 조건에서 평화적이거나 폭력적인가 하는 문제는 정치사회학에서 아직 다루어지지 않았다. 우리가 말할 수 있는 전부는 역사적 혁명들과 그것들의 강화 과정에서 나타나는 폭력의 다양한 양상이 최종적인 자본주의 위기에도 역시 나타날 가능성이 있다는 것이다. 가장 위험한 가능성은 그 적들의 눈에 폭력적 변혁의 위협으로 보이는 반자본주의적 혁명의 전망이 네오파시즘적 해결책을 불러일으키는 것이다. 네오파시즘적 해결책이란 자본주의를 구하겠다는 향수에 젖은 대중운동들에 의해 지지되는 권위주의 체제로, 이 체제는 대규모 실업인구를 먹여 살릴 수 있을 정도로 재분배를 실행하되 체제전복 세력에 대해 한시도 경계를 늦추지 않는 경찰국가 치하에서 그렇게 할 것이다. 민주주의적인 자본주의 이후(postcapitalism) 체제가 들어설 가능성에 비해 파시즘적 해결책이 시도될 가능성을 어느 정도로 봐야 할지 나로서는 알 길이 없다. 월러스틴은 그것이 50 대 50이 아닐까 하고 추측한 바 있다.

그러나 하나의 유리한 대안도 꽤 유망할 것 같다. 즉 자본주의에서 비자본주의적 정치경제체제로의 제도적 이행 ─ 하나의 제도혁명 ─ 이 평화적인 정치적 과정을 통해서 실현될 수도 있을 것이다. 만일 자본주의의 위기가 충분히 심각한 지경 ─ 대다수 인구가 구조적 실업상태에 놓이고, 로봇과 컴퓨터가 소득원이 되는 거의 모든 노동을 수행하지만 그것들은 소수의 부유한 자본가들 소유이고,

경제는 깊은 불황에 빠져 있는 상황──에 이르면, 어떤 시점에서 어떤 정당이 반자본주의적 강령을 내걸고 선거를 통해 집권할 수 있을 것이다. 이 어떤 집권정당 또는 연합은 자본주의적 생산과 분배, 금융을 노동시장 및 이윤 획득 체제에 의하지 않고 부를 재분배하는 체제로 대체해야만 할 것이다.

이런 종류의 선거정치학은 쏘비에뜨 블록이 무너지고 딱 20년 만에 이름만 공산주의 국가인 중국에서 거대한 시장 팽창이 일어나고 더불어 도처에서 시장 이데올로기가 승리한 현재의 정치적 분위기에서는 가능성이 희박한 것으로 보인다. 그러나 정치적 분위기란 20,30년마다 크게 널을 뛰기 일쑤다. 20세기를 20년 단위로 되짚어 올라가보라. 기술적 대체의 구조적 경향이 계속 심화된다면 향후 20년 안에 대대적인 여론의 반전이 일어나지 않으리라고 결코 장담할 수 없다.

평화로운 제도혁명은 가능하다. 중간계급의 구조적 위기가 깊어지면 깊어질수록 선거정치를 위한 동원은 더욱더 손쉬워진다. 바로 그런 경로를 따라서 비교적 비폭력적인 이행의 전망이 놓여 있는 것이다.

구조적 위기가 전개될 방식의 복잡성

세계는 여러 갈래로 교차하는 인과관계들의 산물이다. 모든 것이 현장과 사건의 연쇄, 기억의 특수성 속에 싸여 있다. 따라서 자본주의의 구조적 위기는 매우 다양한 양상으로 나타날 수 있다. 여기서 논의할 문제는 이름, 날짜, 드라마가 아니라 고차원의 복잡성 — 자본주의가 지속되기에는 너무도 자기파괴적으로 되어감에 따라 위기의 성격을 철저하게 변화시킬 수 있는 주요한 과정들 — 이다.

인구의 고령화, 의료비 폭증, 윤리적·종교적 갈등, 생태 위기, 대륙간 대량 이주, 가변적인 범위의 전쟁 등 많은 과정과 문제들이 미래를 복잡하게 만들 것이다. 핵심 논점에 초점을 맞추어 이렇게 질문을 던져보자. 그렇다면 이런 것들이 기술적 대체의 위기에 어떤 영향을 끼칠 것인가? 그 가운데 어떤 것은 위기를 더 악화시킬 것이고, 어떤 것은 국가 붕괴의 압력을 가중할 것이며, 그리하여 혁명의 가능성, 이를테면 주사위놀이에서 숫자 6이 여러개 나올 가능성을 높일 것이다. 이같은 복잡성 가운데 어느 것이 중간계급의 고용을 증대하고 자동화와 컴퓨터화를 상쇄할 새로운 일자리를 창출함으로써, 그것도 자본주의를 구출하기에 충분한 정도로 기술적 대체를 되돌릴 수 있을 것인가? 이같은 질문들을 염두에 두고서 간략한 복잡성 체크리스트를 살펴보도록 하자.

세계적 불평등: 자본주의 위기를 추동하는 메커니즘은 세계 여러 나라와 지역에서 각기 다른 강도로 작동한다. 미국이나 서유럽에서 중간계급 노동의 기술적 대체에 따른 심화된 위기가 지구의 다른 지역들——이를테면 중국, 인도, 브라질, 또는 향후 수십년 안에 부상할 중요한 지역들——에서 나타날 위기의 심도와 반드시 일치하지는 않을 것이다. 특정 국가들 내에서 성공적인 반자본주의적 변혁이 일어나고 그밖의 세계는 여전히 자본주의 체제로 남아 있는 것도 가능한 일인가? 이는 세계 속에서 그 특정 국가의 경제 규모와 비중에 달린 문제일 것이다. 경제규모가 작은 소국에서의 혁명은 영향력이 거의 없고 전복되기 쉬울 것이다. 반면, 세계경제에서 큰 비중을 차지하는 대국에서의 혁명은 더 확고하고 선도적인 역할을 할 것이다. 군사적으로 강한 체제가 다른 체제에 개입하고 그들 자신의 경제적 이익을 보호하며 이데올로기상의 우방을 지원하려는 성향을 고려할 때, 반자본주의적 체제 변혁의 연쇄 충격은 2011년 아랍의 봄(Arab Spring, 2010년 말 튀니지에서 시작해 이집트, 리비아, 예멘 등 북아프리카와 중동 지역 국가들로 확산된 반정부·민주화 시위들을 가리킨다) 직후에 보았던 개입 사태로 이어질 수 있다. 만일 예컨대 2030년도에 미국이나 유럽연합(EU)에서의 대규모 경제위기가 반자본주의적 체

제 변혁으로 나아간다면, 아마도 여전히 번영을 구가하는 어떤 다른 자본주의 국가(어쩌면 중국)가 그것을 저지하려고 간섭할 것이다. 이 간섭이 성공하느냐 아니냐는 상대적인 자원과 물자 보급망(logistical extension), 그리고 지리적 위치라는 지정학적 요인들에 달려 있을 것이다(Collins 1995).

이같은 씨나리오의 반대쪽 저울에는 더 광범위한 과정이 놓여 있으니, 자본주의의 구조적 위기라는 하나의 보편적인 경향이다. 비록 지역적 지체 현상이 발생한다고 해도, 모든 종류의 노동의 컴퓨터화 및 대체는 모든 곳에서 계속 진전될 것이다. 이런 상황에서는 어느 누구도 오랫동안 자본주의적 헤게모니 세력(hegemon)으로 남아 있을 수 없다. 분배 문제를 개선한 자본주의 이후의 정치체제들이 소비수요를 창출하고 자신들의 경제를 성장 모드로 되돌려서, 제각기 위기 속에 마냥 웅크리고 있을 완고한 자본주의 국가들을 앞지를 수도 있다.

다른 차원의 갈등으로 자본주의의 위기를 혼탁하게 만들기: 다차원적 세계에서는 여러 다양한 갈등들이 동시에 진행된다. 자본주의의 위기가 막바지에 달할 때 그것은 다른 쟁점들과 뒤섞일 것이며, 게다가 이런 쟁점들은 대중에게 초미의 관심을 끌 만한 감정적이고 극적인 특성을 갖는 경우가 많다.

몇가지만 언급하자면, 먼저 종교 면에서는 현재 전투적 이슬람주의자들과 그 반대세력들(기독교도, 힌두교도, 탈기독교적 서구의 세속주의자들, 공산주의 이후의 후속 국가들 등) 사이의 가장 격렬한 다툼이 있으며, 미래에 종교 분쟁이 여러 다른 축에서 불거질 가능성도 배제할 수 없다. 또한 **인종/종족(ethnicity)/민족 정체성** 면에서는 공직 이권의 분배, 자원에 대한 종족간의 권리 할당 및 정부 규제(소수인종 우대 정책 등)를 둘러싼 투쟁, 이민을 막기 위한 국경 경비, 이민자 추방, 영토 분쟁, 종족간 전쟁 등에 이르는 갈등들이 있다. 뿐만 아니라 방금 열거한 배타주의적 목표를 추구하는 운동들이 결국 대립하게 될, 민족간 화합 또는 통합을 증진하려는 운동들도 있다. 또한 대부분의 시간 동안 정치적 주의집중 범위(attention space)의 대부분을 차지하는 수많은 일시적 쟁점들이 있다. 여기에는 스캔들, 비리 혐의, 인신공격, 가혹행위, 때론 '문화전쟁'으로까지 비화되는 윤리적 쟁점들이 포함된다. 그러나 구조적 위기를 한층 더 중대하게 만드는 것은 그것이 진정으로 구조적이라는 사실이다. 그것은 현행 사회 생활의 물질적·조직적 토대에 영향을 주는 제도적 여건을 둘러싼 불가피한 갈등에 관련되어 있다. 스캔들과 달리 구조적 쟁점들은 떠들썩하다가 잠잠해지는 것이 아니다. 그것들은 잠시 무시될 수도 있지만 잠시도 멈추지 않고 그 나름의 효력을 발휘한다.

배타주의적인 쟁점들이 덧씌워지는 것은 피할 수 없는 일이다. 종족, 종교, 젠더, 생활양식 등을 둘러싼 갈등은 자본주의 위기를 더 심화시킬 수도 있고, 아니면 자본주의 이후로의 혁명적 변혁을 늦추거나 가로막을 정도로 그것을 혼탁하게 만들 수도 있다. 만일 억압당하고 상처 입은 인종집단, 종교, 젠더 등으로서의 정체성을 통해 대다수 인민이 동원되고, 그들이 자신들의 불만을 통해서 자본주의 체제에 반대하는 것이 곧 자신들의 이해관계와 일치함을 인식하기에 이른다면, 그러한 갈등들은 또한 위기와 변혁에 힘을 불어넣을 수 있을 것이다. 배타주의적 정체성들이 계급적 동원에 덧씌워지는 것은 과거의 혁명에서 흔히 일어났고, 미래에도 그럴 가능성이 있다. 다른 한편으로 이같은 덧씌워짐은 대부분의 시기에 경제적 쟁점에서 관심을 다른 데로 돌리고, 개혁세력에 대한 종족적·종교적 적대 또는 그밖의 적대감 때문에 흔히 체제 개혁에 반대하는 반동적 운동들의 동원 기반으로 구실했다. 우리는 미래에 다가올 자본주의 위기의 심각성에 다시 한번 기대야 한다. 만일 그것이 이론상의 논의대로 심각하다면 자본주의 이후로 이행하는 것 외에 거기서 빠져나올 출구는 없을 것이다. 종족, 종교, 생활양식 등에 관련된 모든 갈등은, 결국 자본주의 이후로의 이행에 의해 문제를 해결할 동원된 정치세력들의 대오가 형성될 때까지는 그 위기를 따라 이어지는 요란한 소음에 지나지 않을 것이다. 장기적 결과는 그런 이행이 일어날 것인지 아닌지의 문제가 아니라 그것이 얼마나 오래 걸릴 것인가 하는 문제다.

전쟁: 21세기 중엽에 다가오리라 추측되는 자본주의의 위기는 당연히 전쟁과 연관될 것이다. 어느 한 국가의 반자본주의 혁명은 이를 친자본주의 체제로 되돌리려는 외부의 개입으로 말미암아, 또는 외부의 지원과 개입으로 격화되고 유지되는 내전으로 말미암아, 아니면 또 하나의 경로로서 혁명의 수출을 도모하고 그리하여 전쟁을 확산시키는 공세적인 혁명후 국가에 의해 잇따른 전쟁으로 나아갈 수 있다. 이것이 불가피한 일은 아니다. 하나의 혁명(특히 평화로운 정치적 이행)이 전쟁으로 이어지지 않을 수 있는 경로들이 있는 것이다. 있을 수 있는 미래의 다양한 모습을 예견하려고 애쓰는 대신에 차라리 대단히 중요한 몇가지 질문을 던져보자. 먼저, 전쟁이 자본주의를 구할 것인가, 아니면 그것의 위기를 가중할 것인가? 전쟁은 대체로 혁명을 촉진하며, 패배한 쪽에는 더더욱 그렇다. 그러나 때로는 승리한 쪽에도 국가의 재정위기를 악화시키는 전쟁 비용을 통해 혁명을 촉진한다. 세계적으로 반자본주의운동이 거센 상황에서 자본주의를 옹호하고자 하는 한 국가의 승전이 무력으로 자본주의를 떠받칠 수 있을 것

인가? 일정 기간 동안은 그렇게 할 수 있을 것이다. 그러나 노동의 광범위한 기술적 대체에 따른 심각한 위기가 그런 식으로 해결되지는 않을 것이다. 이러한 전쟁 씨나리오는 기껏해야 자본주의 이후로의 변혁을 지연할 수 있을 뿐이다.

생태위기: 장기적인 기후변화, 자연자원의 파괴, 그밖에 인간 활동의 여러 결과들이 엄청난 파급효과를 일으키며 미래의 생명과 생활을 위협하고 있다. 문제는 자본주의의 위기가 극복될 정도로(즉 생태위기에 대한 해결책이 자본주의의 위기를 해결할 정도로) 생태위기가 자본주의에 전환을 가져다줄 것인가 하는 것이다. 또는 그 위기들이 서로 결합해 다른 위기를 서로 악화시키고, 그리하여 공동의 해결을, 아니면 공동의 실패를 촉진할 것인가 하는 것이다.

생태위기는 자본주의의 위기와 맞물릴 수 있을 것이다. 두 가지 중 다른 한 갈래, 즉 생태위기가 자본주의의 존속에 도움을 주는 일은 여간해서 일어날 것 같지 않다. 녹색산업은 특히 컴퓨터화 및 자동화를 고도화하는 첨단기술의 경로를 취할 공산이 크므로 그것이 기술적 대체를 벌충할 정도로 충분한 고용을 창출하지는 못할 것이다. 인류의 고통이라는 관점에서는 생각하기조차 끔찍하지만, 생태위기의 참담한 결과들은 세계의 다른 지역보다 어떤 지역을 더 일찍 강타할 것이다. 생태적 변화는 어떤 지역들에는 새로운 이득과 기회를 창출해줄 것이다. 세계의 일부 저지대는 물에 잠길 것이다. 또 어떤 지역은 가뭄, 고온, 오염 등으로 상대적으로 거주하기에 적합지 않게 되어갈 것이다. 동시에 일부 한대 지역은 거주하기에 더 좋은 곳이 되어갈 것이며, 녹고 있는 빙원은 예를 들면 러시아와 캐나다를 비롯해 그 변경에 인접한 나라들에 새로운 바다를 열어줄 것이다. 이러한 온갖 변화는 이주에 대한 거대한 압력을 낳을 것이다. 어쩌면 수백만의 인명을 죽이는, 인도주의 차원의 재난에 해당하는 엄청난 인구 손실이 있을 수도 있다. 그럼에도 불구하고, 지금으로부터 수백년 뒤 역사의 냉정한 시선은 세계 인구의 10%가(또는 어떤 다른 비율이) 사라진다고 해도, 인간 세계의 상당수는 살아남아 적응했노라고 보고할 것이다.

이번에는 첨단기술에 의한 중간계급 노동의 대체로 말미암은 자본주의의 위기와 생태위기를 병렬시켜보자. 생태학상 황폐해진 지역들로부터 거주하기 적합한 지역들로의 대규모 난민 유입은 이미 과열된 노동시장의 경쟁을 더 치열하게 만들 것이다. 자동화로 잉여가 된 대다수의 생활기회를 끌어내리는 값싼 소모성 노동은 경제위기를 한층 더 악화시킬 것이다. 이주한 소수민족의 밀집지역에서, 그리고 거주하기에 더 적합한 환경이 될 지리적 변경지역에서는 어떤 새로운 고용기회가 열릴 것이다. 그러나 생태위기가 기술적 대체에 따른 위기의 전반적인 추세를 꺾을 수 있을 것 같지는 않다. 더이상 거주할 수 없는 지역들로부터 흘러온 난민 인구와 그에 뒤따르기 십상인 이주민반대 운동은 자본주의 위기의 해결을 한층 더 혼탁하게 하거나 지체시키는 효과를 낼지도 모른다. 반면 인도주의적 측면에서는, 그런 생존자들을 맞아들인 지역 내의 동정이 자본주의와 그 문제들 너머로의 이행을 지향하는 운동으로 감정 에너지를 유도할 수 있을 것이다. 전반적으로 생태위기는 반자본주의 씨나리오의 가능성을 더 한층 높일 것으로 보인다.

결정적으로 중요한 문제는 타이밍이다. 생태위기에 관한 가장 신중한 예언들은 인류 생태환경의 중대한 파괴가 서기 2100년 무렵에 일어날 것이라고 말한다. 바로 이 시점에 해수면이 상승해 해발고도가 낮은 해안 지대들이 물에 잠기고, 주요 인구밀집 지역에서는 농업이 망할 것이며, 물 부족 현상이 극심한 지경에 이를 것이다. 그러나 전면적인 자본주의의 위기는 더 일찍, 즉 서기 2030~50년 무렵에 올 것으로 예측된다. 자본주의의 위기는 본격적인 위기에 처음으로 도달할 것이기에 다른 무엇보다도 우선권을 가질 것이다.

자본주의 이후의 미래와 경제체제들 사이의 진동 가능성

자본주의 다음에 오는 체제는 자본가적 기업 및 금융조작으로 형성된 부의 현재와 같은 사적 소유 구조로부터 대대적으로 재분배를 시행해야 할 것이다. 이 재분배는 경영직·전문직의 많은 부분을 포함해 모든 직종 노동의 컴퓨터화 및 기계화에 의해 일자리를 잃은 대다수 인구에 돌아갈 것이다. 재분배 프로그램은 또한 자본주의의 파멸적 궤도를 떠받치는 금융기관을 장악할 수 있는 기회가 될 것이다. 어쩌면 자본주의 이후 이 기관들은 20세기의 고전적인 국가사회주의(state socialism) 실험들보다 더 분권화된 형태로 조직될 수 있을 것이다.

자본주의의 종말은 역사의 종말이 될 것인가? 물론 그렇지 않을 것이다. 그것이 정치를 제거하지는 않을 것이다. 바라건대 자본주의 이후의 체제들은 민주주의적일 것이다. 확실히 이번에는, 민주주의가 단순히 자본주의의 보루일 뿐만 아니라 그 자체로 가치를 갖는다는 것을 인정함과 아울러 더욱 진지한 노력이 필요할 것이다. 그리고 정치는 새로운 방향 전환을 위한 잠재력을 늘 잃지 말아야 할 것이다.

반자본주의 혁명이 사람들을 행복하게 만들 것인가? 뒤

르껨(Émile Durkheim, 1858~1917. 프랑스의 사회학자. 사회학의 학문적 초석을 놓았으며, 기존의 심리학적 해석보다 사회구조의 요인을 중시했다.『사회학 방법론의 제규칙』『자살론』등의 저술이 있다)은 인류 역사에서 행복의 수준은 언제나 거의 비슷하다고 주장했다(어쩌면 우리는 불행의 수준을 논해야 할 것이다)(Durkeim 1893). 새로운 상황이 새로운 욕망과 새로운 비교의 기준을 빚어내기 때문이다. 여하튼 갈등은 인간의 조직에 본질적인 것이다. 20세기 사회주의 체제들로부터 우리가 알게 된 한가지 사실은 그 체제들이 자체의 갈등들을 안고 있으며, 우리는 그로부터 너무 많은 것을 기대해서는 안된다는 것이다. 무엇보다도 그것들의 장점은 자본주의적이지 않다는 것, 자본주의의 위기를 맞지 않는다는 데 있다.

반자본주의 체제들이 영구히 존속할 것이라고 예언할 생각은 추호도 없다. 십중팔구 그것들조차도 선거를 통해서나 아니면 그로부터 다시 50년이나 100년 뒤의 혁명에 의해서 교체될 것이다. 사회주의 체제들이 자본주의 체제들보다 더 평화로워야 할 어떤 심오한 이유가 있는 것은 아니다. 막스 베버가 주장했듯이, 국가권력의 모든 조직은 세계라는 투기장(鬪技場)에서 기회가 있으면 권력의 확장을 추구하기 마련이다. 그래서 군사비용의 팽창이 곧 혁명의 길을 재촉하는 일이 되풀이될 수 있다. 사실 그것은 소련을 무너뜨린 요인이었다(Collins 1995). 역사의 종말이기는커녕, 미래 세기에는 자본주의적 형태들과 사회주의적 형태들, 그리고 어쩌면 다른 형태들 사이에서 진동을 이어 갈 수도 있다.

국가사회주의 체제의 경험이 재앙이라고 말할 정도는 아니더라도 너무나 불쾌했던지라 다시금 매력을 끌지는 못할 것이라는 주장이 있다. 이 주장에 균형을 잡으려면 대다수 인구가 엘리뜨층과 그 기구들에 종사하는 일자리를 놓고 서로 다투는 상황에서, 극소수 엘리뜨가 모든 대기업을 소유하고 모든 컴퓨터 설비와 로봇을 판매하거나 조작하는 미래 자본주의의 무시무시한 가능성 또한 염두에 둬야 한다. 지금 나는 웅대한 이상을 지닌 유토피아 사회주의의 부활을 예언하는 것이 아니라, 한 체제가 감당하기에는 너무도 심각한 위기에 빠졌을 때 정치 행위자들이 여러 대안의 결점을 인식하고 탈출로를 선택하게 될 단 한 국면만을 예언하는 것이다. 자본주의가 충분히 악화되면 사회주의로의 방향 전환이 일어날 것이다. 국가사회주의가 얼마간 당면 문제들을 해결하면 그 자체의 부담스러운 특징들이 당연히 반동을 불러일으킬 것이다. 이런 까닭에 앞으로 수세기에 걸쳐 두 종류의 정치경제체제 사이에서 이리저리 진동이 일어날 것이다.

자본주의 이후 체제가 모든 경제적 불평등을 종식할 것 같지는 않다. 사회주의 체제들에 대한 과거의 경험은 그 체제들이 불평등 수준을 절반가량 낮추었음을 보여준다──사회주의 및 자본주의 사회들의 지니계수(Gini coeffients, 계층간 소득분포 상태 및 빈부격차를 나타내는 수치. 0은 완전평등 상태, 1은 완전불평등 상태이므로 1에 가까울수록 불평등 정도가 심함을 나타낸다)와 소련 붕괴 이후 불평등의 급격한 증대를 비교해보라. 사회주의가 자본주의에 의해 생겨난 걷잡을 수 없는 불평등을 시정하고 대다수에게 온당한 고용조건을 되돌려주기 위해 상당한 노력을 쏟은 뒤라도, 사람들이 싫증을 내고 불만을 품는 것은 충분히 있을 수 있는 일이다. 그 체제 아래서 다시 50년이 지나면 1980년대에 일어난 공산주의에 대한 환멸이 다시 생길 수도 있다. 미래의 중앙집권화된 계획경제는 권위주의적일 수도 있고 그렇지 않을 수도 있다. 틀림없이 그것은 모든 컴퓨터화된 테크놀로지와 로봇, 좀더 자애로운 형태를 띤다고 해도 강압적인 사회적 실재감(social presence)을 조성하는 조정 및 감시 수단들을 소유할 것이다. 이런 유의 체제 내부에서 권력정치는 사라지지 않을 것이며, 바로 이것이 미래의 투쟁으로 나아가는 또 하나의 경로인 것이다.

미래의 사회주의에 대한 불만에서 더 나아가 필시 시장이 부활할 것이다. 계획경제 안에서 자유재량이 허용된다면(그리고 아마도 자유주의적 혼합경제 형태들에서 그럴 텐데), 교역망이 성장할 것이고, 사업가들은 새로운 기업을 일으키며, 어쩌면 그들의 더 뛰어난 혁신성으로 중앙집권적 계획을 따돌릴 것이다. 정원 안에 숨은 뱀, 즉 투자와 금융이 재등장하여 새로운 투기판을 벌이고 금융조작의 메타구조들을 피라미드형으로 구축해나갈 수도 있을 것이다. 만일 사회주의 체제들이 충분히 민주적이라면 자본주의적 운동들이 투표를 통해 다시 정권을 잡고 경제에 대한 국가 지도의 일부 또는 전부를 해체할 수도 있을 것이다. 만일 그 체제들이 권위주의에 더 가깝다면 혁명론이 다시 작동해 국가 붕괴와 체제 변혁을 위한 여건이 마련되기를 기다릴 것이다. 먼 미래에 — 이를테면 22세기나 그다음 세기에 — 자본주의가 회복된다고 해도, 그것으로 역사가 종말을 고하지는 않는다. 만일 그때 회복된 자본주의가 현재의 그것과 동일한 자기파괴적 경향들을 지닌 것이라면 세계는 자본주의적 경제체제와 반자본주의적 경제체제 사이에서 또다시 진동을 되풀이할 것이다.

요컨대, 장기적인 미래는 — 우리가 몇세기 앞까지 상상할 수 있든지 간에 — 중앙집권화된 국가 계획과 자유분방한 시장경제 각각의 단점들 사이에서 일련의 진동을 보일 것 같다. 지금 우리 눈앞에 있는 것은 어느 쪽이든 확실히 인간 해방은 아니며, 사회경제적 딜레마의 뿔들 사이에서의 실제적 진동인 것이다.

맺음말

내 분석의 체계적 성격을 강조했으면 한다. 나는 자본주의 안에서 점점 커져가는 불평등의 핵심에 있는 자본주의 노동시장에서의 장기간의 구조적 추세를 집중적으로 논의했다. 첨단기술 혁신—컴퓨터화, 로봇화, 인간적 커뮤니케이션 노동의 기계로의 대체—은 오늘날 전면적으로 진행되고 있으며, 확실히 매 10년마다 훨씬 더 급격하게 진전될 것이다. 유연하고 창의적인 인간의 인식능력을 근사하게 모방할 정도로 충분히 발달된 인공지능은 아직 존재하지 않는다. 인공지능이 그런 수준에 점점 더 가까이 다가갈수록 그것은 점점 더 높은 등급의 노동력을 대체할 수 있을 것이다. 우리는 어쩌면 앞으로 50년도 채 안 되어 소수의 인간 기술자와 수리 인력을 두고서 거의 모든 노동이 컴퓨터와 로봇에 의해 수행될 미래를 그려볼 수 있다. 로봇들은 육체노동을 하는 노동계급의 등가물이며, 이미 공장 로봇들은 보수가 괜찮은 제조업 일자리 대부분을 대체하는 데 이바지했다. 기동력 있고 쎈서와 컴퓨터를 내장한 더 진보한 로봇들은 휴머노이드 로봇으로 발전해 상층 노동계급 및 중간계급의 숙련노동을 인수하고, 더 나아가 경영직과 전문직까지도 대체할 것이다. 이것은 공상과학의 소름끼치는 판타지들을 닮지는 않을 것이다. 미래의 진정한 위협은 어떤 프랑켄슈타인 유의 로봇들의 반란이 아니라 로봇을 소유한 극소수 자본가계급을 위한 노동의 기술적 대체의 마지막 단계이다.

테크놀로지화된 미래의 면면이 어떻게 판가름이 날지라도 그 구조적 추세—즉 노동의 기술적 대체—는 어떠한 단기적, 주기적 또는 우연적 위기들이 일어나든 그것을 넘어 자본주의의 위기를 향해 밀고 나아간다. 불평등을 점점 더 증대시키는 이 경향은 또한 소비시장을 침식할 것이고, 그리하여 결국 자본주의를 지속 가능하지 않게 만들 것이다. 개괄하면, 그 위기를 해결할 유일한 방도는 자본주의를 사회주의적 소유와 강력한 중앙의 규제 및 계획을 의미하는 어떤 비자본주의 체제로 갈아치우는 일일 터이다. 그러한 이행이 어떻게 그리고 어디서 일어날 것인가는 나의 이론적 도식보다 훨씬 더 역사적으로 독특하고 난해한 문제다.

핵심은 한결같다. 중간계급의 기술적 대체가 지금 자본주의가 지배적인 지역들에서 21세기가 끝나기 전에 자본주의의 몰락을 몰고 오리라는 것이다. 그 이행의 과정이 평화로울지 아니면 공포스러울지 여부는 여전히 두고 볼 일이다.

참고문헌

Arrighi, Giovanni. *The Long Twentieth Century*. London: Verso 1994.

Autor, David, and David Dorn. "The Growth of Low-Skill Service Jobs and the Polarization of the U.S. Labour Market." *American Economic Review* 103 (2013): 1553~97. http://econ-www.mit.edu/files/1474

Brown, David K., and David B. Bills, eds. "Speical Issue: New Directions in Educational Credentialism." *Research in Social Stratification and Mobility* 29 (2011): 1~138.

Chaffee, John W. *The Thorny Gates of Learning in Sung China*. Cambridge: Cambridge University Press 1985.

Chase-Dunn, Christopher. *Global Formation. Structures of the World Economy*. Oxford: Blackwell 1989.

Cohen, Albert K. *Delinquent Boys: the Culture of the Gang*. New York: Free Press 1955.

Collins, Randall. *The Credential Society: An Historical Sociology of Education and Stratification*. New York: Academic Press 1979.

_____. "Prediction in Macro-sociology: The Case of the Soviet Collapse." *American Journal of Sociology* 100 (1995): 1552~93.

_____. "Credential Inflation and the Future of Universities." In *The Future of the City of Intellect*, edited by Steve Brint. Stanford, CA: Stanford University Press 2002, 100~22.

Durkheim, Émile. *The Division of Labour in Society*. New York: Free Press 1964 (originally published 1893).

Goldstone, Jack A. *Revolution and Rebellion in the Early Modern World*. Berkeley: University of California Press 1991.

Halnon, Karen Bettez, and Saundra Cohen. "Muscles, Motorcycles and Tattoos: Gentrification in a New Frontier." *Journal of Consumer Culture* 6 (2006): 33~56.

Milner, Murray Jr. *Freaks, Geeks and Cool Kids: American Teenagers, Schools and the Culture of Consumption.* New York: Routledge 2004.

Schneider, Eric C. *Vampires, Dragons and Egyptian Kings. Youth Gangs in Postwar New York.* Princeton: Princeton University Press 1999.

Schumpeter, Joseph A. *The Theory of Economic Development.* New York: Oxford University Press 1911.

_____. *Business Cycles: A Theoretical, Historical, and Statistical Analysis of the Capitalist Process.* New York: McGraw-Hill 1939.

Skocpol, Theda. *States and Social Revolutions.* New York: Cambridge University Press 1979.

Tilly, Charles. *Popular Contention in Great Britain, 1758-1834.* Cambridge MA: Harvard University Press 1995.

Wallerstein, Immanuel. *The Modern World-System.* Vols. 1~4. Berkeley: University of California Press 1974~2011.

White, Harriison C. *Markets from Networks.* Princeton, NJ: Princeton University Press 2002.

Zelizer, Viviana. *The Social Meaning of Money.* New York: Basic Books 1994.

제3장

종말이 가까울지 모른다,
그런데 누구에게?

• 마이클 맨

머리말

나 같은 역사사회학자들은 과거를 예측하는 데는 능숙하지만, 미래는 또다른 문제다. 민족국가나 자본주의 같은 주요한 사회 제도들의 미래를 예측하기란 더더욱 어렵다. 만일 문제의 제도가 그 자체의 내재적 발전논리, 그 자체의 싸이클과 모순을 지닌 하나의 '체제'(system)라고 생각하면 좀더 쉬운 일이 된다. 그러면 우리는 현재의 발전논리를 확인하고 있을 수 있는 미래를 투사할 수 있을 것이다. 많은 이들은 자본주의의 경우 이런 일이 가능하다고 믿어 의심치 않는다. 신고전주의 경제학자들은 자본주의는 평형을 향해 움직이는 고유한 경향과 함께 규칙적인 경기순환을 수반한다고 믿는다. 그래서 자본주의가 처한 현재의 곤경이 지나가면 회복기가 올 것이고, 그러고 나서 또다른 위기와 또다른 회복기가 이어질 것이며, 아마도 이 모든 과정이 전반적으로 발전의 상승 궤도를 그릴 것이라고 생각한다. 꼰드라띠예프나 슘페터처럼 간격이 더 길지만 더 위협적인 싸이클들을 꿰뚫어본 학자들은 그것들을 또한 어떤 내재적 규칙성과 (꼰드라띠예프의 경우에는) 예측 가능성을 지닌 것으로 보았다. 평형이란 개념을 다소 회의적인 시선으로 바라본 케인스조차도, 비록 국가로부터 약간의 도움을 필요로 하겠지만 장기적으로는 평형이 다시 회복될 것임을 부정하지 않았다. 이 모델들은 (슘페터는 그렇지 않았지만) 자본주의를 영원한 것으로 생각하게 만들기 쉽다. 맑스주의자들 역시 자본주의를 어떤 내적 발전논리를 가진 것으로 보지만, 다른 모든 생산양식과 마찬가지로 종국에는 그것을 무너뜨릴 체제적 모순을 가지고 있는 것으로 본다.

그 체제의 원리는 이매뉴얼 월러스틴이 주요한 이론가인 이른바 세계체제론에서 명백하게 나타난다. 이런 맑스주의자와 체제이론가 들에게 예측하기 곤란한 유일한 부분은 어떤 체제가 그 뒤를 이을 것인가 하는 문제다(사실 그들 가운데 많은 이들이 미래는 사회주의 체제가 되리라는 자신들의 확신을 잃어버렸다). 자본주의에 대해서 거만하게 말하는 지식인들이 대개 서구 사람들이고 서구 자본주의는 분명히 지금처럼 곤경에 처해 있는 까닭에, 자본주의 최후의 날에 관한 씨나리오는 요즘 점점 더 인기를 얻고 있다.

낙관적인 것이든 비관적인 것이든 이렇듯 확신에 찬 미래의 비전들을 나 역시 함께했으면 좋겠다. 그런데 내가 그럴 수 없는 이유는 세가지다. 첫째로, 주된 장애물은 인간사회에 대한 나의 일반 모델이다. 나는 사회를 체제로 생각하는 게 아니라 다중적이고 중첩되는 상호작용의 네트워크로 생각한다. 그중 가장 중요한 네가지 네트워크는 이데올로기적·경제적·군사적·정치적 권력관계(power relations)이다. 이 네가지에 지정학적 관계가 군사권력과 정치권력의 특유한 혼합물, 으레 '경성'(hard) 지정학과 '연성'(soft) 지정학이라 불리는 것들 사이의 변화하는 혼합물로서 추가될 수 있다. 이 네가지 또는 다섯가지 권력의 원천들(sources of power)은 제각기 내적 발전논리 또는 발전경향을 가질 수 있으며, 그래서 예컨대 자본주의 내의 평형을 향한 경향, 싸이클 또는 모순들을 확인할 수 있을 것이다. 마찬가지로 우리는 사회권력의 다른 원천들 속에서도 비슷한 경향을 확인할 수 있을 것이다. 예를 들어, 공격 대 방어 싸이클이나 이동성 대 고정성 싸이클 또는 군대 화력의 끊임없는 단계적 확대 같은 것은 모두 다 군사적 권력관계의 내재적 경향들이다. 또한 근대국가의 장기적 성장이나 제국의 국민국가로의 교체는 주로 정치적 권력관계에 내재적인 경향들이다. 하지만 이데올로기는 지배적 이데올로기가 '주효하다'고 여겨지느냐 아니냐에 따라서, 그리고 위기에 대한 해결책으로 현재 제시되는 대안 이데올로기들 가운데 어느 것이 채택되느냐에 따라서 독특한 발전 싸이클을 나타낸다.

이 다양한 동역학들은 서로에 대해 '수직교차'(orthogonal)한다. 다시 말해서 그것들은 상호작용하되 체계적인 방식으로 그렇게 하지는 않는다. 이는 우리가 어느 권력의 원천 안에서의 '내재적' 동역학을 어느 정도까지만 확인할 수 있다는 것을 의미하는데, 이는 각각의 동역학이 여타의 것들로부터 완전히 자율적이지 않으며 각각의 발전은 다른 모두의 발전에 영향을 미치기 때문이다. 일단 이같은 상호작용의 중요성을 인정하게 되면, 우리는 예컨대 자본주의의 발전이 또한 이데올로기, 전쟁과 국가에 의해 영향을 받는 좀더 복잡하고 불확실한 세계로 들어가게 된다. 나는 이미 겪은 두차례의 자본주의 위기, 즉 대공황(Great Depression)과 현재의 대침체(Great Recession)를 논의하면서 이를 설명해보고자 한다. 유감스럽게도 그것은 미래에 대한 예언을 한층 더 어렵게 만든다.

둘째로, 사태를 한층 더 복잡하게 만드는 것은 천차만별의 민족국가들과 지역대들(macro-regions, 세계화된 세계에서 기존의 국가 경계들을 뛰어넘는 비교적 동질적인 지정학적 범위)이 있는 지구 행성이 대단히 광대한 장소인지라 방금 확인한 일반적 경향들이 다른 곳보다도 어느 특정한 나라나 지역들에 더 영향을 준다는 사실이다. 최근 그리스에는 참으로 심각한 자본주의의 위기가 닥쳤지만, 이웃한 터키에서는 위기가 경미할 뿐이고, 중국에서는 거의 아무런 위기도 나타나지 않을 수 있다. 이와 같은 차이는 세계사적 발전의 상이한 궤도들을 발생시킬 수 있다. 이를테면 중국이 경제적으로 미국을 추월하거나 아시아가 서구를 추월할 수도 있다는 뜻이다. 여러 역사적 선례들이 이같은 지역대들의 자리이동을 보여준다.

그러나 핵무기의 등장으로 세계 역사상 처음으로 그들 사이의 어떠한 대립도 전쟁으로 해소되기 어려운 상황이 되었다. 하지만 불가능한 것은 아니며, 이것이 세번째 복잡성을 빚어낸다. 인간은 합리적인 계산기가 아니다. 때때로 그들은 분명한 해답이 없는 복잡한 문제들에 직면한다. 때때로 그들은 도구적 합리성에 의해서가 아니라 막스 베버가 가치합리성이라 부른 것, 어떤 총체적 이데올로기에 사적 이해타산을 희생시키는 합리성에 따라 움직인다. 때때로 그들은 이성을 압도하는 강력한 감정에 의해 움직인다. 그래서 인간의 행위는 종종 예측할 수가 없다. 20세기에 인류는 예컨대 두차례의 파멸적인 세계대전을 벌이거나 어떤 유토피아를 향해 인간사회의 전면적인 변혁을 꾀하는 등 오늘날 우리 눈에는 비합리적으로 보이는 결정들을 종종 내렸다. 21세기가 이와 다를 것이라고 생각할 만한 이유는 없다.

그러므로 예언으로 내가 할 수 있는 최선은 있을 수 있는 대안 씨나리오들을 제시하는 것이다. 나는 자본주의의 종말, 또는 덜 극적으로 자본주의의 쇠퇴가 미국에, 서구에, 전지구 경제에 또는 지구 행성 전체에 가까이 다가온 것인지 헤아려볼 것이다. 나의 씨나리오들은 제각기 자본주의와 다른 권력의 원천들 및 위기들 사이의 복잡한 상호작용에 영향을 받을 수도 있기 때문에, 그 가운데 어떤 씨나리오는 다른 것에 비해 좀더 낙관적일 것이고, 또 어떤 것은 다른 것보다 지구의 더 넓은 범위에 적용될 것이다. 정말이지 대략적인 추측일 뿐이지만, 나는 이 씨나리오들에 어느정도의 개연성을 부여하려고 노력할 것이다.

체제와 싸이클

나는 단일한 체제로서의 자본주의의 종말 위기를 묘사하는 이론들에 대해 회의적이다(나중에 설명할 두가지 있을 수 있는 경우는 예외로 하고). 예를 들어 '자본주의 세계체제'가 위기에 처해 있다는 월러스틴의 개념을 살펴보자. 그의 체제는 두 부분으로 이루어져 있다. 첫번째 부분은 자본주의의 '내재적' 위기로, 이는 자본축적의 논리에 의해 주어지고, 50~60년 주기로 붐(활황)과 슬럼프(불황)가 순환하면서 점점 더 악화되는 꼰드라띠예프 싸이클로 표현된다. 그에 따르면 다음번 슬럼프는 훨씬 더 악화된 양상으로 나타날 것이고, 정말로 자본주의를 끝장낼 수도 있다(어쨌든 그는 그러기를 기대한다). 이윤 수준이 하락하고 있으며 거의 필연적으로 계속 하락할 것이기 때문에, 우리는 지금 자본주의의 체제적 위기로 들어가고 있다고 그는 말한다.

두번째 부분은 장기적인 '헤게모니 싸이클'로 표현되는 지정학적 위기다. 헤게모니는 지배를 의미한다. 위기는 헤게모니 체제가 교체되는 이행기에 찾아온다. 그는 헤게모니가 네덜란드공화국에서 영제국으로, 그리고 다시 영제국에서 미국으로 넘어간 이행을 예로 든다. 이런 지정학적 싸이클은 경제적 싸이클보다 더 일정치 않은 간격으로 일어나게 마련이다. 네덜란드에서 영국으로 넘어갈 때의 간격은 100년 남짓이었는데 영국에서 미국으로 넘어갈 때는 50년이 걸렸다. 그에 따르면 지금 미국의 헤게모니는 쇠퇴하고 있으며, 헤게모니를 쥔 지 약 70년 내지 80년이 지나면 곧 끝이 날 것이라고 한다. 그 뒤의 일에 대해서 그는 당연히 확신하지 못한다. 그는 하나의 가능한 미래로서 중국의 헤게모니를 가정하지만, 그보다는 더이상 단일한 헤게모니는 없을 거라고 생각하는 것 같다. 인간사회는 단 하나의 주권자(sovereign)를 필요로 한다는 그의 홉스주의적 견해에서 볼 때 이는 좋지 않은 징조다. 그는 자본주의 위기와 헤게모니 위기, 이 두가지 위기가 서로를 약화시키거나 복잡하게 만든다고 생각하지 않는다. 그 대신 어떤 접점에서 자본주의 싸이클과 헤게모니 싸이클, 이 양자의 위기가 서로 만나고 서로 힘을 불어넣어 체제 전체의 위기를 낳을 것이라고 생각한다.

이는 통찰로 가득 찬 간단명료한 이론이지만, 나로서는 그 이론의 어느 반쪽도 받아들이기가 곤란하다. 먼저 역사적 헤게모니 세력들로 그가 열거한 명단을 살펴보자. 유럽의 첫번째 헤게모니 세력으로 네덜란드공화국을 꼽은 것은 기이한 선택으로 보인다. 17세기 말에 네덜란드인들은 몇가지 자본주의적 제도의 선구가 되었고, 육지에서든 바다에서든 그들 자신을 잘 방어했으며, 몇몇 식민지도 획득했다. 그러나 그들은 결코 유럽을 지배하지는 못했으며, 하물며 그밖의 세계는 더 말할 것도 없었다. 합스부르크제국과 프랑스가 당시 유럽의 주도세력이었으나, 대륙(및 그 제국들)은 본질적으로 다극적인 지정학 체제였다. 19세기

에 영국은 최대의 해군과 최대의 제국, 그리고 잠시 준비
통화를 보유한 선도적인 산업자본주의 국가였기에 더 지
배적인 세력이었지만, 그럼에도 결코 유럽 대륙에 걸쳐 헤
게모니를 쥐지는 못했으며, 자국의 보호를 위해 다른 국가
들 사이의 세력균형에 의존해야 했다. 그다음에는, 월러스
틴에 따르면, 독일과 미국이라는 두 잠재적 헤게모니 세
력 사이에 경쟁기가 시작되어 후자가 승리할 때까지 지속
된다. 그는 1914~45년의 기간을 둘 사이의 '30년전쟁'이
라고 부르는데, 미국은 뒤늦게야, 그것도 두번째 전쟁(제2
차 세계대전)에서 일본에 공격당하고 나서야 전쟁에 뛰어들
었으니 이는 좀 엉뚱한 명칭이다. 미국의 헤게모니는 실제
로 제2차 세계대전 이후에 확립되었지만, 그것은 주로 독
일과 일본의 자멸적인 파시스트적·군사적 허장성세——비
록 이들이 영제국과 프랑스제국을 끝장내는 데는 성공했
을지라도——로 시작된 전쟁의 의도치 않은 결과였다. 세
계 대부분에 걸친 미국의 헤게모니는 소련이 경제 자립을
위해 내부로 관심을 돌림으로써 완성되었다. 이렇듯 우발
적인 일단의 결과들은 사회권력의 네가지 원천들 사이의
복잡한 상호작용에서 비롯된 것이다. 미국은 이미 양차대
전 사이에 주도적인 경제세력이었으나——비록 제2차 세
계대전이 없었다면 아마도 달러가 다른 나라들의 통화와
함께 준비통화의 지위를 나눠가졌을 테지만——군사적 권

력이나 지정학적 권력은 훨씬 미약했다. 전쟁의 결과 미국은 거대한 역사적 예외, 유일한 세계제국, 사상 초유의 유일하고 진정한 헤게모니 세력이 되었다. 하지만 단 하나의 사례를 가지고 헤게모니 싸이클을 검증하기란 어려운 노릇이다. 그럼에도 불구하고 나는 미국이 가까운 과거에 헤게모니 세력이었고, 그 헤게모니가 지금은 쇠퇴하고 있으며, 2020~25년 무렵의 어느 시점에 그것이 마땅히 끝나리라는 월러스틴의 견해에 동의한다. 이 독특한 세계사적 과정은 미국에 특유한 위기를 낳을 수 있다.

거의 일정한 지속기간의 상승세와 하강세가 교대하는 연속적인 파동들, 이른바 꼰드라띠예프 싸이클은 어떤가? 꼰드라띠예프는 그의 K-파동의 지속기간을 54년 정도로 제시했다. 그렇다면 경제가 1933년에 바닥을 쳤으니 1960년까지 27년 동안 상승하고, 1987년 다시 최저점에 이를 때까지 하강하며, 다시 호황으로 돌아서 2014년에 정점을 찍었어야 한다. 그런데 지금 경기가 상승세를 타고 있다는 느낌은 들지 않는다! 그의 발자국을 따라간 사람들은 경기 동향을 물가로 측정하느냐 생산량으로 측정하느냐에 따라서 두가지 다른 방식으로 싸이클의 주기를 정해왔다. 어떤 이들은 1972~73년을 상승세의 시작으로 보지만(물가가 상승했으므로), 다른 이들은 하강세의 시작으로 본다(실제로 생산이 하락하지는 않았지만 성장률은 적어도 서구에서는 둔화되었다). 양차 세계대전은 그 뒤로 또다른 의견 다툼을 빚어냈다. 즉 상승세는 1913년에 끝났는가, 아니면 1929년에 끝났는가? 또 하나의 상승세는 1938년에 시작했는가, 아니면 1945년에 시작했는가? 이렇듯 싸이클에 대한 의견은 분분하며, 그 때문에 우리는 그것들의 규칙성을 의심할 수밖에 없다.

월러스틴은 K-파동에 대해 그 나름의 견해를 가지고 있다. 그는 최근의 (생산에서의) 상승세가 1945년에 시작해서 1967~73년에 최고점에 달했다고 말한다. 서구 쪽 경제에는 맞는 말 같지만, 이는 자본주의에 내재적인 싸이클의 산물이라기보다는 외부로부터 경제적 자극을 준 제2차 세계대전 종식의 산물이었다. 영국과 미국의 합의를 시작으로 미국의 모든 동맹국들이 동의한, 세계적으로 조절되는 자본주의가 확립되었다. 그것은 전쟁 기간 동안 강제 보류되어 억눌려 있던 소비수요에 힘입어 번성할 수 있었다. 게다가 전시의 기술적 진보까지 가세해 그 어느 때보다도 높은 성장률을 동반한 유례 없는 '황금시대'가 열렸고 아울러 거의 전세계로 확산되었다. 이 시기 다음에 서구 경제는 대략 1973~2000년까지 확실히 정체 상태에 머물러 있었다. 2000년에 다시 상승세로 돌아서야 했지만, 그것은 10년이 지난 지금도 나타나지 않았다. 하지만 서구가 휘청대기 시작한 이후에도 세계의 상당 부분에서 활황은 계속

되었고, 몇몇 나라들에서는 여전히 계속되고 있다. 처음엔 일본이, 그다음엔 동아시아 나라들과 중국이, 그다음엔 인도, 그다음엔 브릭스 국가들이 모두 호황을 경험했다. K-파동은 서구를 연구하는 경제학자들 사이에서조차도 논쟁거리인데, 그밖의 세계의 많은 부분에는 적용이 되지 않는 것으로 보인다.

상승세와 하강세의 파동은 자본주의에서는 불가피한 현상이며, 한동안 상승세를 타던 행위자들은 지나치게 자신만만해져서 더 혹독한 내리막길을 향해 나아가는지도 모른다. 분명 은행가와 주택 구입자 들이 21세기의 첫 10년대에 그랬다. 그러나 어떤 정확하고 규칙적인 패턴을 찾는 것은 어렵기 짝이 없는 노릇이고, 한편 진정으로 세계적인 패턴들은 보기가 드물다. 그럼에도 불구하고 과거의 위기들은 우리에게 자본주의의 미래 위기에 대해 일종의 안내자 역할을 할 수 있을 것이다. 그래서, 무릇 이론이란 상세한 경험적 연구에 기반을 두어야 한다고 믿기에, 나는 자본주의 역사상 가장 심각했고 아주 잘 입증된 두 위기, 즉 대공황과 현재의 대침체를 살펴보고자 한다.[1]

---

1 이 주제는 내 책 *The Sources of Social Power*의 두권에서 훨씬 더 집중적으로 논의된다. The Great Depression in Volume 3, Chapter 7, and Volume 4, Chapter 11: *Global Empires and Revolution, 1890-1945* (New York: Cambridge University Press 2012), and the Great Recession

대공황

두 위기 모두 다양한 원인이 있다. 그것들이 경제적 사건이고 자본주의가 어느정도 '내재적' 논리를 가지고 있는 까닭에, 우리가 예상할 수 있는 것처럼 그 원인들은 대개 내재적인 경제적 원인들이다. 그러나 어떤 원인은 경제 외부에서 왔고, 또 어떤 것은 다소 우연적이었다. 두 사례에서 모두 위기는 한가지 심각한 문제에서 시작되고, 이것이 그때까지 간과되어온 일부는 경제적이고 일부는 그렇지 않은 다른 취약점들을 '드러내고' 더욱 악화시킴에 따라 단계적으로 점점 더 중대한 사태로 변모해갔다. 전체 과정은 필시 다른 식으로 진행되었을지도 모른다. 또한 그 충격이 세계 전역에 고르게 미친 것도 아니어서, 사실상 타격을 입지 않은 국가 경제들도 있고 유효적절한 정책으로 충격에서 재빨리 벗어난 나라들도 있었다. 이 모든 사실은 어떤 단일한 체제적 논리가 작동하고 있다는 것을 의심할 만한 이유가 된다. 유감스럽게도 그것은 또한 미래의 경제위기에 대한 예측 가능성을 줄이는 것이기도 하다.

---

in Volume 4: *Golbalizations, 1945-2012* (New York: Cambridge University Press 2013).

대공황은 농업에서의 과잉생산(부분적으로 제1차 세계 대전에 기인하는)과 함께 시작되었으며, 배리 아이컨그린 (Barry Eichengreen, 1952~. 미국 캘리포니아 대학 경제학 교수로 국제 통화 및 금융 문제를 연구했으며 IMF 수석정책고문, 경제사학회 장 등을 역임했다)이 보여주었듯이 강대국 주요 은행들의 공조에 의해서도, 영국의 헤게모니에 의해서도 더이상 지지되지 못한(전쟁 이전부터 그랬듯이) 금본위제도로 말미암아 점점 더 고조되었다. 각 나라들은 전후에 임기응변으로, 대개는 실용주의적인 경제 분석보다 국가의 자존심과 명예라는 이데올로기적 충동에 따른 비현실적인 관점에서 금본위제도로 복귀했다. 한편으로는 독일과 오스트리아 사이의, 다른 한편으로는 프랑스와 미국 사이의 지정학적 갈등 역시 그에 한몫했다. 프랑스와 미국은 금을 쌓아두고 있었다. 자유방임 경제학에 구체제들이 이데올로기적으로 집착했고, 주식시장 거품이 있었으며, 구식 제조업에서 새로운 형태의 제조업으로의 이행은 완료되지 않았고, 이 모든 것이 경제의 고용 잠재력을 저하시켰다. 폭풍의 눈인 미국에서는 또 의회와 연방준비위원회(FRB)가 중대한 정책적 실수들을 저질렀다. 이 기구는 이른바 '청산주의'(liquidationism)——즉 비효율적인 기업과 산업, 투자자와 노동자 들을 파괴하기 위해 긴축정책을 추구하는 것——로 서슬 퍼런 절정에 달했던 시기의 시장근본주의에 뿌리를 박고 있었다. 제각기 위에서 또 그 위로 폭포처럼 쏟아지는 이 다양한 원인들 가운데 두세가지만 없었어도, 우리는 이것을 하나의 주기적 침체로 이름 붙였을 것이다. 하지만 폭포는 결코 불가피한 것이 아니었다.

대공황은 흔히 세계적인 사건으로 취급되지만 실상 그 충격은 고르지가 않았다. 그것은 서유럽과 영어권 나라들을 강타했지만, 이들 지역에서도 미국, 캐나다, 독일은 일인당 소득이 영국에 비해 6배나 많이 줄었고 프랑스에 비해서는 3배 더 많이 줄었다. 그러나 첫 하강 이후 대공황은 세계의 광범위한 지역들에 거의 영향을 미치지 않았다. 중국에 미친 여파는 경미했을 뿐이고 소련, 일본과 그 식민지이던 한국과 대만, 동유럽은 대공황 기간에도 성장세를 이어갔다. 이렇듯 대공황은 실제로는 그리 세계적이지 않았다. 어쩌면 우리는 그것을 가리켜 실제로 백색 대공황(Great White Depression)이라고 이름 붙여야 할 것인데, 왜냐하면 백인종이 가장 큰 타격을 입었기 때문이다. 그 당시 어떤 나라들은 금본위제를 포기하고 자국 경제를 다시 부양함으로써 비교적 빨리 대공황에서 벗어났다. 미국도 마침내 이렇게 했으나, 경기회복세를 낙관한 루스벨트 행정부의 과신으로 말미암아 '더블딥(double-dip) 침체'(경기가 하강한 후 일시적인 회복을 거쳐 더욱 심각한 하강에 빠져드는 침체 현상)를 낳은 1937년의 디플레이션이 일어났다. 실은 제2

차 세계대전으로 늘어난 산업 수요만이 미국의 완전한 회복을 가능하게 해주었다.

이 모든 사실로 판단하건대 비경제적 원인들이 대단히 중요했다는 것은 분명하다. 한가지 예로, 위기에서의 군사적 권력관계의 역할을 보기로 하자. 제1차 세계대전은 대공황에 상당한 영향을 끼쳤다. 전쟁 기간에 많은 가난한 나라들은 그들의 농산물 수출을 크게 증대할 수 있었다. 교전국들의 농업이 전후에 다시 기지개를 켜자 과잉생산 사태가 빚어졌고, 그 결과 농산물 가격이 폭락했다. 하지만 전쟁은 금본위제도에 관한 합의 역시 파괴했고, 지정학적 대립을 해결하기 위한 평화조약의 실패는 정치경제에 관한 국제공조를 더욱 어렵게 만들었다. 위기는 다극적 지정학의 필연적 결과가 아니었다. 다극적 지정학이 전쟁 전에는 경제적 안정을 가져다주었기 때문이다. 오히려 위기는 더없이 참혹한 전쟁이 남긴 지정학적 유산의 결과였다.

체제론 논의는 만일 전쟁이 자본주의 때문에 일어났다거나 쇠퇴하는 영국 헤게모니 때문에 일어났다면 지지될 수 있을 테지만, 어느 경우도 사실이 아니다. 유럽은 자본주의가 출현하기 이전부터 수세기 동안 유별나게 호전적인 대륙이었고, 전쟁은 항상 외교의 기본 모드(default mode)였으며, 이 전쟁은 대륙에서 일어난 이전의 많은 전쟁과 마찬가지로 강국들이 그들의 약소 종속국들(당시로서는 세르비아와 벨기에)을 방어하려는 과정에서 발발했다. 군사주의는 유럽의 한 전통이었다.[2] 대공황에서는 다양한 인과 사슬이 마치 큰 강으로 불어나는 지류들처럼 한데 모여들고, 다양한 소위기들(mini-crises)이 또다른 취약점들을 '드러냄'에 따라 점점 더 심각한 위기로 마치 폭포처럼 불어났다. 그런 서로 다른 충격들이 계속 일어나리라고는 일찍이 어느 누구도 예상하지 못했다.

대침체, 2008년

여기서 가장 중요한 문제는 현재의 경기침체가 지속되고 악화될 것인가, 더 나아가 혹시 자본주의를 무너뜨릴 힘들을 발동할 것인가 하는 것이다. 하지만 이에 앞서 그것의 원인들을 간단히 짚고 넘어가자. 여기서도 역시 우리는 폭포 패턴을 볼 수 있다. 경기침체는 몇몇 인과 사슬들이 한데 모이면서 주로 미국의 위기로 시작됐다. 첫째, 미국의 헤게모니와 그에 따른 세계적 불균형으로 인해 정부와 일반 미국인들은 막대한 자금을 미미한 이자율로 외국에서 빌릴 수 있었고, 그 결과 그들은 마침내 감당할 수 없

---

2 내 책 *The Sources of Social Power* Volume 3, Chapter 2와 5를 참조하라.

을 정도가 되어버린 빚더미를 쌓아올렸다. 둘째, 그에 따른 이자율 증가는 모기지 거품을 터뜨렸고, 이것이 최초의 실제 충격을 일으킨 뇌관이 되었다. 하지만 이 인과의 연쇄가 일어나는 데에는 '재산 소유 민주주의', 즉 주택 구입자 국민을 창출하는 데 대한 정치가들의 이데올로기적 집념에서 나온 투입이 또한 필요했다. 세번째 주요인은 이런 일이 금융규제 철폐 이후에 일어났다는 것이고, 네번째 주요인은 미국에서 큰 폭으로 확대되고 있는 불평등이다. 마지막 두가지 요인의 배후에는 모두 미국 정치체제 내의 신자유주의 이데올로기와 은행가 및 최고경영자 권력의 결합이 있었다. 이는 미국이 제조업에서 단기적인 '주주가치'(shareholder value)를 주된 기업목표로 만든 금융써비스로 전환한 데 부분적인 원인이 있었다. 비슷한 원인들이 영국에서도 작동했는데, 금융자본과 신자유주의가 두 나라에서 모두 지배적이었기 때문이다. 비록 인플레이션에 대한 독일의 공포증(인플레이션이 히틀러의 등장을 초래했다는 역사적 신화에 말미암은 공포증)이 신자유주의자들이 촉구한 정책과 상통했고, 유럽 내에서 독일의 경제력이 그런 재정적 보수주의를 대륙 전역에 전염시켰음에도 불구하고, 이 원인들은 대부분의 다른 나라들에서는 그리 뚜렷하게 나타나지 않았다. 대침체에서 군사권력은 중요한 역할을 하지 않았지만 이데올로기권력은 신자유주의와 인플레이션 공포증의 형태로 중요한 역할을 했다.

이러한 압력들이 그때 금융써비스 분야의 신동들을 '발굴해냈다.' 그들의 수학 방정식은 실물경제와 점점 더 동떨어진 난해한 금융상품들에 대한 그릇된 확신을 낳았다. 그들은 경제란 처음부터 끝까지 모든 주요 매개변수들이 정확히 계산되고 예측될 수 있는 시장체제라는 잘못된 믿음 아래 신고전주의 경제학의 이데올로기를 위험(risk)에 관한 수학적 모델들로 바꾸어버렸다. 다양한 위험 요인들이 제각기 그 위로 폭포처럼 쏟아질 수 있음을 예견한 사람은 거의 아무도 없었다.

그 당시 위기가 국제적으로 확산된 것은 미국의 헤게모니가 쇠퇴하고 있었기 때문이 아니라 미국, 미국 경제, 미국 달러, 미국 수리경제학자들이 여전히 헤게모니를 쥐고 있었기 때문이다. 미국 경제활동의 쇠퇴는 채무 문제를 안고 있던 나라들뿐만 아니라 독일과 프랑스처럼 미국의 주요 교역상대국이되 채무나 격심한 불평등, 신자유주의 또는 금융자본의 덫에 걸려들지 않은 '반듯하던' 나라들에도 영향을 미쳤다. 그때 질겁한 투자자들은 매우 면밀한 조사를 통해 일단 경기침체와 자본 수축이 시작되면 그 채무를 감당할 수 없을 것으로 드러난 부문과 나라 들을 '발견했다.' 경기침체가 시작되기 직전인 2007년에 유럽 국가들에 대한 국제통화기금(IMF)의 통계수치는 그리스와 이딸리아만이 GDP보다 약간 더 많은 공적 채무를 안고 있음을 보여준다. 유럽연합 전체를 놓고 볼 때 국가 채무의 평균 수준은 경제협력개발기구(OECD) 국가들 전체의 수준(71~73%)보다 약간 낮았다. 국가 채무 수준이 심각하게 문제되는 나라는 그리스밖에 없었다. 아일랜드, 에스빠냐와 이딸리아에서 (미국과 영국에서처럼) 급등한 것은 사적 채무였다―비록 이딸리아 경제의 주된 취약점이 낮은 수준의 생산성이었지만 말이다. 이 나라들의 경제는 모두 미국발 금융위기가 없었다면 '발견되지' 않았을 다양한 취약점을 지니고 있었다. 그러나 일단 경기침체가 시작되고 긴축정책으로 더 악화되자 축소된 경제활동은 줄어든 수입을 의미했고, 그래서 국가 채무는 이제 도처에서 치솟았다.

경기침체가 유로존 내부의 문제와는 무관한 순전히 외래적인 유로존의 취약점을 '발견했을' 때 유럽에서의 위기는 악화되었다. 그 약점은 경기침체를, 일차적으로 그 지역 자체의 내부 불균형에 의해 야기된 중대한 국가 채무 위기로 변화시켰다. 그전에 유럽연합 지역에서는 부유한 나라에서 가난한 나라로 자본이 대거 유출되었고, 그리스 정부는 특유의 불성실한 재정으로 여기에 한몫 거들었다. 그러나 이 위기가 심화된 것은 17개 유로존 국가(2014년부터 라트비아가 유로화를 채택해 현재는 18개국이다)의 엘리뜨들―나머지 10개 유럽연합 국가(2013년 7월 1일 크로아티아 가 가입해 현재 유럽연합 국가는 28개국이다)의 국민들이나 엘리 뜨들이 아니라―이 금고 및 재정 기능을 지닌 중앙은행 의 적절한 유로화 지지장치도 없이 공동통화를 통해 그 연 합을 '심화하는' 데 열중했기 때문이다. 이는 구조적인 정 치적 취약성이다. 그 엘리뜨들은 이딸리아나 에스빠냐 정 도의 비교적 취약한 나라들이 자금난으로 궁지에 빠지면 유로화를 적절히 지지할 수 없을 거라는 사실을 알고 있었 다. 그런데도 투철한 유럽통합주의자로서 그들은 설사 자 국 유권자들이 단일 금고를 창설하자는 제안을 일절 거부 할지라도 그 위험을 기꺼이 무릅쓰려 했다. 게다가 그들 은 이같은 유권자들의 의사를 잘 알고 있었는데, 그도 그 럴 것이 유로존 국가들에서 실시된 지난 세차례의 국민투 표에서 매번 유럽연합의 더 온건한 강화조차도 반대하는 결과가 나왔기 때문이다. 이 엘리뜨들은 정치적 이상을 그 들의 경제적 영리함보다 앞세웠고, 그 결과 엄청난 정책적 실수를 범한 것이다. 그러고 나서 유럽의 위기는 영국과 독 일 양국이 서로 다른 이데올로기적 이유로 밀어붙이고 취 약한 유럽 국가 경제들에 강요한 강도 높은 긴축 프로그램 에 의해서 악화되었다. 서로 다른 경제적·이데올로기적· 정치적 인과 사슬들(이 경우에는 군사적 요인이 빠진)의 우연적인 결합은 여전히 훨씬 더 심각한 더블딥 침체라는 폭포로 쏟아질 위험이 있다.

하지만 이번에도 대침체는 전세계에 걸쳐 매우 고르지
않게 파급되었다. GDP 성장에 관한 세계은행(IBRD) 자
료에 따르면 거의 모든 나라가 2008년이나 2009년에 어려
움을 겪은 것으로 나타난다. 이 짧은 국면에 위기는 정말
로 세계적이었다. 그리고 나서 위기는 미국에서 깊어지고,
이어서 유럽을 가로질러 동쪽으로 러시아와 그 동쪽의 인
접 국가들에게까지, 그리고 일부 가난한 채무국들에서 깊어
졌다. 다시 2010년에 이르면 많은 나라들이 회복해 제각기
21세기 최고의 성장률을 기록했다. 브라질, 멕시코, 터키,
나이지리아, 캐나다, 말레이시아, 한국, 싱가포르 같은 중
요한 나라들이 여기에 속한다. 인도와 인도네시아는 이전
에 도달한 거의 최고 수준까지 회복되었지만, 중국의 공식
성장률은 약 10%에서 8% ─ 그래도 세계의 부러움을 사
는 수치! ─로 떨어졌다. 캐나다를 제외하고 이 모든 나라
들은 과거에 '저개발'(underdeveloped) 국가로 불리던 나
라들이다. 이들 대부분은 몇십년에 걸친 구조조정에서 교
훈을 얻었고, 외국인들에게 큰 빚을 지는 일이 없도록 하
려고 보유고를 쌓아두었다. 이런 식으로 미리 대처하지 않
은 나라들은 더욱 큰 타격을 입었다. 캐나다가 이런 사태
를 피할 수 있었던 것은 최신 채취산업 덕분에 금융업 부
문의 역할이 그리 크지 않았고, 또한 금융업이 줄곧 엄격

한 규제 아래 있었기 때문이다. 다른 나라들에서라면 이런 조처만으로도 위기를 모면하기에 충분했을지도 모른다. 설사 이것이 하나의 체제적 위기가 되었다 해도 그것은 여러가지 정책들로 모면할 수 있었을 위기였다.

대공황과 마찬가지로 대침체는 몇몇 나라들에만 재앙이었을 뿐이다. 미국 바이러스는, 비록 국제무역의 감소도 중요했겠지만 주로 금융상의 경로를 통해서 전세계로 퍼져나갔다. 그러나 많은 나라들이 신속하게 거기에서 빠져나올 수 있었는데, 그것은 그 나라들이 일부는 정치적이고 일부는 경제적이고 일부는 이데올로기적인 각기 다른 구조적 조건을 가지고 있었기 때문이다. 효력을 발휘한 주된 구조는 조합주의 또는 개발주의 국가들(남한), 재정 부문의 비중이 크지 않은 고도성장 경제(대부분의 경우), 경미한 신자유주의(대부분의 경우), 또는 단순히 외채를 기피하는 식의 신중한 정책을 따르거나(대부분의 아시아 국가 사례), 금융자본에 엄격한 규제를 유지하는 것(캐나다) 등이다. 남아시아 및 동남아시아 더하기 오세아니아, 이 광대한 지역대의 거의 전부가 이런 이유로, 그리고 또한 중국과의 활발한 교역에 힘입어 거의 타격을 입지 않았다(특히 오스트레일리아의 회복에 큰 역할을 했다). 대공황 때와 마찬가지로 올바른 정책은 피해를 최소화할 수 있었고, 잘못된 정책은 악화시킬 수 있었다. 각각의 지역대 내에서 번성한 정치와 이데올로기들이 중요한 요인으로 작용했다. 이렇듯 유로존의 국가채무 위기는 미국발 위기의 확산이 다양한 인과 사슬——유럽연합 특유의 정치적 리듬과 제도, 긴축을 지지하고 인플레이션을 기피하려는 독일(및 영국) 엘리뜨들의 이데올로기적 편향——과 상호작용한 결과로 나타났다. 여러 개발도상국에서 자본주의의 내재적 논리는 본질적으로 성장의 촉진을 유도하기 마련이었다. 여기에 어떤 위협이 있다면 그것은 외부로부터, 미국과 유럽이 자초한 취약성들로부터 오는 것이다.

현재의 위기가 악화되어 거의 모든 사람을 그 소용돌이 속으로 삼켜버릴 것인가? 만일 유로존이 붕괴한다면 그것은 그 나라들에 분명 경악할 일이겠지만 전세계의 무역과 투자도 커다란 충격을 입을 것이다. 영국처럼 유로존에 속하지 않는 유럽 국가들은 다른 어느 지역보다도 유로존과 더 많이 교역하고 또 유로존에 더 많이 투자하므로 당장 큰 타격을 입을 것이다. 그 충격은 인접한 나라들을 넘어 러시아에서 근동과 북아프리카를 거쳐서 유럽의 주요 교역상대자이자 투자자인 미국에까지 파급될 것이다. 남아메리카 역시, 특히 에스빠냐 경제의 붕괴로 고통을 겪을 것이다. 유럽연합과 미국은 세계 GDP의 거의 절반을 차지하고 경제상의 세계화 수준이 지금 그 어느 때보다도 높은 까닭에, 만일 이 두 지역에서 경제 수축이 일어난다면 세계 무역에 아주 나쁜 영향을 끼칠 것이다. 인도와 특히 중국의 수출 또한 상당히 감소할 것이다. 그것은 많은 이들이 예언하는 더블딥 침체보다 더 심각한 자본주의의 체제적 위기를 가리킬 것이다. 하지만 그렇다 해도 그것은 발전도상에 있는 그밖의 세계에서보다 서구에서 아마도 더 심각하게 나타날 것이다.

유로존 국가들이 금융대란을 그럭저럭 땜질할 수 있다고 해도 유럽연합을 통제하는 것은 대중이 아니라 엘리뜨들이기에, 그리고 이제 그들은 무슨 댓가를 치르더라도 해결책을 찾는 데 공동의 이해관계가 걸려 있음을 깨달았기에, 다양한 원인들이 폭포처럼 쏟아지는 사태는 실제로 일어날 수 있다. (다른 곳에서와 마찬가지로) 여기서 문제는 긴급구제나 경기부양에 동원할 수 있는 금융자원이 2008년에 비해 적다는 것이다. 하지만 강조하거니와 인간의 행위와 정치적 의지가 대단히 중요하며, 이는 우리가 실상 그 결과를 예언할 수 없다는 뜻이다. 그럼에도 불구하고 나는, 만일 더욱더 많은 나라들이 미국 공화당원들이 제안하고 영국 보수당 정부가 실행한 대로 이번 경기침체를 통해 신자유주의적 긴축노선을 취한다면, 그리고 여기에 독일인들의 인플레이션 공포증까지 가세한다면, 이번에는 필시 세계 전역에 걸쳐 더 체제적인 위기가 될 또 하나의 대공황이 뒤따를 것이라고 예언하겠다. 하지만 만일 유럽인들이 그들 공동의 이해관계를 깨닫고 그에 따라서 행동한다면, 그리고 여러 나라가 프랑스 정부가 옹호하는 것처럼 (부분적으로 납세능력이 더 많은 사람들에게 더 많이 과세함으로써) 경기부양 자금을 조달하는 좀더 케인스주의적인 노선을 취한다면, 이번 사태가 더 악화되는 것을 막을 수 있을 것이다. 비록 전자의 경우에 더 더디겠지만, 어느 경우든 간에 아마도 결국에는——그리고 이번에는 세계대전의 덕을 보지 않고서——경기는 회복될 것이다. 회복과 더불어 완전고용이 다시 이루어질지 여부는 나중에 논의할 문제다.

싸이클이 시간이 흐르면서 어떤 규칙적인 패턴을 따르는지 여부는 별개 문제라고 해도, 자본주의는 싸이클을 따르게 되어 있다. 그 싸이클의 침체 국면은 부분적으로 '내재적인' 경제적 원인들을 통해서, 부분적으로 희생이 큰 전쟁, 교착상태에 빠진 정치를 통해서, 또는 위기 대응에 부적절한 정책들을 생산하는 이데올로기들을 통해서 때론 훨씬 더 악화될 수 있다. 대공황과 대침체라는 두가지 주요한 사례에서 모두 이데올로기가 악화의 중요한 원인이었는데, 첫번째 경우에는 어떤 그럴듯한 거시경제 이데올로기도 아직 등장하지 않았기 때문이었고, 두번째 경우에는 특히 금융 부문의 규제 철폐로 이어진바 케인스주의적 대안의 명백한 실패로 끝난 장기간의 시장 성장 뒤에 그런 이데올로기가 등장했기 때문이었다. 정치적·지정학적 관계들 역시 중요한데, 그것들은 예측하기가 훨씬 더 어려워 보인다. 이론상 미래의 위기 발생 가능성을 줄일 수도 있을 이 위기들로부터 끌어낼 경제적 교훈들이 있을 것이다. 그러나 권력을 쥔 엘리뜨들이 이제껏 적절한 교훈들을 끌어냈는지는 결코 명확지 않다. 침체하는 경제에 적용된 신자유주의적 긴축 프로그램들은 불행하게도 1930년대 초 청산주의의 쓸모없는 역할을 떠올리게 한다. 또한 20세기에 일어난 두차례의 참혹한 전쟁이 완전히 상반되는 결과를 낳았고, 그래서 예측의 문제를 한층 더 어렵게 만들었다는 점을 유의하자. 즉 첫번째 전쟁은 경기침체를 대공황으로 격화시키는 데 일조한 반면, 두번째 전쟁은 사상 최대의 활황──그리고 미국의 헤게모니──을 조성하는 데 상당히 기여했다.

미국 헤게모니와 그에 대한 불만들

그러므로 미국이 가까운 장래에 최악의 경제적 쇠퇴를 겪으리라는 것은 있음직한 일이다. 월러스틴에 따르면 미국의 힘은 1945~70년 기간에 가장 막강했고, 이후로 줄곧 쇠퇴해왔다. 나로서는 그렇다고 장담하기가 어렵다. 세계 전체 GDP에서 미국이 차지하는 몫은 1950~70년 동안 실제로 줄어들었는데, 이는 일본과 유럽의 회복 때문이었다. 그다음 1970~2005년에 미국은 사실상 정체 상태를 유지했는데, 이는 세계 준비통화로서 달러화의 이점을 성공적으로 이용한 덕분이었다. 그때부터 주로 인도와 중국의 고도성장의 결과로 상대적인 쇠퇴가 일어났다. 그럼에도 달러화는 압도적인 힘을 유지하여 미국은 여전히 2% 이하의 낮은 금리로 자금을 무제한 차용할 수 있으며, 대개 해마다 경제 생산성 및 성장률에서 유럽과 일본보다 뛰어난 성적을 보이고 있다. 국제통화기금과 배리 아이컨그린은 달러화가 2020년 직후의 어느 시점까지 세계의 준비통화로서 구실할 것이라고 추측했다. 미국은 또한 세계 군사비 지출에서 사상 최고 비율인 48%를 차지하고 있으며, 특허, 노벨상, 명문 대학, 대중문화 등에서 우위를 지키고 있다. 미국은 좋건 나쁘건 헤게모니 세력으로 남아 있다.

물론 이 헤게모니가 언제까지나 계속되지는 않을 것이며, 쇠퇴의 징후가 이제 미국인들의 뇌리를 맴돌기 시작한 것이 아닌가 하는 의심이 일고 있다. 거대한 미국 군대는 지난 10년 동안 사실상 패배를 거듭했다. 그것의 정치적·이데올로기적 권력관계는 거의 위기 수준에 이르렀다. 정치가들은 분열을 키우는 불평등을 고의적으로 조장해왔다. 최고경영진과 거대기업 투자자들(특히 보험 및 연금기금의 총수들)의 결탁, 그 결과 요컨대 그들 자신에게 터무니없는 보수와 보너스(이 소득에 대해서는 35%의 세율 대신 15%만 내면 된다)를 지불하는 상황 또한 불평등 격차를 크게 벌려놓았다. 역진세, 기업의 횡령, 무기력한 경제 성장, 이런 것들의 결합이 경제의 침체와 이데올로기적 소외를 빚어왔다.

그러나 미국의 소외가 현재 어떤 정치적 해결책을 향해 나아가고 있지는 못한데, 왜냐하면 마땅한 대처 방안에 대해 두가지 의견이 대립하고 있기 때문이다. 공화당이 주도하는 한쪽은 경제 문제에 대해 정부를 탓하면서 시장 주도 번영을 회복하기 위해 정부의 규모와 규제 권한, 그리고 세금을 줄이라고 권유한다. 경기침체에서 벗어나는 탈출구로서 긴축정책을 선호하는 까닭에 불쾌하게도 그것은 대공황을 심화시킨 '청산주의' 전략에 가까워진다. 자유민주주의자들이 제시한 다른 하나의 해결책은 상징적으로 '월스트리트'라고 불리는 대기업과 은행 들을 탓하면서 더 많은 정부 규제, 더 많은 재분배적 과세, 공공지출 증대를 통한 더 많은 국가 지원하의 케인스주의 노선을 제안한다. 현재의 정치적 교착상태와 특히 공화당의 철저히 반동적이고 퇴영적인 태도는 미국이 이 엄청난 미래의 도전에 대처할 능력을 갖추는 데 좋은 징조가 못 된다. 미국은 소외뿐만 아니라 아노미, 공유 규범의 부재로 말미암아 고통받는다 — 맑스만이 아니라 뒤르껨의 이론이다(뒤르껨에 따르면 아노미는 사회적 응집력을 약화시키고 쇠퇴를 조장한다).

대중을 위한 긴축, 부자를 위한 번영을 제안하는 공화당의 정책은 제 딴에는 일자리를 창출하는 방안으로 보이지만, 부자들은 그만큼 많이 소비하지 않는다. 대신 그들은 저축하여 자본잉여금(capital surpluses)을 만들고 이자율을 더 낮추고, 무엇보다도 경기침체를 일으키는 소비자 부채를 조장한다. 이는 전후 시기에 미국의 부가 의존해온 대량 소비수요 경제의 기초를 위협한다. 공화당의 이데올로기는 또한 과학에도 점차 등을 돌렸는데, 이 역시 미국의 미래에 좋은 징조가 아니다. 공화당은 내부 분열로 몸살을 앓는 민주당에 비해 경제정책에서 더 단합되어 있다. 그 덕분에 공화당은 최근의 정책 어젠다들을 좌지우지할 수 있었다. 공화당 지도자들은 그들의 수사에서는 으레 이데올로기적이지만 실제 정책에서는 실용주의적인 태도를 취했다. 그러나 미국의 대중문화에서는 자유시장 근본주의가 국가개입주의보다 더 큰 공감을 얻고 있다. 전후 활황기에 실질적인 경제정책은 시장과 국가 사이의 타협안으로 국가에 의해 조종되는 시장(state-steered markets), 이른바 '상업적 케인스주의'(commercial Keynesianism, 경제에 대한 정부의 직접 개입을 지지하는 사회적 케인스주의에 대해 통화 및 재정 정책 같은 간접 수단을 통한 정부 개입을 지지하는 태도)의 형태를 띠었다. 하지만 그 당시의 정치적 수사, 특히 공화당 측의 정치적 수사는 거의 전적으로 자유시장 및 자유기업에 초점이 맞추어졌다. 미국인들은 실로 거대한 국가를 갖고 있었지만, 그렇지 않은 체했다. 자유시장에 대한 호소가 자비로운 국가에 대한 호소보다 이데올로기상으로 미국에 더 깊이 뿌리내리고 있는 까닭에 전자가 오늘날 정치적으로 더 승산이 있다. 정치가들은 물론이고 유권자들 역시 유용한 경제정책을 수용하기가 어려운 것이다.

미국의 취약점은 이것뿐이 아니다. 군사비와 보건비용 지출이 대단히 ── 둘 다 다른 어떤 나라보다 두배 이상 더 ── 많다. 그런데도 해외 군사개입 면에서, 그리고 국내 사망률 및 수명에 관한 통계로 볼 때 두가지 지출의 성과는 초라하기 짝이 없다. 하지만 이 비용들은 정치가들 사이에서 여전히 어떠한 새로운 세금도 안 된다는 신조만큼이나 신성불가침에 가까운 것으로 여겨진다. 이렇듯 정치가들에 의한 경제자원 유출과 공적 부채의 증가는 줄곧 계속되어 나라에 점점 더 많은 짐을 지울 것 같다. 사회권력의 네가지 원천 모두에서의 이같은 취약성이 미국을 쓰러뜨릴지도 모른다. 우리는 확실히 알 수 없다. 미국인들은 여전히 매우 창의적이고 근면하다. 그들의 산업은 아직도 대체로 역동적이다. 그들은 그들의 이데올로기적·금융적

·군사적·정치적 경영질서를 원래대로 회복할 수도 있을 것이다. 그렇게 하지 않으면 달러화가 준비통화로서의 지위를 잃어버리면서 미국인들은 돈을 빌리기가 더 어려워지고, 훨씬 더 많은 세금을 기꺼이 내려──일어날 것 같지 않은 일이지만──하지 않는 한 그들의 군사권력 또한 쇠퇴할 것이다. 미국의 헤게모니는 향후 반세기 안에 조만간 종말을 고할 것이고, 그 종말이 우아하지는 않을 것이다.

그러나 그것이 반드시 자본주의의 체제적 위기를 일으키는 것은 아니다. 미국의 헤게모니를 또다른 단일 세력, 이를테면 중국이나 인도, 아니면 다른 어떤 개별 국가가 계승할 것 같지는 않다. 이 나라들의 성장률이 지금은 최상위에 있지만, 일단 더 성숙한 산업주의 및 탈산업주의 단계에 이르면 그 성장률은 필연적으로 정상적인 수준으로 떨어질 것이다. 이 나라들 역시 극복해야 할 그 나름의 위기들을 맞을 것이다. 장차 어떠한 나라도 미국이 근래에 그래왔던 것만큼 그렇게 강력하지는 못할 것이다. 인간사회는 더 다극적인 정치와 여러 준비통화들의 공존을 향해 나아가면서 지도에도 없는 바다 위에 있을 것이다. 이런 상황이 인류 역사에서는 정상적인 상태고, 세계경제에 그리 불리했던 것도 아니다. 그런 상황은 20세기 초반에 파괴적인 전쟁을 수반했으나, 이제 국가간 전쟁은 과거의 일이라고──특히 미국인들이 전쟁에 대한 열의를 잃어버릴 때——믿을 만한 이유들이 있다.

그러나 이제까지 위기를 쉽사리 피해온 나라들의 명단은 경제권력이 예전의 서구로부터 아시아 대부분을 포함한 비서구 세계의 성공적인 개발도상국들로 옮겨가고 있다는 생각에 힘을 실어준다. 중기적으로 가장 그럴듯한 씨나리오는 미국과 유럽연합, 그리고 브릭스 네 나라(브라질·러시아·인도·중국)가——그러나 세계 평화가 유지되는 가운데——경제권력을 나누어갖는 것이다. 브릭스 경제들, 특히 러시아와 중국의 경제는 대부분의 서구 국가, 특히 미국보다 국가 규제가 더 강하므로, 중기적 관점에서 자본주의는 국가통제주의적(statist, 시장경제에 대한 국가의 통제와 간섭을 정당화하는 정치적 입장) 성격을 더 많이 띨 가능성이 있다.

자본주의 시장들의 고갈?

여기서 나는 장기적인 관점으로 옮겨갈 것이다. 이제껏 나는 자본주의가 규칙적으로 체제 위기에 이르는 일반적인 '운동법칙들'이 있다는 생각에 회의적인 태도를 보였다. 나는 과거와 현재의 주요 위기들을 단일하고 체제적인 것으로서보다는 경제적 요인과 비경제적 요인이 때론 다소 우연하게 서로서로 위에 돌연히 쌓이는 각기 다른 인과 사슬들의 폭포 같은 것으로 묘사했다. 이제까지 위기들은 또한 세계 전역에 걸쳐 불균등하게 충격을 주었으며, 지경학적(地經學的, geoeconomic, 지경학은 경제의 시공간적·정치적 측면을 연구하는 학문 분야) 권력과 지정학적 권력의 변동에 민감하게 반응했다. 이전 위기들은 세계체제의 취약점을 진정으로 드러낸 것이 아니었다. 그 대신에 그것들은 세계 자본주의 내에서 그리고 세계 지정학 내에서 권력의 이동을 가리키는 것이었다.

그러나 이 책에서 이매뉴얼 월러스틴도 랜들 콜린스도 세계 전체에 걸친 자본주의의 가능한 종말을 상상할 때 이전이나 현재의 위기들을 참고하지 않는다. 오히려 그들은 미래에 그 운명을 결정지으리라 믿는 자본주의적 발전의 장기적 추세들을 확인한다. 그들은 이윤과 고용을 유지하는 자본주의의 능력에는 뚜렷한 한계가 있다고 주장한다. 먼저 지구 시장들의 지리적 한계를 들 수 있다. 그들은 자본주의적 성장이 이 행성을 끊임없이 채워가고 있다는 데 주목한다. 그들은 또한 선진국 자본가들이 더 값싸고 규제를 덜 받는 노동이 더 많은 이윤을 가져다주는 장소로 제조업을 수출함으로써 저성장 국면의 문제를 해결했다는 데 주목한다. 이것이 혹자의 표현을 빌리면 자본주의의 위기에 대한 '공간적 조정'(spatial fix)이라는 것이다. 일자리

는 북아메리카 북부에서 북아메리카 남부로, 다시 라틴아
메리카로, 다시 중국으로, 다시 베트남으로 이동했으며, 이
과정은 아프리카와 중앙아시아로 계속 이어질 것이다. 콜
린스는 특히 중간계급의 정신노동이 세계의 다른 나라들
로 수출되는 현상에 대해 우려한다. 이 모든 지역이 포섭
되어 자본주의 시장들이 지구 전체를 가득 채우게 되면 과
연 무슨 일이 일어날 것인가?

월러스틴이 보기에, 농촌 지역에 대규모 투자가 이루어
진 때로부터 충분히 조직된 노동자들이 임금을 인상시키
고 자본을 퇴출시키기까지는 대략 30년이 걸린다. 그러니
지구 전체가 가득 채워지면 모든 곳에서 노동비용이 상승
하고 이윤은 감소할 것이다. 그래도 여전히 자본가들은 임
금을 줄이려고 노력하겠지만, 그때 그들은 세계적으로 조
직된 노동계급을 상대해야 할 것이다. 노동계급은 저항할
것이고, 결국 자본주의의 세계적 위기를 낳을 것이다. 그
렇다 해도 이 씨나리오는 시간이 좀 걸릴 것이다. 아직은
중국과 인도의 어마어마한 인구 가운데 일부만이 최소한
으로 규제되는 산업경제 또는 탈산업경제 안으로 포섭되
었다. 그것은 30년 넘게 걸릴 것이다. 게다가 그런 과정이
아프리카나 중앙아시아에서는 아직 시작되지도 않았으
니, 그렇게 가득 채우려면 21세기 말이 될 수도 있다. 그도
그럴 것이 인구 성장이 21세기 말경까지 지속될 전망이고,

더욱이 최빈국들에서 가장 큰 성장률을 보일 것이기 때문이다.

하지만 나로서는 경제시장들이 한계에 봉착하는 지구의 이러한 모델을 이해하기가 어렵다. 값싼 노동이 더는 남아 있지 않다면 자본가들이 그 원천에서는 더이상 초과이윤을 획득할 수 없을 테지만, 더 높은 노동생산성과 새로이 발전한 나라들에서의 증대된 소비수요가 그것을 보상할 수도 있고, 더 많은 평등과 모든 사람에게 사회적 시민권을 보장하는 세계적 차원의 개혁된 자본주의가 나올 수도 있을 것이다. 이는 자본주의의 종말이 아니라 오히려 제2차 세계대전 후 노동자들이 향유한 종류의 권리들을 온 지구가 누리게 될 더 나은 자본주의를 의미할 것이다. 따지고 보면 전후 시기 선진국들의 어마어마한 부는 그들 사이의 교역과 생산을 통해서 창출되었지, 나머지 세계와의 교역 및 생산을 통해서 창출된 것이 아니었다(석유를 제외하고). 전후의 활황은 주로 선진국들 자체의 높은 생산성/높은 소비수요 경제의 결과로 찾아온 것이었지, 고도로 착취당하는 남반구의 노동에 주로 의존한 것은 아니었다. 미래에, 그러나 전세계를 범위로 해서 이와 같은 일이 현실로 나타나지 말란 법이 있는가?

더군다나 새로운 시장들이 지리적으로 제한될 이유가 없다. 새로운 시장은 또한 새로운 욕구를 북돋움으로써 창출될 수도 있다. 자본주의는 가족들에게 두대의 자동차, 점점 더 넓은 집, 점점 더 많은 전자제품이 필요하다고 설득하는 데 능숙해졌다. 50년 전에 누군들 이런 일을 상상이나 했겠는가? 지금으로부터 50년 뒤 우리의 손자들은 무엇을 소비할 것인가? 그들 사이에 일시적으로 유행할 소비 품목들을 내다볼 수는 없지만 그런 것들이 틀림없이 있기는 있을 것이다. 시장은 영토상으로 고정되지 않는다. 지구가 가득 찬다 해도 여전히 새로운 시장들은 창출될 수 있다. 그것은 물론 일각에서 '과학기술적 해결'(technological fix)이라 부르는 것에 달려 있다. 이는 조지프 슘페터가 '창조적 파괴'라 부른 것과 어느정도 일치하는데, 그는 이것을 자본주의적 역동성의 핵심—즉 기업가들이 기술혁신에 돈을 투자하고, 그 결과 새로운 산업이 창출되고 낡은 산업은 파괴되는 것—으로 파악했다. 미국의 대공황은 주요 전통 산업들은 정체한 반면 신흥 산업들이 비록 활기를 띠기는 했지만 그 당시의 잉여 자본 및 노동을 흡수할 만큼 아직 충분히 성장하지 못한 데 부분적으로 기인했다. 그런 흡수는 제2차 세계대전과 전시의 희생으로 꽁꽁 묶여 있던 거대한 소비수요를 갑자기 풀어놓은 직후에 이루어졌다.

그러므로 이제 사활이 걸린 문제는 또 하나의 과학기술적 해결이 지금 나타나고 있는가, 또는 곧 나타날 것인가

하는 것이다. 지금 마이크로전자기술(microelectronics)이나 생명공학기술(biotechnology) 같은 새로운 역동적 산업들이 있다. 그러나 문제는 그런 산업들이 특히 서구 노동시장에 만족스러운 해결책을 제공하기에는 아직 역부족이라는 것이다. 사실 서구에서 신흥 산업들은 노동집약적이기보다는 자본집약적인 경향이 있다. 서구 여러 지역에서 제조업의 쇠퇴는 첨단산업들이 큰 폭으로 줄일 수 없는 실업을 양산했다. 컴퓨터, 인터넷, 이동통신 기기 같은 최근의 혁신은 이윤 및 고용의 성장을 창출하는 능력 면에서 철도, 전력화, 자동차에 상대가 되지 못한다. '녹색혁명'은 최근의 예외적인 사례로 주로 가난한 나라들에서 농업 생산을 진흥하는 유인이 되었다. 또 하나 중요한 것은 건강 및 교육 부문의 팽창인데, 이들 부문은 좀더 노동집약적이며, 정신노동과 중간계급의 비중이 높다. 수명과 특히 노후가 점점 더 길어지고 학력주의가 점점 더 심해짐에 따라 이 부문들은 아마도 계속 팽창할 것이다.

랜들 콜린스는 인간사회가 고용 감소라는 재앙에 맞서 싸우는 데 쓰임직한 다양한 씨나리오를 퍽 설득력 있게 나열하고 나서 그것들에 퇴짜를 놓는다. 그런데 그와 반대되는 일이 바로 지금 일어나고 있다. 최근 몇십년에 걸친 경제 팽창은 실제로 세계 인구의 실질성장보다 더 큰 전체고용의 성장을 가져왔다. 1950~2007년 사이에 일자리 증가는 인구 증가보다 40%가량 더 많았다. 세계 부국들을 대변하는 조직인 OECD에서도, 비록 인구 규모가 더 커지고 더욱더 많은 여성을 포함해 일자리를 구하는 인구 비중이 더 커져서 실업자의 절대수치 역시 올라가기는 했지만, 그 어느 때보다도 더 많은 사람들이 노동하고 있다. 공식 노동시장에서의 여성해방은 서구에서 고용상의 가장 큰 문제였다. 그러나 1970년대에서 2007년에 이르는 기간에 전체 실업률은 6% 내외로 상당히 안정되어 있었다. 국제노동기구(ILO)가 집계한 통계수치에 따르면 심지어 대침체 기간에도 전체 고용은, 비록 위기 이전에 비해 증가율이 절반에 불과하고 세계적으로 불균등한 양상을 보이기는 했지만, 꾸준히 증가세였다. 그것은 2009년에 유럽연합(2.2% 감소)과 그 주변 국가들을 포함한 선진국에서, 그리고 구소련의 독립국가연합(Commonwealth of Independent States)에서 떨어졌지만(0.9% 감소), 세계의 다른 모든 지역에서는 증가했다. 인구 대비 고용 비율 또한 선진국들과 동아시아에서는 뒷걸음질 쳤지만 그밖의 다른 곳에서는 2010년에 이르러 2007년 수준으로 복귀했다. 아직까지 실업은 서구의(그리고 이보다 덜한 정도로 일본의) 문제지 세계 전체의 문제는 아니다.

서구의 손실은 그밖의 세계의 이익이고, 세계 전체로 보면 이득이었다. 하지만 선진국에서 노동시장의 미래 문제는 고실업이 아니라 노동력 부족일지 모른다. 수명은 계속 늘어나고 있고, 출산율은 인구 재생산에 필요한 수준 아래로 떨어졌다. 유럽, 일본, 북아메리카가 그 결손을 메우려면 상당한 이민이 필요할 것이다. 다른 나라들이 선진화되어감에 따라 이러한 인구 추세가 지속될 가능성이 있으므로 전체 세계 인구는 21세기 후반기에 감소하기 시작할 것으로 예측된다. 이런 이유들 때문에 대량 실업이 결국 자본주의의 종말로 끝나거나 그것을 재촉하지 않을 수도 있는 것이다.

콜린스가 말하듯이, 자본주의가 파괴를 상쇄하기에 충분한 창조성을 무한히 생성할 수 있는 필연적인 이유란 없다. 단지 오랜 기간 동안 그런 일이 일어났을 뿐이다. 그러나 마찬가지로 창조적 파괴가 끝나야 할 필연적인 이유도 없다. 발전 과정이 새로운 욕구를 창출해나갈지 누가 알겠는가? 뒤에 가서 나는 또 하나의 창조적인 부문을 제시하겠다.

그렇지만 내 동료들의 비관론은 올바른 것이다. 이것은 내가 보기에 자본주의의 붕괴보다 가능성이 더 커 보이는 두가지 대안적 미래들 가운데 어느 하나를 보여줄 수도 있다. 첫번째 대안은 구조적 고용이 높은 수준으로 유지되는 가운데 '2/3 대 1/3'의 사회가 등장하는 다소 비관적인 자본주의 씨나리오다. 2/3는 고등교육을 받은 고숙련 인력으로 정규직에 종사하며 잘 살아가는 반면에 1/3은 이 사회에서 배제되어 있다. 가난한 사람들은 그들의 폭동을 방지하기에 충분한 복지 혜택과 구호를 받을 수도 있고, 아니면 억압당할 수도 있다. 그들은 소수집단일 것이고, 그래서 그들의 혁명이 성공할 가망은 크지 않다. 사회 안에 포함된 사람들이 그로부터 배제된 사람들에 대해 그다지 공감하지 않는 것은 충분히 있을 수 있는 일이다. 그들은 이 사람들을 하찮은 낙오자, 날치기, '복지 여왕'(welfare queen, 노동하지 않고 복지 혜택에 의존해 안락하게 사는 사람들을 비꼬는 말) 등으로 보는 부정적인 시각을 가질 수도 있다. 어떤 나라들에서는 종족적 또는 종교적 소수집단에 빈민의 비율이 과도하게 많고, 그래서 부정적인 종족적/종교적 비방이 이런 고정관념에 덧붙여질 것이다. 배제된 사람들은 세습적인 하층계급이 되어 사회 안에 포함된 자들과 배제된 자들 사이의 넘을 수 없는 장벽을 더욱 공고히 할 수도 있다. 포함된 사람들은 대부분 그 장벽을 유지하려고 투표할 것이고, 반면에 배제된 사람들 가운데에는 투표하려고 하지 않는 이들이 많을 것이다. 복지의 범위는 서구에서 지역에 따라 줄곧 편차를 보일 수 있다. 가난한 사람들이 주류 사회에 들어와 있도록 배려하고자 하는 스웨덴과 독일 같은 나라들이 있는가 하면 미국처럼 그렇지 않은 나라들도 있을 것이다. 이러한 비관적 씨나리오는 우리에게

낯설지 않다. 사실 그것은 미국에 이미 펼쳐져 있으며, 사회학자들은 유럽에서도 그것의 기세를 감지해왔다. 그것은 노동계급의 최종적인 사망이 되겠지만, 자본주의의 최종적인 사망은 아닐 것이다. 그것은 역사의 대부분 동안 존재해온 것과 같은, 이를테면 잘 조직된 자본가와 분열되고 그만큼 조직되지 못한 노동자의 비대칭적인 계급구조를 낳을 것이다. 억압받는 사람들 사이에 저항조직이 등장하지 않는 한 사회 제도들은 제구실을 다하지 못한다 해도 여전히 존속할 것이다.

그런 조직은 아직 등장하지 않았거니와, 이런 씨나리오—더 많이 착취하되 도전받지 않는 자본주의—는 특히 좌파에 으스스하다. 세계 좌파 진영이 오늘날만큼 약한 적은 일찍이 없었다. 브라질 뽀르뚜알레그리에 본부를 둔 급진파 세계조직 세계사회포럼(World Social Forum)은 북반부/서구의 억압에 대한 남반구의 항의가 서구에 의한 세계 자본주의적 착취에 뿌리를 두고 있던 시기에 중요한 세력이었다. 그러나 '남반구' 역시 발전 도상에 있어 더이상은 응집된 하나의 전체로서 존재하지 않는다. 이는 최근의 기후변화 관련 논의에서 분명히 드러났는데, 여기서 중국과 인도, 브라질이 더 가난한 나라들의 반대를 무릅쓰고 가스 배출량 감축을 지연시키려는 서구와 일본 측에 합세한 것이다.

두번째 대안 씨나리오는 좀더 낙관적이다. 그것은 자본주의 시장들이 지구를 가득 채울 것이며 이윤 및 성장률이 떨어질 것이라는 데 동의한다. 하지만 이것이 지속적으로 저성장하는 자본주의로 안정될 것이라고 말한다. 이는 물론 새로운 일은 아닐 것이다. 자본주의의 획기적인 돌파구는 18,19세기 영국에서 나타났다. 그럼에도 영국의 성장률은 어느 연도에도 2%를 넘은 적이 없었다. 영국의 성공담은 오히려 연 1%를 겨우 넘는 평균성장률이 아주 오랜 기간 지속되었다는 것이다. 하지만 20세기에 와서는 그 속도가 빨라졌다. 양차 대전 사이에 가장 성공적인 개발도상국들(일본과 그 식민지들, 그리고 소련)은 역사적으로 전례가 없는 약 4%의 성장률을 기록했다. 그다음 20세기 말에 중국과 인도(그리고 지금은 다른 나라들)가 약 8%의 성장률을 기록했다. 이런 성장률은 비록 20년 이상이나 지속되어오긴 했지만 그래도 언젠가 떨어질 수밖에 없다. 그러면 아프리카와 중앙아시아가 훨씬 더 좋은 성적을 낼 수도 있을 것이다. 하지만 이 나라들 모두가 역사적인 영국의 성공담을 이뤄낸 1%대 수준으로 떨어지기까지는 아주 긴 시간이 남아 있다. 어쩌면 미국과 유럽의 성장률은 더 빨리 이 수준으로 떨어질지 모르지만 현재의 대침체에서는 겨우 몇나라만이 마이너스 성장률을 기록했으며, 그것도 단지 한해나 두해 동안만 그랬다. 1% 성장률이 왜 자본주의의 위기여야 하는가? 자본주의는 왜 오랜 역사 동안 그랬던 것처럼 저성장의 세계적 체제로 존속할 수 없는가? 그렇게 되면 20세기 — 더 정확히 말하면 서구에서는 1945년부터 1970년까지, 그리고 동양에서는 20세기 말까지 — 는 예외적인 시기로 보일 것이다. 이 저성장의 씨나리오는 또한 투기의 역할을 줄이고 금융자본의 권력을 격하할 것이며, 그와 더불어 현재의 대침체가 되풀이될 가능성(현재로서는 아주 높은)도 줄어들 것이다. 물론 노동조건이 세계 전반에 걸쳐 개선된다면 그것은 매우 반가운 소식이다. 그러면 일본 사람들이 이미 지난 20년 동안 그래온 것처럼 온 인류가 거의 변동 없는 정상(定常) 상태의 경제 속에서 살 수 있을 것이다. 자본주의의 미래는 소란스럽기보다 따분할지도 모른다.

　2050년 무렵의 언젠가에 일어날 가능성이 가장 큰 것으로 — 그 사이에 다른 어떤 요인도 간섭하지 않는다면 — 한가지 씨나리오를 선택해야만 한다면, 나는 더 많은 조건의 평등을 세계 전역으로 퍼뜨리는 한편 임시고용 또는 실업 상태의 하층계급이 국민 인구의 10~15%에 이르는 저성장의 세계 자본주의에 표를 던지겠다. 이는 앞서 말한 두가지 씨나리오가 혼합된 것으로, 19세기의 산업화하는 국가들과 매우 흡사하다. 나는 혁명 같은 대변혁을 예측하고 싶지 않다.

혁명적 변혁에는 그 이상의 장애물이 있다. 자본주의에 대한 공산주의 및 파시즘의 혁명적 대안들은 재앙이었으나, 그것들이 이제까지 등장한 유일한 대안이었다. 그것들 말고 다른 대안은 없으며, 그중 어느 하나라도 되풀이되기를 원하는 사람은 거의 아무도 없다. 혁명적 사회주의든 개량적 사회주의든 사회주의 세력이 지금보다 더 약했던 적은 없다. 근본주의적 기독교, 유대교, 힌두교, 이슬람이 세계의 팽배하는 이데올로기들이며, 이들은 물질적 구원과 마찬가지로 내세의 구원을 기대하기 마련이다. 저 세상사에 집착하는 20세기의 대안 이데올로기들은 실패했다. 세계경제 안으로 들어오게 된 가난한 나라들에서 우리는 사회주의적이거나 그와 비슷한 운동들의 부흥을 기대할 수도 있겠으나, 그것은 개량주의로 나아가기 십상이다. 현대의 사회혁명은 거의 다 기존 지배체제를 동요시키거나 비합법화한 큰 전쟁과 함께 일어났다. 20세기에 일어난 두 최대 혁명, 즉 러시아혁명과 중국혁명에서 세계대전(자본주의의 위기와는 다른 원인들에서 비롯된)은 혁명의 필연적 원인이었다. 전쟁은 다행히도 세계 도처에서 퇴조하고 있으며―실상 미국만이 국가간 전쟁을 계속하고 있다―아울러 세계에 웬만한 규모의 반자본주의 혁명운동은 존재하지 않는다. 혁명은 있을 법하지 않은 씨나리오로 보인다. 정말이지 종말은 혁명적 사회주의에 가까이 다가와 있는 것이다.

좌파의 미래는 기껏해야 개량주의적 사회민주주의거나 자유주의가 아닐까 싶다. 고용주와 노동자 들은 자본주의적 고용의 일상적인 부당성(공장 안전, 임금, 수당, 고용 보장 등)을 놓고 계속 싸울 것이며, 이의 유망한 결과는 타협과 개혁일 것이다. 아마도 개발도상국들은 서구 국가들이 20세기 전반기에 그랬던 것처럼 개혁되고 더 평등한 자본주의를 위해 안간힘을 쓸 것이다. 서구에서와 마찬가지로 어떤 나라들은 다른 나라들보다 더 크게 성공할 것이다. 중국은 지금 가장 심각한 문제들에 직면해 있다. 경이로운 성장의 혜택이 대단히 불평등하게 분배되어 거센 저항운동들이 일어나고 있다. 틀림없이 거기서 혁명적 소요가 일어날 수 있겠지만, 설령 성공한다고 해도 그것은 러시아에서 그런 것처럼 더 많은 자본주의와, 어쩌면 불완전한 민주주의를 들여올 공산이 크다. 미국 또한 심각한 도전에 직면해 있으니, 경제는 군사 및 보건 비용으로 과부하가 걸려 있고, 정치조직은 부패하고 제 기능을 하지 못하며, 보수파 이데올로기는 자연과학과 사회과학에 등을 돌렸다. 이 모든 일은 피할 수 없는 상대적 쇠퇴의 와중에, 그리고 그 밖의 세계에 대해 미국이 내세우는 도덕적 우월성의 주장이 허울뿐이라는 자각이 점차 커져가는 가운데 일어난 것이다. 이것이 미국의 쇠퇴를 촉진하는 비결로 보인다.

세계의 종말?

하지만 지금까지 간략히 설명한 모든 씨나리오는 양차 세계대전보다 훨씬 더 심중할지도 모를 다른 두가지 잠재적 위기들에 의해서 어그러져버릴 수도 있다. 그 둘 모두 완전히 새롭고 또 진정으로 체제적이며 지구적인 위기라고 할 수 있다. 그것들은 국가나 지역대의 경계 안에 국한되지 않을 터인데, 모든 인간이 숨 쉬는 대기로부터 나타나는 것이기 때문이다.

첫번째 지구적 위협은 핵전쟁이라는 군사적 위협이다. 그것은 그중 어느 하나라도 일어나지 않을 수 있는 사건들의 전체적인 연쇄과정에 달려 있으므로, 이 위협의 심각성은 예측하기가 거의 불가능하다. 이제까지는 양자 대결만이 있었으니, 먼저 소련 대 미국(및 그 동맹인 영국과 프랑스)의 대결이 있었고, 그다음에는 다소 수동적인 중국의 지원을 등에 업은 파키스탄 대 인도의 대결이 있었다. 이들 사례에서 상호확증파괴의 위협은 양측 모두에 명백했고, 두차례의 반쪽 위기를 거치면서 단계적 확대를 회피하는 대응방식이 학습되었다. 핵 억지력이 작동한 것이다.

하지만 둘보다 더 많은 세력들이 더 복잡한 갈등 속에 휘말려들 때, 그 결과는 더욱 암울해진다. 두차례의 세계대전을 일으킨 것은 어떤 나라들이 다른 나라들의 의도를 정확히 읽을 수 없었던 다극적인 갈등이었다. 중동에서 이스라엘은 이미 핵무기를 보유하고 있고 이란은 그런 목표에 접근하고 있으니, 이로 말미암아 인접국가들 역시 핵무기 보유를 추구하도록 자극받는다. 이런 사태는 중동에도, 그 주변 국가들에도, 세계의 원유 공급에도, 더 나아가 세계 전체에도 위험요인이 될 것이다. 이같은 군비확장 경쟁은 자본주의와는 별 상관이 없다. 만일 핵전쟁이 일어난다면 그때는 어떤 생존자에게든 자본주의는 그 재앙에서 큰 역할을 하지 못한 2류 선수 정도로 비칠 것이다. 하지만 어쩌면 이란이 설득당해 핵무기를 단념할지도 모르고, 어쩌면 사우디아라비아, 이라크, 터키가 핵무기 획득으로 응수하지 않을지도 모르고, 그리고 어쩌면 인간의 이성이 핵무기로 무장한 다양한 적대세력에 의해 불거지는 위험들을 극복할 수 있을지도 모른다. 그러나 또 한편으로는 테러리스트들이 핵무기를 탈취하는 씨나리오도 있을 법하다. 행동의 동기가 내세의 목표에 있는 것으로 보이는 테러리스트들이 있는 마당에 그 결과를 누군들 예측할 수 있겠는가? 이들의 이데올로기야말로 그 어느 것보다도 위험한 이데올로기일지 모른다.

그에 반해 두번째 체제적 위기는 예측하기가 대단히 쉽다——그것을 피하기 위한 특단의 조치가 취해지지 않는다면. 바야흐로 기후변화가 일어나고 있다.[3] 대개 인간의 행위로 말미암아 대기와 바다와 육지가 온난화되고 있으며 기온 변동도 더 심해지고 있다. 어디든 어느 한곳의 온실가스 배출이 모든 곳의 사람들에게 영향을 끼치므로, 그 위협은 지구 차원의 문제다. 온실가스 배출은 이를테면 식량 및 식수 부족, 극지의 빙원 및 툰드라 지대의 해동, 해수범람 같은 다른 재앙의 씨나리오들을 거느리고 온다. 이미 수백만명의 사람들이 지구 온난화의 결과로 때 이르게 죽어가고 있으며, 인간사회가 그들의 발전방향을 근본적으로 바꾸지 않는다면 20년 내지 30년 안에 몇몇 가난한 나라들의 생존이 위협받을 것이다.

만약 가스 배출을 상당히 줄이기 위해 인류가 제때에 행동에 나선다면, 지난 세기에 걸쳐 대단한 성공을 거둔 세 가지 주요한 제도에 근본적으로 이의를 제기하거나 그것들을 개혁해야만 한다. 첫번째 제도는— 오로지 이것이 현 세계에서 지배적인 생산양식이기 때문에 그런 것이지만—자본주의다. 전성기의 국가사회주의도 역시 환경을 파괴했다. 환경운동가들 말대로 우리는 사회를 '이윤의 맷돌'에서 구해야만 한다. 이는 엄격한 규제력을 지닌 '명령 및 통제' 국가를 통해서, 또는 기업에서 가공 처리되는 자

---

3 이 문제는 앞서 언급한 내 책의 제4권 제12장에서 자세히 다루었다.

원량에 부과하는 세금을 통해서, 또는 자본가로 하여금 효율적인 저배출 산업에 적극 투자하도록 인센티브를 제공하는 엄중한 '배출권 거래제'(cap and trade) 프로그램 같은 시장 메커니즘을 통해서 사업을 규율하는 것을 의미한다. 이같은 정책들이 엄격하게 시행된다면 비록 훨씬 더 규제된다고 해도 자본주의는 살아남을 것이다. 많은 산업들은 대량 배출자가 아니므로 이 정책들에 대해 반드시 일치된 자본가들의 반대 움직임이 나타나지는 않을 것이다. 게다가 이는 저배출 기술이 이윤과 새로운 일자리를 창출하는 '창조적 파괴'의 또다른 국면을 열어줄지도 모른다. 일부 기업가는 진작 이 분야로 눈길을 돌려 대체연료, 습지 및 산림 보존, 그밖에 환경 신안(新案)에 대한 투자에 뛰어들었다. 현재 대체에너지기술은 세계적으로 순수한 새 일자리를 그리 많이 창출하고 있지 못하지만, 만일 그 기술이 표준이 된다면 이야기는 달라질 것이다. 코펜하겐 콘센서스 센터(Copenhagen Consensus Center, 세계의 안녕과 복지에 관한 지구 차원의 제반 문제를 해결하고자 2004년 조직된 회의기구의 운영기관)의 최근 보고서는 신속한 기술혁신, 규모의 경제의 빠른 진전, 비슷한 녹색정책의 세계적 실행, 그리고 어쩌면 관세 또는 현지부품 사용조건(local content requirements, 자국 내에서 생산되는 물품과 써비스 안에 국산 부품을 일정 한도로 포함할 것을 정한 요건) 같은 보호무역조치의 채택

등 몇가지 조건들이 충족된다면 대체에너지기술 부문에서 일자리의 순증가가 이루어질 것이라고 말한다. 조세정책 역시 일자리 창출을 겨냥해 운영될 수 있을 것이다. 세금이 만일 현재처럼 사업이나 노동 일반에 대해서가 아니라 재생불가능 자원의 총 가공처리량에 대해 부과된다면 노동의 고용이 촉진될 것이다. 이는 창조적 파괴의 차세대 물결을 이룰 것이며, 그 여파로 화석연료 산업들은 틀림없이 붕괴할 것이다.

자본주의만이 고삐를 채워야 하는 것은 아니다. 민족국가의 성장에 대한 강박관념의 수레바퀴에도 고삐를 채워야 한다. 민족국가들은 너나없이 GDP의 성장으로 나라의 성공 정도를 측정하지만, 그 성장은 환경 파괴를 확대한다. 이는 선거 주기에 따른 임기 내의 단기간 성장을 촉진함으로써 오로지 권력만은 유지할 수 있다고 생각하는 정치 엘리뜨들에게 고삐를 채워야 함을 뜻한다. 저배출 체제는 필시 단기적으로 성장 폭을 줄일 테지만, 하던 대로만 하는 '무사안일' 씨나리오가 지구와 그 주민들에게 재앙으로 귀결한다면 장기적으로는 그것이 바라건대 더 많은 성장을 가져다줄 것이다. 그러나 누가 장기적으로 살아있겠는가? 정치가도 유권자도 물론 그렇게 오래 살지 못한다. 게다가 정치가와 유권자 들은 여전히 외국인에 의한 어떠한 주권 침해에도 드세게 반발하는 민족국가 주권의 시대에 살고 있다. 하지만 규제는 국제적일 수밖에 없는데, 정부간 협정이 어느 한 민족국가가 독자적으로 행동할 자율성을 심각하게 제한할 것이기 때문이다.

어쩌면 환경운동이 마침내 자본가, 정치 엘리뜨와 유권자 들을 배출량의 상당한 감축에 착수하도록 설득할지도 모른다. 어쩌면 유럽연합은 솔선해서 주권의 장벽을 넘어설 수 있을지도 모른다. 사실 이미 다른 영역들에서 그렇게 해왔으니 말이다. 그러나 이 가운데 어떤 것도 성사되지 않을 경우, 세번째로 우리는 사람들이 하나의 시민권으로서 더 많이 소비하기 위해 점점 더 많은 경제성장을 요구하는 '소비 시민권'의 수레바퀴에 고삐를 채워야 한다. 재앙을 피하려면 일반 시민들이 생활방식을 바꿔야 마땅하지만, 재앙은 실제로 일어나기 전에는 추상적이고 멀리 있는 것처럼 보인다.

근대의 세가지 대성공 ── 자본주의, 민족국가, 시민권 ──은 환경위기에 책임이 있다. 이같은 인과 사슬은 비록 정치적 권력관계에 의해 매개되기는 하지만 주로 경제에서 비롯되며, 그 문제는 단순히 자본주의보다 심대하다. 우리는 아주 거대하고 어쩌면 이루어지지 않을 질서인 다소 추상적인 미래를 위해 이 세가지 대성공 모두에 도전해야 한다. 만일 도전이 성공한다면 그것은 저성장으로 나아가는 자본주의의 경향을 강화할 것이다. 이 세가지에 대한 제약은, 공동보조를 취하는 국가들의 국제협정을 통해서 이루어지긴 하겠지만 여하튼 훨씬 더 많은 정치적 규제를 포함할 것이다. 그것은 시장에서 국가로의 새로운 형식의 선회, 꼭 사회주의적인 것은 아니지만 시장 규제적인 초국가적 집단주의(suprastate collectivism)가 될 것이다. 현재 이 가운데 어느 하나라도 일어날 가능성은 희박해 보인다. 미국은 이 세가지 방면의 도전 가운데 어느 것도 시작할 의지가 없을 뿐만 아니라 훨씬 더 완화된 가스 배출 규제 프로그램들에조차도 서명하지 않으려 한다. 중국은 배출 규제 프로그램들을 수용하고 그 당 통치자들도 그것들을 밀고 나갈 권력을 쥐고 있으나, 그들의 모든 노력은 중국 산업화의 가파른 속도 앞에 무색해진다――인도와 그 밖에 성공적으로 산업화하는 나라들의 경우에도 마찬가지다. 내 예측으로는 21세기 중엽의 어느 시점엔가 확실한 기후 충격이 세계를 강타하기까지는 배출 감축은 거의 시작되지 않을 것이다.

기후 전선에서 돌아가는 사태는 격렬한 것 같다. 어쩌면 어떤 기술적 돌파구가 열릴지도 모른다. 태양력도 풍력도 현재로서는 그런 돌파구가 되지 못하지만, 상온 핵융합 또는 전혀 새로운 종류의 태양전지라든가 용융염(熔融鹽)을 사용하는 집광형 태양광 발전(concentrated solar power)에 관한 현재의 실험이 언젠가 중요한 성과를 거둘지도 모른다──하지만 석탄산업이 쳐둔 연막일 뿐인 '청정탄'(clean coal)은 그럴 가능성이 없다. 어쩌면 세계 대중이 녹색운동에 선동되어 더 적극적으로 녹색정책을 채택하도록 정치가들을 설득할지도 모르며, 어쩌면 저배출 산업에 뛰어든 자본가들이 고배출원에 대한 강력한 평형추가 될지도 모른다. 어쩌면 기업가와 과학자 들이 힘을 합쳐서 새로운 녹색기술을 중심으로 한 또다른 국면의 창조적 파괴를 개척할 수도 있다. 지금으로서는 이 가능성들 가운데 어느 것도 지평선 위에 나타나 있지 않다. 물론 자본주의의 세계적 위기가 지속되고 세계의 총생산이 하강한다면, 그때 (이미 '손쓸 수 없이' 배출량이 계속 증가하는 일정 기간의 지체 후에) 배출량 증가는 그치고 심지어 감소하기 시작할 것이다. 거꾸로 만일 자본주의, 민족국가, 소비자 시민에 고삐가 채워진다면 GDP 성장은 세계적인 합의를 통해 감소하고 모든 사람이 거의 제로성장에 만족하게 될 것이다. 어떤 구름도 그 뒤쪽은 은빛으로 빛난다!

그러나 만일 제때 손을 쓰지 않아서 기후 재앙이 강타하기 시작한다면, 이 경우의 낙관적인 씨나리오는 세계의 국가들이 자본주의, 국가와 시민 들에 대해 엄격한 제한을 가하는 데 공동보조를 취하리라는 것이다. 만일 이런 일이 일어나지 않는다면 다양한 재앙의 씨나리오를 상상할 수 있다. 이를테면 비교적 유리한 조건을 가진 국가들, 북반구의 부유한 나라들이 그밖의 세계에 대해 '요새 자본주의'(fortress capitalism, 성 밖의 다수 빈민을 배제하고 성 안의 극소수만이 혜택을 누리는 자본주의), '요새 사회주의'(fortress socialism) 또는 '에코파시즘'(ecofascism, 인간보다 생태 보존을 더 중시한다는 의미에서 급진적 환경운동을 비판하기 위해 생겨난 신조어)의 거대한 장벽을 세우거나, 난민들이 대량으로 아사 상태에 놓이거나, 자원전쟁들(아마도 핵보유국 사이의 전쟁은 아니겠지만)이 일어나는 씨나리오를 떠올릴 수 있다. 우리의 후세가 이런 체제를 '자본주의' '사회주의' '파시즘' 또는 그 무엇으로 부르건 간에, 그것들을 궁극적으로 규정하는 성격적 특성은 악의일 것이다. 물론 그런 위협에 직면했을 때 인간들이 어떻게 행동할 것인지는 예측 불가능한 노릇이다.

결론: 종말은 가까울 수도, 그렇지 않을 수도 있다

나는 미래 예측에 가장 가까이 다가갈 수 있다고 믿는 가능한 대안 씨나리오들의 모델을 제시했다. 내가 여기서 무엇보다 우선 설명하고자 한 것은 근대 사회와 근대 자본주의는 체제가 아니라는 것이었다. 그것들은 제각기 독특한 인과 사슬을 지닌, 서로 겹치는 다양한 권력의 네트워크에 영향을 받는다. 그중 가장 중요한 것은 이데올로기·경제·군사·정치 권력의 네트워크다. 미래에 이것들 사이에 있을 수 있는 상호작용에서 어떤 것은 다른 것보다 더 명료하게 나타난다. 첫째로, 미국은 세계에서 그 헤게모니적 지위를 잃어가고 있으며, 그 거대한 군사권력조차도 국가의 중점 목표들을 관철하기 어려운 것으로 보인다. 그 헤게모니의 종말이 머지않다는 것은 거의 불가피한 일로 보인다. 사회권력의 네가지 원천 모두에 걸쳐 폭포처럼 쏟아지는 현재의 다양한 취약점들이 개선되지 않는다면 미국의 힘은 더욱더 약해질 것이다. 둘째로, 유럽연합은 비록 현재의 경제적 곤경이 주로 유로화 지지의 어려움이라는 단일한 정치적 취약점 때문에 격화되었음에도 불구하고 마찬가지로 그 지위가 위협받고 있다. 유럽에는 거의 모든 것이, 경제권력의 문제라기보다는 주로 정치 및 이데올로기 권력의 문제인 이 유로화 문제를 해결하는 데 달려 있다. 셋째로, 세계 경제에서 권력은 서구로부터 그밖의 세계의 좀더 성공적인 지역들로 끊임없이 이동할 것이며, 모든 것을 감안해볼 때 이것은 자본주의에 대한 더욱더 많은 정치적 규제를 수반할 것이다. 이 모든 것은 꽤 분명한 사실이다.

그 이상의 씨나리오들은 그다지 확실치 않다. 자본주의를 '창조적 파괴'로 보는 슘페터를 따른다면 창조는 발전하는 나머지 세계의 영역이 될 것이고, 파괴는 서구의 영역이 될 것이다. 하지만 그보다는 이전 시대의, 이제는 세계적으로 조직된 다양한 권력의 네트워크로 되돌아갈 가능성이 더 클 것 같다. 그러나 경제 내부에서 나오는 요인들이 아마도 자본주의의 세계적 위기를 낳지는 않을 것이다. 더 유망한 것은 일단 세계적으로 좀더 균등하게 권력 배분이 이루어지고 나서 세계경제의 성장이 둔화되는 것—어쩌면 안정되고 번영하되 저성장의 자본주의 경제를 향한 움직임—이다. 이것은 인구의 10~20%가 될 소수의 '배제된' 계급을 낳을 수도 있다는 점을 제외하면 오히려 세계에 다행스러운 전망이다.

하지만 이 모든 전망은 종잡을 수 없는 두가지 세계적 위기, 즉 핵전쟁과 점점 더 증폭되는 기후변화 가운데 어느 하나에 의해서든 돌연 파란을 맞을 수 있다. 핵전쟁은 자본주의 밖으로부터 나오는 인과 사슬의 결과이며, 기후변화는 자본주의보다 더 큰 인과 사슬의 결과다. 이 둘 가운데 어느 하나라도 자본주의뿐만 아니라 인류 문명에 최후를 안겨줄 것이다. 곤충이 지구를 물려받을 것이다. 그러나 결국, 이 모든 문제에서 어느 것도 영원히 지속되는 것은 없으며, 그래서 정책의 결단이 상당히 중요한 것이다. 인류는 원칙적으로 미래에 관한 더 좋은 씨나리오나 더 나쁜 씨나리오들 사이에서 선택할 자유가 있다—그리고 그렇기 때문에 결국 미래는 예측할 수 없는 것이다. 비록 으레 단기적인 시계(時界, time horizons)를 뛰어넘지 못하는 처지지만 우리는 때로 이성적으로 행동하며, 또한 때론 감정적으로, 이데올로기적으로, 비이성적으로 행동한다. 결국 이것이 자본주의든 이 세계든 우리가 그 미래를 예언할 수 없는 이유다.

제4장

공산주의였던 체제

• 게오르기 데를루기얀

　자본주의 시장의 있을 수 있는 종말을 논하는 이 책에서 공산주의 국가들에 대해 논의할 명백한 이유들이 있다. 공산주의는 끝없이 치솟은 굴뚝들, 결핍, 개인숭배, 숙청 같은 무시무시한 이미지들도 있지만 그래도 여전히 자본주의에 대한 첫번째 대안으로 많은 이들의 뇌리에 떠오른다. 이보다 명백하지 않은 이유들도 있다. 쏘비에뜨 블록의 붕괴는 당연한 것으로 받아들여졌는데, 공산주의가 그때는 거의 모든 이의 눈에 분명 비효율적이고 억압적인 것으로 보였기 때문이다. 하지만 1950년대와 60년에는 일반 여론이 쏘비에뜨연방의 놀라운 군사적·과학적 위업에 대해 찬탄 내지 두려움을 표했고, 심지어 많은 전문가들은 소련에서 국가 존립의 문제들은 해결되었다고 생각했다. 1980년대 고르바초프(Mikhail S. Gorbachev)의 뻬레스뜨로이까(perestroika, 민주화와 긴장완화 등을 골자로 한 개혁정책)가 한창이었을 때는 동구에서든 서구에서든 많은 사람들이 모스끄바로부터 동터오는 인도주의적 선의를 기꺼이 포옹할 기세였다. 여전히 당원증을 소지한 많은 중국 기업가들의 이상한 행태는 무시된 채, 오늘날 중국 시장의 기적은 자본주의 최대의 성공작이자 미래에 대한 희망으로 환호받고 있다. 이러한 사실은 공산주의가 붕괴로 막을 내렸다는 상투적인 생각에 의문을 던진다.

하지만 소련은 무너졌다. 막을 내릴 무렵의 소련은 본질적으로 과두집단이 지배하는 선진 산업사회가 되어 있었다. 어쩌면 이는 선진적인 서구 자본주의의 붕괴가 어떤 양상으로 나타날 것인가 하는 문제를 좀더 실증적인 토대 위에서 볼 수 있게 해준다. 구체적으로, 가정상의 반자본주의 혁명은 1917년의 고전적 패턴을 따를 것인가, 아니면 1989년의 시민동원(1989년 폴란드 자유노조운동, 베를린 장벽 붕괴 등 동구권에서 일어난 일련의 민주화 시위운동)과 비슷한 양상을 띨 것인가? 어느 쪽이든 그것은 이 책에서 소련의 사례를 성찰해봐야 할 각별한 이유가 된다. 이 책의 저자들 가운데 지금 자본주의의 종말을 예언하는 두 사람, 즉 이매뉴얼 월러스틴과 랜들 콜린스는 시기를 더 거슬러올라가서 1970년대에, 서로 다른 이론의 관점에서 러시아 공산주의의 멸망을 예언한 것으로 잘 알려져 있다.

내 이야기를 고백하자면 이렇다. 1987년에 나는 모잠비크인민공화국 주재 소련 대사관의 KGB 주재원으로부터 미국 시민인 이매뉴얼 월러스틴을 면담할 허가를 얻지 못했다. 마푸토(Maputo, 모잠비크의 수도)의 호텔 폴라나(Hotel Polana) 밖에 재커랜더 나무 아래서 그를 기다리는 일은 마치 그레이엄 그린(Graham Greene, 1904~91. 『권력과 영광』 등의 작품을 쓴 영국의 인기 소설가)의 첩보소설 속으로 걸어들어간 기분이었다. 냉전의 대리전으로 분열된 아프리카의 한 나라에서 젊은 소련 관리가 저명한 서방 학자를 은밀히 만나고 있었던 것이다. 이런 무모한 모험으로 나를 몰아넣은 지적 호기심은 아마도 금서를 손에 넣었을 때의 흥분을 느껴본 사람들만이 충분히 이해할 수 있을 것이다. 소련의 검열 당국은 물론 월러스틴의 네오맑스주의적 이론을 이단시하고 있었다. 나의 불안을 눈치챘는지, 월러스틴은 고맙게도 이렇게 예언했다. "마음 놓으십시오. 당신 세대의 소련 사람들은 곧 자유로이 온 세상을 여행하게 될 겁니다. 그런다고 당신이 더 행복해질지는 잘 모르겠지만요." 못 믿겠다는 듯한 내 표정을 보고 그는 미소를 지으며 말을 보탰다. "그럼 당신은 무슨 근거로, 무난한 예를 들자면 2017년 11월 7일, 그때면 당신이 어떻게 불러야 할지조차 알 수 없게 될 한 사건(1917년 같은 날의 러시아

혁명)의 100주년 기념일에 모스끄바의 붉은 광장에서 군사 퍼레이드가 펼쳐질 거라고 예상하는지요?" 이 예언의 순간에 대뜸 나의 뇌리를 스치고 지나간 단어는 '말도 안 되는'(preposterous)과 얼추 같은 뜻을 가진 러시아 단어였다!

1980년 봄 랜들 콜린스가 컬럼비아 대학의 유서 깊은 러시아연구소에서 강연했을 때 그곳 청중의 주된 반응 역시 말도 안 된다는 것이었다. 이 비주류 사회학자는 사회학자들이 모인 자리에서 차분하게, 자신의 수학적 모델에 따르면 그들의 직업적 관심의 그 어두운 대상은 그들 생애 안에 사라질 것이라고 말했다. 미국은 여전히 베트남전쟁, 경제의 스태그플레이션(stagflation, 경기침체하의 인플레이션), 그리고 이란 인질 위기(1979년 호메이니가 이끈 혁명으로 쫓겨난 팔레비 국왕의 망명을 미국이 허용하자 분노한 이란인들이 테헤란의 미국 대사관을 점거하고 58명의 미국인을 인질로 잡은 사건)의 여파로 휘청거리고 있었다. 로널드 레이건(Ronald Reagan)은 미국이 위태롭게도 핵무장에서 소련에 뒤처졌으며 세계 전역에서 공산주의의 위협을 저지하려면 대량의 군비 증강이 필요하다고 주장하며 대통령 선거전 유세를 펼치고 있었다. 이런 상황에서 그 자신 미국의 직업외교관 아들인 랜들 콜린스는 핵무기 감축과 긴장완화(detente)의 지속을 제안하고 있었다. 하지만 이 온건한 권유는 단순히 이상주의적인 평화주의에서 나온 것이 아니었다. 그것은 막스

베버에 의해 첫발을 내디딘 지정학 이론에서 나온 것이었다.[1]

랜들 콜린스가 고안한 베버식 모델에서 쏘비에뜨연방은 지정학적 세력의 다섯가지 매개변수 모두에서 놀랍게도 부정적으로 나타났다. 소련의 쇠퇴가 어떤 패턴을 따를지를 예견하는 데에는 결정적인 미지수가 남아 있었다. 지금의 상황과는 반대로, 앞서 말한 모델에 따르면 1980년대의 미국은 아직 지정학적 쇠퇴에 직면하지 않은 것으로 나타났다. 그러므로 세계와 미국의 안보를 위한 단 한가지 최우선 관건은 쇠퇴하는 소련과의 핵전쟁을 피하는 것이었다. 과거 여러 제국들의 역사적 선례에 비춰보건대, 지정학상의 과도한 팽창에 뒤이은 해체는 으레 장기간에 걸친 대결을 통해 교전국 수가 점차 단 둘의 경쟁 대국 및 그 위성국들로 축소된 이후에 아주 갑자기 일어났다. 이때 구조적으로 더 취약한 제국은 분리독립을 원하는 총독과 지친 장군들이 일으킨 내란 속에서, 또는 로마와 카르타고의 전쟁(기원전 264년에 시작해 기원전 146년에 카르타고의 패망으로 끝

---

1 이 에피소드에 관한 이야기는 Randall Collins, "Prediction in Macrosociology: The Case of the Soviet Collapse," *American Journal of Sociology* 100.6 (May 1995) 1552~93면에 실려 있다. 소련의 붕괴에 대한 원래의 예언은 랜들 콜린스가 발표한 "Long-Term Social Change and the Territorial Power of States," *Research in Social Movements, Conflict, and Change* 1 (1978) 1~34면에 실려 있다.

난 포에니전쟁)처럼 비길 데 없이 맹렬하게 맞붙은 최후의 결전 속에서 사라지고 말 것이다.

공평하게 말하자면 소련연구자들이 어안이 벙벙할 만한 이유들이 있었다. 콜린스는 그의 실증적 증거를 고대와 중세 제국들의 역사지도에서 끌어낸 것이다. 지정학 이론은 폴란드, 니까라과, 아프가니스탄의 최근 정황이나 브레즈네프(Leonid I. Brezhnev, 1906~82. 흐루쇼프에 이어 1965년부터 18년간 소련공산당 서기장으로 소련을 안정적으로 통치했다)의 건강에 관해서 거의 아무것도 말해주지 못했다. 게다가 소련의 붕괴에 대한 예측은 더없이 모호한 시점, 다음 10년대의 어느 시점엔가 일어난다는 식이었다. 거시사회학적 예측은 대단히 일반적이기 십상이다. 그것들은 구조 변동의 방향을 확인하고 그 속도를 대충 헤아릴 수 있을 뿐이다. 어느 누구라도 장기적인 예측을 이보다 더 잘할 수 있을지 의문이다. 사실 소련학 연구자들의 예측은 더 단기적인 경우에조차도 한참 더 빗나간 것으로 드러났다.

콜린스와 월러스틴의 오래된 예언이 소련의 궤도에 대해 지금 우리가 알고 있는 것과 무슨 관련이 있는가? 자본주의의 전망들에 관한 지금의 토론은 그것의 공산주의적 대안이 실제로 어떠했는가에 관한 명료한 이해를 요구한다. 그러나 우리의 토론 대상은 이데올로기적인 논쟁 속에 단단히 싸여 있다. 나는 공산주의의 성쇠를 설명하는 좀더 의미있는 방식은 그것을 더 넓은 거시역사적 시각 속에 놓고 보는 것이라고 생각한다.

러시아의 지정학적 지반

러시아제국의 폐허에서 이뤄낸 최초의 공산주의적 돌파구는 희한한 역사적 우연이었다. 하지만 서구에서 자본주의라는 최초의 돌파구가 나타난 것도, 또 그로 말미암아 사회권력의 조직에 어떤 중대한 변화가 일어난 것도 희한하기는 역시 마찬가지였다. 그렇다고 볼셰비끼 혁명이 엉뚱한 사건이었다는 뜻은 아니다. 무릇 역사적 우연이란 종전의 제약들이 무너지는 위기의 시기에 나타나는 아직 분명치 않은 구조적 기회들을 인간이 실현한 것이다. 창조력과 선지력(先知力)은 모두—기회에 대한 맹목이나 지도력의 실패와 마찬가지로—출현하는 구조적 가능성과 제약 들에 대한 인간 작용의 결과다. 지나고 보면 선지자로 공표될 사람들은 물론 제외하고 누구에게나 대안은 일어날 것 같지 않은 일로 보이기 마련이다. 이 선지자들이 실제로 하는 일은 행동하는 과정에서 새로운 가능성을 발견하고, 그 가능성을 현실로 만드는 것이다. 하지만 모든 가능성이 현실이 되는 것은 결코 아니다. 1917년 볼셰비끼의 봉기는 러시아가 자유민주주의 국가가 될 수 있었을 작은 가능성을 차단했다. 그것은 또한 러시아가 그 당시에 파시스트 국가로 나아갈 수 있었을 훨씬 더 큰 가능성도 차단했다. 레닌과 그 동지들의 작은 동아리는 러시아와 1917년 이후 전세계의 운명을 바꾸는 데 매우 중요한 역할을 했다. 그러나 인과관계는 반대 방향으로 돌아가기도 한다. 공산주의 혁명이 이를테면 이딸리아나 멕시코 또는 심지어 중국보다 러시아 같은 나라를 먼저 접수했다는 것 역시 중요한 역할을 했던 것이다.

러시아라고 불리는 지정학적이고 경제적인 지반을 올바로 이해하려면, 우리는 러시아제국이 그 잘 알려진 모습을 띠게 된 마디 같은 시점들로 역사를 거슬러올라가야 한다. 그 첫번째 시점은 근대의 여명기, 이를테면 1500년이나 1550년 무렵의 언젠가이다. 만일 당시의 정치전문가들을 대상으로 그들의 세계가 나아갈 방향에 대해 설문조사를 한다면, 그들은 무엇보다도 태평양과 대서양 사이의 거대한 대륙을 가로지르는 새로운 제국들의 화려한 등장에 의견의 일치를 볼 것이다. 이 가상의 전문가들은 저 멀리 유라시아 북서쪽에 붙어 있는 곳에서 일어난 프로테스탄트 종교개혁에 대해서, 심지어 최근 발견된 아메리카 대륙들에 대해서도 거의 언급하지 않을지도 모른다. 중국 명나라는 제조업과 인구 면에서 확실히 세계의 거인이었다. 1500

년 직후 무굴 왕조(Mughals, 16세기 초부터 19세기 중엽까지 인
도 지역을 지배한 튀르크계 무슬림 왕조)는 본래 다스리기가 힘든
인도를 그들 제국의 지배 아래 두었다. 바로 그 시기에 싸
파비 왕조(Safavis, 1502~1763년에 이란을 통치한 쉬아파 왕조)가
이란에서 부상하고 있었고, 오스만튀르크인들은 동로마제
국의 유산에 대한 권리를 강력하게 요구하고 나섰으며, 한
편 서구에서는 에스빠냐 합스부르크 왕조(Habsburgs, 본래
오스트리아 영지를 본령으로 한 가문으로 에스빠냐 왕실과 통혼하고 에
스빠냐, 네덜란드 일대, 신성로마제국 등 광대한 지역을 통치한 왕조)
가 가톨릭제국을 건설하는 도정에 있었다. 거의 모든 사람
에게, 가공할 중세는 마침내 끝이 났다. 광대한 제국들이
새로운 질서와 번영을 보장했고, 이는 온갖 종류의 중요한
혁신들—더 효율적인 농업 및 공예 기술, 관료제적 과세,
보수적인 공식 종교들, 그리고 무엇보다도 새로운 대포—
에 의해 차례로 더 공고해졌다.

러시아는 이 광대한 그림판에서 멀찌감치 떨어져 있는
국외자였다. 하지만 이것이 결국엔 그런대로 이점이 되었
다. 갓 태어난 짜르들의 제국은 서쪽과 남쪽의 더 강력한
경쟁자 독일과 튀르크에서 지리적으로 아주 멀리 있음으
로 해서 보호받았다. 그 사이에 화기(火器)가 유목 기병부
대와 정주 농경민 사이의 수천년에 걸친 불균형을 역전시
켜버렸다. 스텝 지대의 광활한 옥토에서 타타르(Tatar, 중앙

아시아 초원 지대의 튀르크계 종족들의 통칭) 부랑민들에 맞서 슬라브족 농경민들을 안전하게 지켜냄으로써 16세기 러시아는 엄청나게 늘어난 인력과 공물을 확보할 수 있었다. 그 범위와 성격 면에서 러시아의 팽창은 오로지 에스빠냐의 팽창에나 견줄 만한 것이었다. 변경의 무장 개척민인 까자흐인들(Kazakh, 15세기 전후로 우끄라이나와 러시아 남부에서 준군사적 자치공동체를 이룬 종족)이 예전 유목민족들이 침입해온 방향을 정확히 역행하여 스텝 지대를 가로질러 나갔고, 정규 수비대가 그 뒤를 따라 들어갔다. 어느새 러시아의 경계는 중국과 맞닿아 있었다.

16세기에 러시아가 화기를 앞세운 그 세대의 여느 제국들과 어깨를 겨루는 하나의 제국이 되었다는 것은 그리 놀라운 일이 아니다. 더 놀라운 것은 1900년에도 러시아가 여전히 팽창하는 강국이었다는 사실이다. 결국에는 중국도, 인도도, 이란도, 심지어 터키나 에스빠냐도 1900년까지 그들의 영화로운 지위를 지킬 수 없었다. 나머지 제국들이 이렇듯 대거 쇠퇴의 길로 들어선 이유는 그 사이의 몇세기 동안 서유럽 끝자락에서 일어난 일과 분명히 관계가 있다. 서로마제국의 영역에서 가톨릭의 부흥을 꾀한 에스빠냐의 인상적인 노력은 북서 유럽의 군소 왕국, 공령(公領), 독립 자치주(cantons)와 도시동맹 들의 집단적 저항에 부딪치게 되었다. 합스부르크 왕조가 이러한 저항을 분쇄했다면 프로테스탄트의 종교개혁은 역사 기록에서 아직껏 또 하나의 이단으로 남았을 것이고, 또한 합스부르크가에 반기를 든 군주와 상인 들은 불온한 봉건적 군장(軍將)이나 해적쯤으로 여겨졌을 것이다. 물론 실제의 사태 전개는 국제적인 상인 네트워크로 짜인 프로테스탄트 국가들의 자본주의적 동맹 측이 살아남는 데 더할 나위 없이 유리한 교착상태를 가져다주었다. 네덜란드와 영국 같은 최초의 자본주의 국가들에 생존을 보장해준 것은 프로테스탄티즘 자체라기보다는 이같은 군사적·이데올로기적 교착상태였다.

뾰뜨르 대제(Pyotr Veliky, 1682~1725년 재위. 절대왕권을 확립하고 쌍뜨뻬쩨르부르그를 건설하는 등 서유럽 국가들을 본보기로 근대화 개혁을 추진한 러시아 황제)가 러시아의 절대주의적 개혁에 착수한 것은 서유럽에서 자본주의의 돌파구가 열리고 난지 겨우 두 세대가 지났을 때였다. 암스테르담의 조선소에서 견습 목수로 위장한 채 일하고 아마도 런던에서는 아이작 뉴턴(Issac Newton)을 만났을 경이로운 짜르 뾰뜨르는 최고수에게서 배우기로 작정했다. 네덜란드는 뾰뜨르에게 여전히 첫째가는 그리고 가장 뜨거운 사랑의 대상이었다. 이 헤게모니의 실례가 지닌 위력을 제대로 이해한다면 우리는 러시아 국기가 네덜란드 국기를 약간 변형한 것이며, 쌍뜨뻬쩨르부르그(Sankt Pietersburg, 원래의 네덜란드어 표기)의 운하들이 현대 도시라면 모름지기 암스테르담처럼 운하가 있어야 한다는 뾰뜨르의 맹목적인 믿음 외에 다른 존재 이유가 없다는 것을 알아차릴 수 있을 것이다.

경쟁심에 이끌려 동시대의 많은 정치가들이 비슷한 개혁을 시도했다. 뽀르뚜갈의 마르께스 드 뽕발(Marques de Pombal, 1699~1782. 뽀르뚜갈 국왕 호세 1세 아래서 총리를 지내며 행정, 경제, 교육, 종교 등 여러 방면에서 근대적 개혁을 시도한 정치가), 오스트리아의 요제프 황제(Joseph II, 1765~90년 재위. 중앙집권을 강화하고 농노제 폐지, 수도원 해산 등의 개혁을 단행한 계몽군주)가 대표적인 인물이며, 또한 미국의 알렉산더 해밀턴(Alexander Hamilton, 1755~1804. 미국의 독립과 연방헌법 비준을 위해 활약했으며 초대 대통령 워싱턴 정부에서 재무장관을 역임하는 등 미국 건국에 크게 이바지한 정치가)도 빼놓을 수 없다. 성공률은 서구의 핵심부에서 밖으로 나갈수록 급격히 떨어지는 것으로 보인다. 에스빠냐조차 결국에는 그 제국 소유 영토들을 잃고 삐레네 산맥 저편으로 고립되는 지경이 되었다. 인도, 중국, 이란은 완전히 실패해 외국에 종속되는 처지로 전락했다. 당당하게 자유지상주의적(libertarian)이고 귀족적인 폴란드-리투아니아, 한때 가장 큰 유럽 국가였던 이 나라는 여러차례 분할되어 사라지고 말았다. 폴란드의 봉건적 슐라흐타(szlachta, 폴란드의 전통적인 특권귀족계급)로 이루어진 영예로운 기병대는 전쟁의 승패가 질적으로 비용이 더 많이 드는 해군과 상비군, 포병대에 달려 있던 새로운 시대에는 운이 다한 처지였다. 오스만튀르크는 뾰뜨르 대제의 러시아 이후 한 세기 내내 탄지마트(Tanzimat, 주로 1839~76년에 술탄 압둘마지드가 추진한 오스만튀르크제국의 서구적 근대화) 개혁에 힘을 쏟았으나, 유럽의 '환자'로 소문난 터키의 평판을 떨쳐버리기에는 너무 늦은 때였다. 1810~40년에 그 자신의 해군과 화기 주조공장, 그리고 근대적 관료제를 구축하기 시작한 이집트의 부랑자 군장, 바로 그 인상적인 알바니아인 무함마드 알리(Muhammad Ali, 1769~1849. 알바니아계 군인으로 오스만튀르크제국의 이집트 총독으로 부임해 맘루크 세력을 척결하는 등 이집트의 근대화 개혁을 추진하고 오스만제국에서 독립해 근대 이집트 왕조를 세웠다)가 뾰뜨르 대제의 예에 버금가는 인물이다. 그러나 이집트를 근대화한 이 전제적 통치자는 인도로 가는 길목인 수에즈 항로(1869년에 개통된 수에즈 운하는 영국의 지배하에 있다가 1956년 이집트에 국유화되었다)에 걸터앉은 중동에 하나의 지역권력이 흥기하는 것을 결코 좌시할 생각이 없었던 영국에 의해 곧 저지당하고 말았다.

비서구 국가들 가운데에는 1868년 이후 메이지유신(明治維新, 19세기 후반 일본 메이지 천황 때 막부를 무너뜨리고 중앙집권적 근대국가와 부국강병, 자본주의 발전을 추구한 근대화 개혁) 과정에 있던 일본만이 당시의 군사-산업 지정학에서 무시 못할 세력이 되었다. 한 세기에는 뾰뜨르의 러시아, 또 한 세기에는 메이지의 일본, 이 기묘한 한쌍이 아마도 하나의 실마리가 될지도 모른다. 서로 딴판인 이 두 국외자는 우월한 서구 세력들과의 굴욕적인 대결에서 싹튼 뿌리 깊은 불안과 함께 강한 민족적 자부심이라는 이데올로기적 이중성을 공유하고 있었다. 세계에서의 자신의 지위에 대한 이같은 이중적 인식은 어떤 능력을 부여하는 조건이긴 했지만, 아무래도 그것이 일본과 러시아에만 독특한 것은 아니었기에 충분한 조건은 아니었다. 궁지에 몰린 두 제국이 그들의 후진성과 취약성에 대한 불안감에 따라 조치를 취하려면 제도적 역량과 재원을 모아야만 했다. 외국 무역의 침투와 군사적 압력에서 상대적으로 고립되어 있던 러시아와 일본의 상황은 두 국가에 그들의 역량을 튼튼히 다지고 그 시대의 무기 경쟁에 뛰어들 수 있도록 숨 돌릴 여유를 주었다. 제국의 근대화에 소요된 어마어마한 비용은 주로 농민들의 짐으로 돌아갔다. 그들은 국가에 늘어난 세금과 아울러 국가 사업을 위한 더욱더 많은 노동자와 병력자원을 공급해야만 했다. 하지만 농민들을 강제하는 것으로는 아직 충분치 않았다. 전제적 개혁가들은 자체 엘리뜨들을 대대적으로 군 장교 및 관료로서 국가에 복무하도록 징발해 이들을 훈육하고, 재교육하고, 보수를 지급하고, 고취해야 했다.

　이같은 개발주의 유형은 강제력의 철저한 중앙집중에,

그리고 새로운 자원과 종속민, 제국의 영광을 가져다주는 영토 팽창에 기반을 두었다. 신고전주의 경제학의 표준이론은 앵글로색슨의 입헌주의와 확고한 재산권을 가진 개인 기업을 근대성으로 가는 길로 격찬한다. 그러나 그 시대 선두 국가들의 대열에 낄 수 있는 다른 하나의 길이 분명히 있었다. 그 다른 하나의 강제 전략은 국가 자체를 주요 기업가로 변모시켜 근대 산업과 제도를 법령에 의해 육성함으로써 자본주의적 재원의 상대적 결핍을 벌충하는 것이었다. 서구의 강점들을 본뜨고자 했던 일본과 러시아 양국의 근대화를 이끈 인물들이 일반적으로 독일을 본보기로 선호한 것은 그리 놀라운 일이 아니다. 뾰뜨르와 예까쩨리나 대제(Ekaterina II Velikaya, 1762~96년 재위. 프로이센 출신으로 남편 뾰뜨르 3세를 퇴위시키고 짜르에 즉위한 뒤 부국강병에 힘쓴 계몽군주) 시대 이후로 러시아제국은 실제로 능력에 합당한 일자리가 없던 독일의 많은 귀족과 장인 들을 개발 역군으로 끌어들였다. 이것이 1917년 볼셰비끼가 장악한 독특한 지정학적 지반이었다.

요새 사회주의

1917년에는 어느 누구도 러시아혁명을 뜻밖의 일로 여기지 않았다. 러시아 귀족계급은 오래전부터 노예나 다름 없는 처지에 대해 원한을 풀려고 봉기하는 농노들의 망령에 시달려왔다. 근대 프롤레타리아 혁명은 1848년 유럽의 격동(1848년 프랑스의 2월혁명을 비롯하여 서유럽 국가들에서 일어난 혁명운동) 이래로 줄곧 사람들이 기다리는 바였다. 이같은 공포/희망은 까자흐 기병대의 돌격을 감수해야 했던 산업 노동자들의 파업으로 점점 자라났다. 이 못지않게 중요한 것은 유명한 근대 인뗄리겐찌아(intelligentsia, 19세기 중엽 이후 제정 러시아의 의식화된 지식인들을 가리키는 말), 즉 낡은 귀족적 관료제와 자국의 전반적인 후진성에 좌절감을 느낀 중간계층의 교육받은 전문가들이었다. 인뗄리겐찌아는 자신들을 획기적인 쇄신의 지도세력으로 생각했다. 이런 고결한 사명감은 자선적 행동주의를 제안하는 세계적인 문학을 창작하거나 억압자들에게 폭탄을 투척하는 대신 다양한 전복의 전략들로 바뀌었다.

그럼에도 불구하고 그 제국은 여전히 그럭저럭 난관을 헤쳐 나아갔고 심지어 인상적인 산업 성장을 기록하기도 했는데, 이는 주로 혁명의 전형적 도화선인 가망없는 전쟁을 운 좋게도 거의 반세기 동안 피할 수 있었기 때문이다. 다른 많은 혁명에서 나타나는 것 같은 임계점은 1905년, 그리고 다시 1917년에 큰 희생과 정신적 충격을 가져다준 군사적 패배와 함께 왔다. 병사들은 그들의 지휘관에 맞서 반란을 일으켰고, 경찰은 해체되었다. 국가 강제력의 붕괴는 오랫동안 억눌려 있던 온갖 반란의 망령들을 풀어놓았다. 시골 지역에서는 격렬한 농민봉기가 일어났고, 대도시에서는 이제 무기를 든 노동자의 무장투쟁이 벌어졌으며, 인뗄리겐찌아는 열정적으로 갖가지 정당들과 비러시아계 민족들의 지방에서 곧 독립정부로 들어서게 될 민족운동들을 조직했다.

이렇듯 국가 질서가 와해된 가운데 볼셰비끼가 권력을 장악했다는 것은 그리 놀라운 일이 아니다. 정작 놀라운 일은 그들이 몇해 뒤에도 여전히 권력을 쥐고 있었다는 것이다. 어떻게 그럴 수 있었는가? 1917년 이전에 볼셰비끼는 무장봉기를 주장하는 작은 인뗄리겐찌아 집단이었다. 불법성과 탄압이라는 상황이 그들 사이에 엄격한 내부 규율, 공동모의의 비밀 유지와 늘 따라붙는 경찰 첩자에 대한 경계의 태도를 낳았다. 그에 상응하는 중국 혁명가들과 달리 볼셰비끼는 게릴라가 아니었고, 대도시 밖에서는 사실상 눈에 띄지도 않았다. 이런 사정이 농민을 더 나은 미래로 이끌고 가야 할 무지한 대중으로 보는 그들의 선입견을 뒷받침했다. 그리고 물론, 대의에 대한 볼셰비끼의 거의 종교적인 헌신은 카를 맑스의 종말론적 비전을 좇았다. 그러나 맑스주의에는 설득력 있는 과학적인 면 또한 있었다. 이 때문에 볼셰비끼는 근대 과학과 산업에 매료된, 유별나게 합리주의적인 이데올로기의 선지자 같은 면모를 띠게 되었다. 이 반자본주의적이고 반제국주의적인 맑스주의 혁명가들은 처음부터 독일의 군사조직, 산업 발전을 위한 국가 계획, 헨리 포드(Henry Ford, 1863~1947. 포드 자동차 회사를 설립한 미국의 기술자·실업가로 조립라인 생산방식과 합리적 경영방식을 도입해 대중용 자동차의 대량 생산을 실현했다)의 생산라인 등 그 적들의 무기를 기꺼이 집어들고자 했다.

집권한 볼셰비끼당은 먼저 자신의 비밀경찰, 즉 많은 혁명적 테러리스트들을 흡수한 악명 높은 체까(Cheka, 정식 명칭은 반혁명 및 싸보따주 분쇄를 위한 전러시아 특별위원회)를 키웠다. 이는 풋내기 국가의 국내 정치 독점을 보장해주었다. 그다음 당은 자신의 적군(赤軍, Red Army)을 창설했다. 내전(1917년 혁명 직후 1922년까지 볼셰비끼의 적군과 반볼셰비끼 세력의 백군 및 이를 원조한 외국 군대들 사이에 벌어진 전쟁)과 외국의 군사 개입의 와중에 군대를 조직하는 것은 볼셰비끼 국가를 보위하는 것 이상이었다. 그것이 본질적으로 볼셰비끼 국가가 되었던 것이다. 사기 넘치고 잘 훈련된 무장한 당(party-in-arms)은 온갖 종류의 후방 지원과 사기 진작을 위한 조직에도 뛰어난 능력을 보여주었다. 그들은 무너지는 산업을 일으키고, 농민들로부터 식량을 징발하고, 또한 인뗄리겐찌아의 계몽적 열정으로 박물관, 극장, 읽기·쓰기 교육과정, 대학을 개설하는 등의 활동을 펼쳤다.

하지만 볼셰비끼 국가 건설에서 한가지 중요한 양상은 다언어제국에는 전례가 없는 것이었으니, 그것은 곧 쏘비에뜨연방을 구성하는 민족공화국들이었다. 다면적인 내전은 민족, 인종, 종교의 경계를 뛰어넘는 정치적·군사적 동맹을 이뤄냄으로써 승리를 거두었다. 1919년의 한 결정적인 에피소드에서 안똔 데니낀(Anton Denikin, 1872~1947. 러시아제국의 육군 장성 출신으로 1917년 제정 붕괴 이후 꼬르닐로프의 참모장으로 그의 쿠데타에 가담하고 10월혁명 이후 반볼셰비끼 의용군을 조직했다) 장군이 이끈 반혁명 백군은 맑스주의가 일종의 지하드(jihād)라는 신념으로 볼셰비끼와 동맹한 무슬림 체첸(Chenchen, 까프까즈 산맥 남동부의 이슬람 지역. 1859년 러시아제국에 병합되고 1920년 소련에 자치공화국으로 편입된 이후 분리독립을 꾀했다)의 전사들에게 배후에서 공격당했다. 까프까즈의 무슬림 반군이 정치적으로 순진하게 보였을지도 모른다. 하지만 비러시아계 주변부에게 볼셰비끼는 그들 자신의 관점에서도 진정으로 발전을 의미했다. 레닌주의 민족정책은 민족 단위 공화국들을 제도화했고, 이런 공화국에서 그 민족 출신 간부들은 승진 기회에서 우대받았으며, 상당한 재원을 투입해 근대적인 민족문화 기관들, 즉 동일하지만 특히 비러시계 민족들을 위한 학교와 대학, 박물관, 영화 스튜디오, 오페라단과 발레단 등을 세울 수 있었다.

러시아 내전에서 볼셰비끼의 승리는 그 자체로 대단한

위업으로, 단순히 혼란으로부터 국가 질서를 창출해낸 것으로 그 의미가 축소될 수는 없다. 그 교훈은 오히려 혁명에 감화된 수백만명의 감정 에너지를 동력화하고 지도한 광범한 구조들을 빚어냈다는 데 있다. 이 젊은 남녀 대중은 새로운 쏘비에뜨 제도 아래서 홀연히 기술 교육 및 승진으로 자신들의 생활기회가 극적으로 확대된 것을 체험하게 되었다. 일단 1930년대 초에 신산업 및 신도시 건설 사업이 어마어마한 규모로 시작되자 사회적 이동의 기회가 수직에 가깝게 상승했다. 지독한 내핍 생활, 정치적 테러, 비인간적인 작업량에도 불구하고, 산업화와 제2차 세계대전은 또한 현대적 면모의 광대한 국가에 의해 생성된 새로운 정체성과 생활양식을 지닌 애국적 쏘비에뜨 시민들의 대중적 지지기반을 마련해주었다. 전통적인 공동체, 교회, 그리고 가부장제적 확대가족의 해체는 수백만명의 젊은 남녀를 현대 사회의 넓은 세상으로 자유로이 나아갈 수 있게 했다. 전혀 다른 규모로, 그 효과는 (쏘비에뜨의 소설과 영화에서 떠받든) 뾰뜨르 대제가 단행한 18세기의 서구화와 닮은꼴이었다. 뾰뜨르의 절대주의는 귀족의 등급을 늘리고 신흥 엘리뜨에게 충분한 봉직 기회와 이데올로기적 확신, 그리고 서구화된 생활양식을 부여함으로써 그 자신의 시대에 성공을 거두었다. 쏘비에뜨 시대에는 러시아인이든 비러시아계 민족이든 농민의 자식들은 최신 기계의 조작법을 배울 수 있었고, 상수도와 전기 시설을 갖춘 국립 아파트에 입주할 수 있었으며, 소련제 새 시계와 라디오를 장만하고, 공산품으로 나온 핫도그, 콩 통조림, 마요네즈 쌜러드, 아이스크림(이것들은 본래 미제 수입품이었으나 곧 진짜 국산품으로 여겨지게 되었다)으로 일터 구내식당에서 점심식사를 할 수 있었다. 국가 주도 산업화는 숙련노동의 부족을 포함해 전반적으로 공급부족 상태인 만성적으로 과열된 경제를 창출했다. 소련은 사실상 하나의 거대한 공장이 되었고, 따라서 그것은 또한 국가가 유일한 고용주로서 요람에서 무덤까지 사회복지를 제공하는 하나의 거대 기업도시가 되어야만 했다.

이런 변화를 지휘한 것은 노멘끌라뚜라(nomenklatura)라는 특별 지명 명부에서 임명된 당 간부들이었다. 결국 노멘끌라뚜라라는 명칭은 무신경한 관료들에 대한 경멸어가 될 것이었다. 하지만 그 첫 세대는 실전에서 단련된 팔팔한 인민위원(commisars)이요 혁명적 카리스마와 '하면 된다'(can-do) 정신으로 가득 찬 비상 관리자들이었다. 이들은 믿기 힘든 역사적 행운—그리고 레닌의 천재성—이 그들을 인류 진보의 전위로 나아가게 했다고 믿었다. 선거 민주주의에서처럼 일시적으로라도 자신들의 정치권력을 잃는 것은 역사의 전진을 배반하는 것이나 다름없었다. 볼셰비끼의 혁명적 포악함과 그들의 계몽적 열정은 많은 시사평론가와 역사가 들에게 도덕적 관점에서 도저히 양립할 수 없는 것으로 보였다. 이같은 공산주의의 두 얼굴은 모두 논쟁의 여지가 없는 사실이다. 인식된 모순이란 하나의 이데올로기적인 착각이다. 러시아혁명은 농민층이 지배적인 광활한 나라 위에 꽤 엷은 층의 급진적 인텔리겐짜아를 올려놓았다. 획기적인 변혁을 시도한 이 활동가들은 전기(電氣)와 세계의 진보를 열렬히 믿었지만, 최근의 내전을 통해서 승리한 그 당을 신봉하고 소중한 모제르(Mauser) 권총에 의지하는 법 또한 알게 되었다. 요컨대, 러시아의 혁명가들은 선례가 없는 카리스마적 관료가 됨으로써 그들의 투쟁에서 승리를 거두었다. 이 전투적 개발주의자들은 20세기의 이데올로기적·정치적·군사적·경제적 제도를 단일한 독재구조로 융합시켰다. 그 구조의 정점은 결국 높은 대좌(臺座, 지도자 숭배를 뜻함)가 되었다.

스딸린(Iosif Stalin, 1878~1953. 레닌 사후 1924~53년까지 집권한 소련 지도자. 일국사회주의를 주창하며 급속한 산업화와 농업집단화를 강행했으며, 강력한 독재와 지도력으로 제2차 세계대전에서 승리하고 전후 세계질서를 주도했다)의 개성은 어쩌면 현대판 까따꼼의 기독교인이 종교재판소의 대심문관이 되고 더 나중에는 르네상스 시대의 교황이 된 것 같은 그의 놀라운 인생 역정만큼이나 뒤틀려 있었다. 하지만 개성이 지도자 숭배를 설명하지는 못하며, 또한 티토(Josip Broz Tito,

1892~1980. 구 유고슬라비아연방의 대통령. 제2차 세계대전 때 독일에 대한 저항운동을 이끌었으며 해방 후 이른바 티토주의라는 독자적인 사회주의 노선을 추진했다)의 유고슬라비아, 마오 쩌둥(毛澤東, 1893~1976. 중국공산당 지도자로 장 제스蔣介石와의 내전에서 승리하고 1949년 중화인민공화국 정부를 수립한 뒤 토지개혁과 대약진운동 등 급진 개혁을 강행했다. 1966년부터 문화대혁명을 일으켜 독재권력을 확립했다)의 중국, 꾸바처럼 스딸린이 직접적인 장본인이 될 수 없는 많은 상황에서 벌어진 숙청을 설명하지도 못한다. 아니, 이 점에 관해서라면 1985~89년까지 브레즈네프 시대 노멘끌라뚜라의 2/3에 가까운 사람들에게서 목숨은 아니더라도 일자리를 앗아간 고르바초프의 글라스노스뜨(glasnost, 고르바초프가 1985년 소련 공산당 서기장에 취임한 이후 뻬레스뜨로이까와 아울러 추진한 '개방' 정책) 캠페인을 생각해보자. 희생된 관료들의 입장에서 볼 때 모스끄바의 지령에 의한 민주화는 또 하나의 참혹한 숙청과 다를 바 없었다. 곧 살펴보겠지만, 이러한 자각은 1989년 이후 국가를 파멸시키게 될 쏘비에뜨 노멘끌라뚜라의 필사적인 방어와 파괴의 반응들을 설명하는 데 큰 도움이 된다. 모든 위대한 공산주의 지도자들/악당들은 정치적 탄핵 캠페인을 주기적으로 부추겼는데, 이는 좀더 교묘한 통제의 메커니즘을 이용할 수 없었기 때문이다. 비공식 조직과 정보를 차단하면 최고지도자는 그의 휘하에서 일어나는 일들에 깜

깜하게 되고, 당연히 자신의 명령이 충실히 이행되지 않는 것 같다는 의심을 품게 된다.

레닌주의 체제들의 이 추한 모습은 러시아 문화나 중국 문화 또는 그밖의 어떤 민족의 문화와도 직접적인 관계가 없다. 그것은 틀림없이 카를 맑스를, 어쩌면 심지어 레닌 자신까지도 경악하게 했을 것이다. 하지만 문제는 바로 공산주의 국가들(그리고 덧붙이자면 맑스주의를 따르지 않는 제3세계 전역의 민족주의적 경쟁자들)의 지정학적 기원에 뿌리를 두고 있었다. 이 혁명국가들은 생사를 건 대결 속에서 태어났다. 비상한 민족적 동원이 최상의 군사적·정치적·경제적 영도자를 요구했기에 그들 정상에 위대한 지도자가 등장했다. 마침 이 지도자들의 천재성은 사실 같지 않은 그들의 위대한 승리에 의해 분명해지는 것 같았다. 나뽈레옹 보나빠르뜨는 정말이지 20세기의 모든 혁명가 황제들에게 역사적 원형으로 구실했다.

러시아처럼 광대한 나라일지라도 단일한 국가를 장악한 혁명은 곧바로 국가간 적대로 치닫기 일쑤다. 이런 까닭에 혁명이 성공하고 나서 대외 전쟁이 뒤따르는 전형적인 사태가 전개되는 것이다. 혁명적 변혁은 보수적인 현상태를 유지하려고 하거나 아니면 제3제국(나치스가 집권한 1934~45년 기간의 독일제국)처럼 정복 및 절멸 전쟁을 통해 세계를 개조하려는 다른 국가들과의 군사적 대결을 야기했다. 20세기에 공산주의 국가들의 등장은 좌파 세력의 주요한 위업이었다. 그러나 공산주의자와 민족해방운동가 들이 권력을 장악하는 데 끔찍한 전쟁을 치러야 했던 사정으로, 그들의 체제는 처음부터 억압적인 성격을 띠었고 제도적 결함을 안게 되었다. 20세기의 혁명가들에게는 그들이 쟁취한 반체제 성과들을 수호하고 공고히 하고자 한다면 그밖에 다른 행동방침은 존재하지 않았다. 군국주의를 억제하기 위한 강력하고 합리적인 논거가 필요하다면 바로 거기에 있었다.

소련은 정말로 사회주의적이었나, 아니면 오히려 전체주의적이었나? 지나치게 이데올로기적인 이런 추상적 질문은 현실을 설명하는 데 쓸모가 없다. 과거에 그것의 실제 모습은 특이한 이데올로기와 비범한 산업화의 결과로 이룩한 가공할 군사지정학적 지위를 지닌 거대한 중앙집권 국가였다. 세계의 반 주변부로서는 독특하게 강력했던 러시아제국의 지정학적 유산이 우선 이같은 국가의 존속을 가능하게 했다. 그런 구조적인 유산은 또한 농민층을 수탈하고 최신 군사력을 구축하는 데 전력하는 국가 주도의 강제 전략을 제시해주었다.

쏘비에뜨사회주의공화국연방은 속속들이 현대적이었고 그들 자의식상으로도 현대주의적이었다. 그것은 군사 기계화, 조립라인(assembly line) 산업, 계획도시, 대중

교육 및 사회복지, 스포츠와 오락을 포함한 표준화된 대량 소비 등 그 시대의 선진 주력기술을 성공적으로 도입했다. 미래주의가 유행한 1920년대 이후 볼셰비끼는 또한 고전 음악과 발레, 그리고 제정기 인뗄리겐찌아로부터 이어받은 문학을 새로운 대중문화로 재활용하고자 했다. 결국 스딸린주의 국가는 여러 면에서 진정 제국으로 보이게 되었다. 하지만 그 수많은 민족을 거의 세 세대 동안 통합할 수 있었던 쏘비에뜨연방의 능력은 모르긴 몰라도 진보적이고 현대적인 것이었다. 소련은 사회적 약자 우대정책(affirmative action)을 개척했고, 그 의도의 진정성을 발전과 광범한 포섭으로 입증했다.

그 당시 우방과 적을 가릴 것 없이 많은 관찰자들은 경제계획과 사유재산 철폐에 입각한 이러한 성취가 결국 사회주의에 도달한 것임을 인정하는 기류였다. 이같은 국가권력의 집중은 20세기 내내 대단히 성공적으로 보였기에, 다양한 범주의 개발주의·민족주의 체제들이 쏘비에뜨의 이 주요한 특징을 모방하거나 재창안했다. 역사적 굴욕을 청산하고 세계 속에서 더 낫고 더 강한 지위를 주장할 수 있기를 요망하던 예전의 여러 제국, 이를테면 중국, 유고슬라비아, 베트남 같은 공산주의 빠르띠잔 국가들, 그리고 민족주의를 표방한 터키와 더 나중에 이슬람 민족주의라는 특유한 반체제적 이데올로기를 채택한 이란 등이 바로 그런 예다. 심지어 저항적인 약소국 꾸바와 냉전시대에 그 반대 진영에 있던 가장 특이한 국가 이스라엘조차도 '요새 사회주의'의 특징들을 채용해 저항적 민족주의의 다양성을 더욱 늘려놓았다.

이 국가들은 모두 적대적인 지정학에 직면해 있었다. 초기의 혁명적 낭만주의 시기가 지나고, 세계체제의 구조적 현실은 어려운 정책적 선택들과 함께 다가왔다. 자발성인가 규율인가, 이상주의자가 될 것인가 집행자가 될 것인가, 대중을 고취할 것인가 농민을 강제할 것인가, 고립의 위험을 무릅쓰고 이데올로기적 순수성을 지킬 것인가 거북하지만 국제협력으로 나아갈 것인가. 공산주의자들이 세계 무대에서 진지한 경기자가 되고자 했다면 유효한 반응은 기회주의적인 현실정치여야만 했다. 이데올로기적 선언들에도 불구하고 공산주의 국가들은 자본주의 세계체제를 결코 완전히 떠날 수 없었다. 사실 갈등이란 작은 집단 수준에서건 국가 수준에서건 사회적 네트워크에서 가장 강력한 종류의 유대 가운데 하나인 것이다. 핵심부 자본주의 국가들은 모스끄바에 줄곧 주된 관심의 대상이자 준거였다. 1945년 이전의 독일과 그후의 미국이 제기한 주요한 군사적 위협이 쏘비에뜨에 공업과 과학의 우선권을 지시했다. 그러나 서구는 또한 주로 원자재 수출로 얻은 소득으로 선진 기계류와 명품들을 사들이는 데 있어 매우 중요한 공급원이었다. 공산주의적 대안을 둘러싸고 한때 끝없이 이어지던 논쟁들은 모든 공산주의 국가가 이런저런 방식으로 마침내 자본주의로 전향했다는 사실로 결국 끝을 맺었다.

성공적인 발전의 댓가들

이런 사실은 우리를 랜들 콜린스와 이매뉴얼 월러스틴의 오래된 예언으로 되돌아가게 한다. 공산주의의 임박한 종말을 예견할 수 있었던 그들의 능력은 판이한 이론들에서 나왔고 서로 다른 과정에 중점을 두었으니, 즉 콜린스에게는 지정학적 과대 확장이 그것이었고, 월러스틴에게는 자본주의 세계경제의 구조적 압박이 그것이었다. 하지만 이들의 예언은 흥미로운 방식으로 서로의 예언을 보완했다. 콜린스는 과대 확장에 따른 쏘비에뜨의 딜레마에 대한 두가지 극단적인 결론을 제국의 해체 아니면 최후의 총력전으로 보았다. 월러스틴은 빠리-베를린-모스끄바 축을 중심으로 부상하는 경제·군사 블록에서 제3의 가능성을 보았다. 이 씨나리오는 샤를 드골(Charles de Gaulle, 1890~1970. 제2차 세계대전 때 프랑스 망명정부를 수립해 레지스땅스를 지도했으며, 전후 프랑스국민연합을 조직하고 1959년 제5공화국 대통령에 선출되어 '위대한 프랑스'를 외치며 독자적인 자주외교를 추구했다)의 오랜 야망에, 그리고 1970년대 독일의 신동방정책(Neue Ostpolitik, 1969년 빌리 브란트Willy Brandt 정권에서 시작한 동유럽 공산국가들과의 관계정상화 정책)의 희망에 찬 정신과 분명히 부합했다. 분석해보면, 월러스틴의 아직 실현되지 않은 예언은 한가지 중요한 반사실적 가정(counterfactual)으로 우리의 관심을 이끌어간다. 그것은 미하일 고르바초프의 뻬레스뜨로이까를 성공할 수도 있었을 하나의 가능성으로 상정한다. 그런데 이런 반사실적 가정은 재건된 러시아와 유럽연합이 가까운 장래에 하나의 군사·경제 블록을 형성할 구조적 이유들이 있을 수 있음을 함축한다. 하지만 콜린스와 월러스틴의 과거 예언들은 변동하는 사회적 역관계, 구체적인 메커니즘, 관찰된 역사적 결과와 무산된 역사적 결과에 이르는 사건 연쇄들과 관련해 채워야 할 공백이 많은 추상적인 스케치이다.

랜들 콜린스는 1914~45년에 이르는 동안 러시아의 숙적들을 대부분 제거해버린 지정학적 대혼란의 동역학을 미래로 연장함으로써 그의 예언을 이끌어냈다. 1945년 이후 복잡한 다극체제로부터 단 둘의 이데올로기 진영이 대립하는 냉전시대 양극체제로의 세계 지정학의 전면적인 단순화는 소련을 초강대국으로 바꾸어놓았다. 그러나 이러한 지위는 또한 전례 없는 규모로 비용과 부담을 떠안게 했다. 1980년에 랜들 콜린스가 판단한 바에 따르면 미국과의 지속적인 대립 속에서 소련은 이미 동맹국들을 통제하고 대외 경쟁자들과 대결하는 비용을 더이상 감당할 수 없는 임계점에 도달해 있었다.

한가지 중요한 추론으로, 이와 같은 모델은 중국의 경제적 번영에 대한 잠재력을 예측게 한다. 당시에는 유별난 의장 마오 쩌둥에 의해 영도되는 이 거대한 아시아적 빈곤의 저수지를 예의주시한 사람이 거의 아무도 없었다. 하지만 초강대국 사이에 벌어진 대결의 부수효과는 중국을 지정학적 림보(limbo, 천국과 지옥의 경계로 그리스도 이전의 족장들과 세례받지 못하고 죽은 아이들이 사후에 머문다고 믿어진 곳)와 같은 운 좋은 상황 속에 둔 것이다. 1970년대 말에 이르러 동아시아의 이 괴짜 공산주의 국가는 그 지정학적 비용이 쏘비에뜨의 비용에 비해 미미한 것으로 보이는, 갑갑하지만 그래도 안정된 국가간 정세에 놓이게 되었다. 그 덕분에 중국 지도자들은 1945년 이후 일본 지도자들과 마찬가지로 그 당시 그들 지역에서 가장 분명한 길, 즉 미국의 소비시장에 의존하는 수출지향적 산업화를 통해 국력과 국위라는 국가 목표를 추구할 수 있었다.

이매뉴얼 월러스틴은 오래전부터(그리고 매우 논쟁적으로) 공산주의 국가들을 파업 기간 중 노동조합이 점거한 공장에 비유하곤 했다.[2] 만일 노동자들 스스로 공장을 가동하려 한다면 그들은 어쩔 수 없이 자본주의 시장의 규칙들을 따라야만 한다. 노동자들은 물질적 보수의 더 나은 분배를 이룰 수는 있을지 모르지만 평등이나 민주주의를 이룰 수는 없을 것이다. 노동조직자들 가운데 더 앞선 '현실주의자'가 외부 시장의 압력들을 그럴싸하게 내세우며 생산 규율을 다시 부과할 것이다. 복잡한 조직에서 '과두지배의 철칙'에 따르면, 경영적 판단을 내리는 한정된 집단이 다수집단으로부터 자신들을 분리하고 새로운 지배엘리뜨로 변모하는 것은 예정된 일이다. 이데올로기의 증기가 가마솥에서 완전히 빠져나가기까지는 시간이 걸릴 것이다. 그럼에도 불구하고 경영자로 변모한 예전 조직자들이 현실을 호도할 필요를 더이상 느끼지 않는 순간이 오기 마련이다. 그때 공장은 정상적인 자본주의 기업으로 되돌아갈 것이고, 경영자들은 그들의 지위를 이용해 이익을 챙기려 할 것이다. 어찌 보면 그것은 조지 오웰의 『동물농

---

2 이매뉴얼 월러스틴은 여러 논문과 책들을 통해 세계체제의 시각에서 소련에 대해 논의한다. 1973년에 발표된 그의 시론적인 논문 "The Rise and Future Demise of the World Capitalist System", reprinted in *Essential Wallerstein* (New York: New Press 2000) 71~105면을 참조하라. 또한 1991년 봄(즉 소련의 붕괴 이전에) 조반니 아리기(Giovanni Arrighi), 테렌스 홉킨스(Terence Hopkins)와 함께 쓴 월러스틴의 논문 "1989, The Continuation of 1968," *REVIEW* 15,2 (1992) 221~42면을 참조하라.

장』의 사회학적 버전이지만, 월러스틴의 분석은 명료하고 논리적으로 구조적 조건과 인과의 연쇄를 구체적으로 명시했다. 또한 그는 한가지 중요한 정치적 경고를 덧붙였는데, 즉 자본주의 세계체제 전체가 자본축적이 더이상 지상과제가 아닌 다른 역사적 체제로 대체되지 않는 한 어느 한 나라 또는 한 공장에서의 사회주의는 존속할 수 없다는 것이다.

자본주의를 노조가 통제하는 공장에 빗댄 월러스틴의 비유법은 실제로 관찰된 사실들에 근거를 둔 것이다. 쏘비에뜨 지도자들은 일찍이 1953년에 그들의 이데올로기적·군사적 지위를 서구와의 경제적 통합과 바꾸려고 했다. 스딸린 사망 직후 비밀경찰의 무시무시한 총수 라브렌찌 베리야(Lavrentii Beria, 1899~1953. 스딸린과 같은 그루지야 출신으로 신임을 얻어 내무인민위원으로 비밀경찰을 관할했으며, 스딸린 사후에 처형되었다)는 강제노동수용소(gulag) 재소자들에 대한 최초의 대대적인 석방을 명령했으며, 동독에서 철수할 뜻이 있다는 모스끄바의 의중을 서방에 내비쳤다. 이 단명한 에피소드는 한가지 묘한 가능성을 시사한다. 베리야는 매우 냉소적인 기회주의자로 알려졌지만 또한 냉혹한 경제 경영자로도 알려져 있었다. 만일 그가 성공했다면 공산주의는 훨씬 더 일찌감치 끝났을 공산이 크다. 베리야라면 아마도 쏘비에뜨의 산업과 새로 교육받은 노동력이 한창

때로 접어든 시기에 그의 동무들에게 자본주의 이윤을 나눠갖도록 선별적으로 허용하는 독특한 개성의 독재자로 통치했을지도 모른다. 이는 마오 쩌둥 사후 중국의 시장 회복을 능가할 수 있었을 것이다. 오늘날 멋진 소련제 볼가(Volgas) 승용차를 몰고 보스또끄(Vostok) 시계를 찬 서구의 소비자들을 상상해보라. 그러나 1953년 시점에 독일 통일은 서방 동맹 측의 입장에서 대체로 마뜩지 않은 제안이었고, 게다가 당시 유럽은 수십년 동안의 전쟁과 침체 끝에 자체의 근면하고 숙련된 노동자들이 풍부해진 터였다.

역사적 현실에서 베리야는 체포되어 공산당 정치국의 경쟁자들에 의해 처형당했다. 그것은 비밀경찰의 손아귀에서 두려움과 굴욕에 싸여 있던 당 관료와 군 사령관 들의 복수였다. 1956년 쏘비에뜨의 새로운 지도자 니끼따 흐루쇼프는 스딸린의 범죄행위들을 비난했다——그리고 이런 경솔한 행보 이후에도 쾌히 건재했다. 그는 1964년 수직적으로 통합된 거대 산업부처들, 말하자면 쏘비에뜨식 경제법인들에 포진한 비타협적 관료제의 요새들을 해체하려고 시도한 직후에야 실각할 터였다. 노멘끌라뚜라 간부층은 확실히 제한된 범위에서 탈스딸린화를 원했다. 하지만 일단 관료사회가 종신 임기, 적지 않은 부수입, 다소 느슨한 업무 강도 등 관료제의 낙원을 성취하자 그들은 변혁을 중단시키고자 했다. 그리하여 산업화에 박차를 가한 1930

년대로 거슬러올라가는 경제부처들의 복지부동 지휘조직이 근본적으로 변하지 않은 채로 그들 조직을 영구화했다. 1991년 쏘비에뜨의 붕괴 이후에도 그 일부는 살아남아서 공산주의 이후의 자본주의에 엄청난 부의 집중과 부패한 내부자 정치라는 과두적인 성격을 도드라지게 만들었다.

관료기구의 자체 법인화(self-incorporation)의 댓가는 스딸린 사망 직후에 이미 드러나고 있었다. 중앙통제경제(command economy)는 자원의 할당을 결정하는 최고 지휘관이 있어야만 한다. 이런 사람이 없을 때 중앙정부는 유력한 부처들과 영역정부들의 공동 로비활동 속에서 관료제의 관성에 빠지고 만다. 계획이냐 시장이냐, 그 장단점에 대한 해묵은 경제학 논쟁은 시간을 초월한 가정, 그러므로 그것들이 상호 배타적인 이데올로기적 선택의 문제라는 잘못된 가정에 입각한 것이다. 계획경제, 좀더 정확히 말하면 중앙통제경제는 전시나 재난복구 기간 또는 산업화의 도약기처럼 대규모 규격화 생산의 기적을 필요로 할 때 단기적으로 더 효과적일 수 있다. 반면에 다변화되고 유연한 적응을 필요로 하는 더 장기적이고 정상적인 기간에는 중앙통제경제 모델은 적합하지 않다. 하지만 감히 누가 시대에 뒤떨어진 그 거대기업을 해체하자고 제안할 수 있었겠는가? 그것은 제1차 5개년계획(1929~33)의 자랑이고, 게다가 공교롭게도 그 최고 경영자들이 공산당 중앙위원회의 투표위원들인데 말이다. 이것이 바로 1964년 니끼따 흐루쇼프를 실각시킨 원인이었다. 쏘비에뜨 집행부와 이데올로그들은 신자유주의 시대에 자본주의 진영의 상대방이 공공재산 및 규제를 점점 더 참지 못하게 된 것처럼 점점 더 시장 관념을 참지 못하게 되었다. 하지만 산업계 및 정치계 우두머리들의 비타협적인 태도에는 정통 이데올로기보다 더 깊은 이유들이 있었다. 대체로 그것은 만일 공개적인 토론과 경쟁이 허용된다면 필시 더 나은 교육을 받고 더 정력적인 젊은 세대의 하급자들에게 상급자들이 자리에서 밀려날 것이라는 두려움이었다.

쏘비에뜨 공산주의 말기에 나타난 주된 갈등은 이제 둔중하게 관료화된 노멘끌라뚜라와 교육받은 전문직 및 창조적 지식인들의 신진 중간계층 사이에서 벌어졌다. 낭만주의적인 '60년대 세대'(Sixtiers, 1925~50년 사이에 태어나 1960년대에 정계와 문화계에 진출한 소련의 신세대 인뗄리겐짜아 집단을 일컫는 말로 스딸린 독재에 대한 반감과 자유주의적·낭만주의적 성향을 띠었다)의 신진 청년 그룹들이 계획경제, 고등교육, 문화를 담당하는 국가 기관들의 중·하층에서 등장했다. 말뜻 그대로 이들은 쏘비에뜨 현대화의 자녀들이었다. 젊은 전문직 종사자들의 독특한 이데올로기는 1956~68년 사이에 세계 도처에서 등장한 신좌파(New Left) 운동의 한 갈래였다. 한참 더 지나서 고르바초프의 뻬레스뜨로이까가 위기에 처한 때에 가서야 젊은 층의 반관료제적 욕구불만은 신자유주의의 개인주의 철학 속에서, 또는 그들의 종족적 민족주의에 대한 추종 속에서 사뭇 다른 양상으로 표출될 것이었다. 쏘비에뜨 블록의 공식적인 반체제 이데올로기는 이렇게 젊은 반란자들에게 서구의 체제 이데올로기를 받아들이도록, 그것도 양극화 논리에 따라 가장 극단적인 버전의 것들을 받아들이도록 권유했다.

이런 과정이 문화 부문에서만큼 그렇게 힘차게 나타난 사회적 무대는 없었다. 공식적인 정통 이데올로기가 '사회주의 리얼리즘'을 명한다? 그럼 그들에게 엉터리 코메디와 심령론적 신비주의를 보여주라! 노멘끌라뚜라가 인민들 사이의 우애를 찬양한다? 그럼 지역적 민족감정을 토로하라! 문화부가 음악과 미술에서 고전주의적 전범(典範, canon)을 강요한다? 그럼 추상주의 미술, 재즈와 록 음악을 창작하라! 독재권력으로 처신하기를 그만둔 노화하는 독재체제가 젊은이들의 짓궂은 장난과 도발의 완벽한 표적이 된 것은 물론 아이러니다. 스딸린 정권의 숙청 막바지에 형성된 순종적이고 이제는 경직된 쏘비에뜨 관료 세대는 이전 세대 볼셰비끼와 마찬가지로 이와 같은 우상파괴적 열정을 결코 받아들일 수 없었다.

인뗄리겐찌아 사이에서 군림할 수 없었던 것과 마찬가지로, 말기의 쏘비에뜨 체제는 노동자들을 노동하도록 하는 데에도 실패했다. 직접적인 이유는 정치적인 것이었다. 그들 자신의 안녕을 위해서 비밀경찰을 이용해 통치해왔 기에, 노멘끌라뚜라는 어떠한 방식이든 대중 억압의 끈을 조금도 늦출 생각이 없었다. 그동안 팽창하는 산업경제는 실업이라는 통제의 채찍을 쓸 수 없게 만들었다. 쏘비에뜨의 경영자들은 계획상 할당된 과업을 완수해낼 노동이 필요했고, 사실상 노동자들은 더 나은 조건을 위해 교섭할 수 있었으며, 특별 공급을 받는 모스끄바나 보수가 후한 씨베리아 산업지대 같은 어딘가에서 그런 조건을 찾을 수 있었다.

그러나 쏘비에뜨 노동자에게 더 많은 교섭력을 가져다준 단연 최대의 구조적 요인은 인구학상의 변화였다. 중앙 러시아의 마을들은 인력이 유출되어 고갈된 상태였다. 자연스럽게, 이런 상황은 여성의 사회적 역량을 상당히 향상시켰다. 그동안에 도시와 산업 고용, 교육이 돌이킬 수 없이 그들의 생활양식을 바꾸어놓았고, 여성의 출산율은 단한 세대 만에 곤두박질쳤다. 노동력 부족 사태는 러시아역사상 전례 없는 것이었다. 짜르들은 물론이고 스딸린조차도 언제나 농민 노동력과 병력자원의 일견 끝없는 공급에 의존할 수 있었다. 농민들을 노동자로 탈바꿈시킨 것이야말로 쏘비에뜨 문명의 개가였다. 그것은 또한 농민층의 희생으로 엘리뜨들을 부양하고 서구와 군사적으로 대적해온 수세기에 걸친 러시아 전통과의 결별을 의미했다. 상대적인 인구 부족이 전통적인 전제정치의 지반을 무너뜨린 것이다.

쏘비에뜨 산업사회의 형성과 새로운 인구학적 동력은 이제는 구닥다리가 되고 만 군사화된 쏘비에뜨 산업주의 구조를 혁신할 두가지 구조적 전제조건을 조성했다. 하지만 겨우 첫걸음을 뗀 민주화가 전제적인 노멘끌라뚜라를 제압할 수 있으려면 제3의, 명백히 정치적인 조건이 필요했다. 그것은 자유주의적 인뗄리겐찌아 및 전문직 종사자들과 최근 발언권이 신장된 노동 사이의 동맹이었다. 실제로 이런 종류의 광범위한 민주주의 동맹은 이미 1968년 체코슬로바키아와 1980년 폴란드의 폭발적인 민중동원에서 그 위력을 입증한 바 있었다. 스딸린 이후의 체제들은 좌파적 민중봉기의 위험 앞에 극히 취약하게 보였고 실제로 그렇게 느꼈는데, 왜냐하면 엄청난 폭력으로 사회운동의 도전에 대처할 그들의 이데올로기 및 강제력 자원을 상실했거나 아니면 자발적으로 포기했기 때문이다. 하지만 성숙한 산업사회의 계급갈등은 고전적 맑스주의의 통념과는 반대로 양자 간의 문제가 아니었다. 오히려 그것은 쏘비에뜨 법인의 경영진, 자유주의적 인뗄리겐찌아, 노동자의 삼각관계로 전개되었다. 그러므로 노멘끌라뚜라에게 최선의 선택은 노동자들을 매수하고 그 대신 인뗄리겐찌아를 희생시키는 것이었다.

브레즈네프 집권기에 쏘비에뜨 노동자들에 대한 정치적 길들이기는 비용이 많이 드는 두가지 방책, 즉 대중의 소비 증대와 비효율성에 대한 묵인으로 이루어졌다. 노멘끌라뚜라는 기본적으로 노동자들에게는 그들 자신의 만족과 특전을 함께 나누도록 권유하는 한편, 그와 동시에 엔지니어와 지식인 들을 깎아내리고 때론 반체제 인뗼리겐찌아를 '뿌리 없는 세계시민주의자'로 매도했다. 1970년대 오일달러의 횡재는 이와 같은 보수적인 복지 협약의 비용을 20년 넘게 너끈히 떠받쳐주었다. 한편 그것의 진정한 비용은 물질적인 면에서의 평가를 무색게 한다. 악명 높은 알콜 중독과 남성 사망률, 그리고 쏘비에뜨제 상품의 형편없는 품질과 아울러 작업장에서의 좀도둑질, 이 모든 것은 역동성의 상실과 널리 퍼진 냉소주의의 병리적 결과들로 간주되어야 마땅하다. 브레즈네프가 집권한 '몇십년의 정체기'(실제 브레즈네프 집권기는 18년이다)를 거치면서 경멸에 이르게 된 것은 그런 결과들에 대한 외면과 젊은이들을 숨막히게 한 사회적 현상유지 정책(immobilism)이었다.

붕괴는 어떻게 불가피했는가?

오랫동안 기다려온 더 젊고 정력적인 지도자 미하일 고르바초프는 스뿌뜨니끄(Sputnik, '위성'의 뜻으로 1957년 소련이 사상 최초로 발사에 성공한 인공위성)와 탈스딸린화 세대에 속했다. 1960년대 초의 이런 성과는 쏘비에뜨 체제에 대한 그의 동료들의 신념을 경험적으로 확증해주었다. 고르바초프는 심지어 60년대에서 환생한 신좌파의 일원으로 여겨지기도 했다. 하지만 그는 또한 권위주의적 권력이 부여된 공직의 틀 속에 단단히 묶이게 되었고, 객관적으로 말해서 그의 목표는 지극히 보수적인 것이었다. 쏘비에뜨 블록을 국가자본주의 체제로 변화시킴으로써 그는 본래 기존 정치구조를 강화하고, 적어도 더 젊은 세대의 노멘끌라뚜라를 외국 지분이 참여하는 거대 산업체의 기술관료적 경영자로 탈바꿈시키고자 했다. 이는 고르바초프의 패기만만한 수사가 그의 잠재적 지지자들을 매우 헷갈리게 만들고, 게다가 마지막 서기장인 그 자신을 결정적으로 헷갈리게 만든 모순이었다. 그 당시 고르바초프가 하는 말이 정말로 그의 진심이라고 믿는 논평자는 거의 없었지만, 자신이 무얼 하고 있는지 이 노련한 기관원이 모를 리가 없다고 모든 이가 생각했다. 공교롭게도 진실은 그와 정반대였다. 수십년 동안 정책토론이 금지된 결과 소련 사회가 팽팽한 긴장감이 돌 만큼 이데올로기적으로 양극화되어 있었던 까닭에, 고르바초프의 정책들은 마구잡이에 아마추어같이 비쳤다. 의례적이고 경직된 당의 담화와 반체제 인사들의 추상적인 휴머니즘 사이에는 아이디어와 실천적 해결책의 진공상태가 놓여 있었다. 아마추어 같은 즉흥성이 어떤 중대한 개혁을 모색하는 그 정치지도자에게 남아 있는 것이었다.

그러나 여기서 잠시 고르바초프가 성공했다고 상상해 보자. 그의 정책들의 주요 벡터들을 연장해보면 꽤 그럴듯한 최종 목적지를 알 수 있다. 소련은 제3세계에 대한 광범위한 지원과 관여를 포기하고 동유럽에서 물러난다. 모스끄바의 관점에서 볼 때 이것은, 폴란드와 체코슬로바키아가 곧 통일된 독일과 전략상 중요한 독일의 경제적 동반자인 러시아 사이에 놓이게 된다고 가정하면 그렇게 큰 손실은 아닐 것이었다. 미국과의 군비 축소 협상은 지정학적 부담을 덜고, 그 덕분에 모스끄바는 마침내 군산(軍産)복합체를 재건할 수 있게 된다. 여전히 만만찮은 규모에다 비교적 저임의 숙련 노동력이 배치된 쏘비에뜨의 산업은 정부 중개 계약을 통해서 서유럽의 투자를 끌어들인다(쏘비에뜨의 경영자들은 대략 비슷한 국가조합주의적 state-corporatist 성향을 나타내는 독일, 프랑스, 이딸리아의 상대방에 언제나 직관적인 친근감을 느꼈다). 종전의 공산주의 국가들에서 억눌려 있던 소비수요는 일자리 창출과 결합하여 곧 경제가 뚜렷이 호전된다. 공산당들은 아마도 온건 사회민주주의자들의 집권 다수파와 고립된 소수의 이데올로기적 강경파로 분열될지 모른다. 우랄 산맥에서 대서양에 이르는 유럽 대륙 전체가 단일한 지정학 및 경제 블록으로 통일되고, 거기서 독일은 경제의 엔진으로, 러시아는 노동과 원료, 군사력의 공급자로 구실한다. 이와 같은 상황판에서 미국의 헤게모니는 세계 지정학에서 훨씬 더 빨리 사라진다. 사회민주주의적이고 온정주의적인 (paternalistic, 여기서의 온정주의는 정부의 적극적인 경제 개입을 뜻하는 것으로 보인다) 유럽은 탈바꿈한 소련과 함께 신자유주의적인 워싱턴 콘센서스에 반대할 충분한 이유와 역량을 갖게 될 것이다. 하지만 지정학적으로 그리고 이데올로기적으로 주변화된 미국이 경제적으로도 그런 처지가 되지는 않을 것이다. 유럽의 사례에서 나타나는 활력을 고려해볼 때 워싱턴은 국내 수요를 일으키고 라틴아메리카 및 중국과의 독자적인 무역 블록을 확립하기 위한 적절한 정치적 대책을 마련하고자 부심할 것이다. 이럴 경우 세계가 여전히 자본주의 세계인 것은 틀림없겠지만, 그것은 자본주의적 세계화의 다른 변종, 다른 형태일 것이다.

만일 세계가 이 경로를 밟았다면 고르바초프는 지금 그의 모호한 메시지로 다양한 성향의 유권자들을 기민하게 회유한 정계의 '스핑크스'로 보였을 것이다. 그럼 이 선견지명 있는 실용주의자는 "징검다리 건너듯 한발짝 한발짝 강을 건너" 자본주의적 번영의 기슭으로 그의 조국을 이끌어갔노라고 칭송받았을 것이다. 강 건너기의 비유는 물론 중국에서 나온 것으로, 덩 샤오핑(鄧小平, 1904~97. 마오 쩌둥, 화 궈펑華國鋒에 이어 1981년 실권을 장악한 후 실용주의에 입각한 개혁개방으로 중국의 경제성장을 이끌었다)과 관련된 것이다. 1989년 말까지 또는 더 나중에도 덩 샤오핑은 톈안먼(天安門) 광장의 학살자로 비난받은 반면에, 고르바초프는 민주주의의 옹호자요 유럽 통합의 과감한 기수로 세계적으로 칭송받았다는 것은 염두에 둘 만하다. 하지만 공산주의로부터의 출구를 찾은 중국의 방식과 쏘비에뜨 방식의 차이는 비단 지도자들의 개성과 정치 스타일에만 있었던 것이 아니다. 거기에는 또한 많은 구조상의 차이점들이 있었는바, 그 대부분은 역사적인 유산이거나 우연의 산물이며 대체로 공산주의와는 무관한 것들이었다.

사뭇 다른 두가지 방식으로 1989년은 공산주의에 종지부를 찍었다. 소련은 중국이 솟아오른 것보다 훨씬 더 빨리 침몰했다. 중화인민공화국 역시 공산당 수뇌부에서 불거진 당파적 분열이 베이징 톈안먼 광장과 상징적으로 연관되는 학생운동을 점화한 1989년 봄에 일촉즉발의 상황에까지 다다른 바 있다. 이 학생운동은 같은 시기 소련의 반권위주의운동이나 더 나아가 1968년 서구의 신좌파와 2011년 아랍의 봄에서 드러난 것과 같은 강점과 약점 들을 드러냈다. 이 자발적 항거는 주로 위선적이고 자기 잇속만 챙기는 윗세대를 향한 젊은 세대의 감정적 에너지를 대거 분출시켰다. 그러나 이 운동은 광범위한 자율적 조직과 단기적인 정치적 목표, 그리고 농촌은 고사하고 지방 도시들과도 확고한 연대가 부족했다. 1989년 중국 당 간부들은 일치단결해 이 운동에 반대했는데, 그것은 상층부의 분파주의가 학생들의 투쟁성을 선동한 예전 에피소드, 즉 1960년대 말 극단적 마오주의(ultra-Maoist) 문화혁명이 그들의 기억 속에 아주 생생했기 때문이다. 어쩌면 더 중요한 이유는 중국의 원로 간부들이 ─ 혁명과 내전으로부터 두 세대 뒤에 등장한 전문 기관원들인 고르바초프와 그의 동료들과는 달리 ─ 무장투쟁에 가담했던 노병들이었다는 것이다. 덩 샤오핑 같은 사람들에게는 권력이 총구에서 나온다는 생각이 그저 메타포에 불과한 것이 아니었다.

그러나 톈안먼 시위 진압은 너무 값비싼 이데올로기적 댓가를 치렀다. 시위에 앞장선 학생들은 공산당 자체를 정당화하는 똑같은 이상에 대해 권리를 주장했다. 비록 어느 누구도 처음부터 지금까지 공식적으로 인정하려 들지 않았지만, 좌파 정부에 대한 좌파의 공격이 우파로의 선회를 일으킨 것이다. 사실, 1989년은 중국 공산주의에도 역시 종지부를 찍었다. 집권 중국공산당(CCP)은 위태롭게도 양면적인 그 이데올로기를 슬쩍 밀어내고 대신 실적에 입각한 정당성이라고 부를 수 있을 체제로 이동했다. 이것은 사실상 공산주의 정권들의 정책 목록에 올라 있는 잘 알려진 이동이었다. 이미 1921년에 과거 혁명가들의 전철을 늘 유념했던 러시아 볼셰비끼는 그들이 추진한 시장 주도의 네프(NEP, 1921~28년에 러시아혁명과 내전으로 저하된 국내 경제의 회복을 위해 자본주의적 요소를 제한적으로 도입한 '신경제정책')가 혁명의 전개과정에서 '자동적인 테르미도르파의 복고'(auto-Thermidorean restoration, 프랑스혁명 때인 1794년 7월에 공포정치를 주도한 로베스삐에르 등의 급진 산악파를 제거한 테르미도르熱月 반동을 가리킴)라는 필연적 국면이었음을 부끄러운 듯이 인정한 바 있었다. 다시 말해서 우리는 일시적인 후퇴로 계급의 적들을 앞질러서 우리 스스로를 더 유효적절하게 자유화한다는 것이다. 또한 다양한 시장경제 실험과 선별적인 정치적 억압을 병행한 1960년대 티토의 유고슬라비아와 야노스 카다르(János Kádár, 1912~89. 1956년 헝가리혁명 직후부터 1988년까지 헝가리 사회주의노동당 총비서를 지냈으며 일련의 자유화 개혁을 시도했다)의 헝가리 같은 한때 유명했던 사례들도 빼놓을 수 없다. 소련에서는 과거에 대한 향수와 함께 '몇십년의 호시절'로 기억되는 레오니드 브레즈네프의 평탄했던 통치기조차도 실은 흐루쇼프의 해빙기(1950년대 중엽부터 1960년대 초까지 흐루쇼프의 탈스딸린화 및 평화공존 정책에 따른 정치·경제·문화 등 여러 방면에 걸친 자유화를 가리킴)라는 떠들썩하고 불안정했던 기간에 대한 보수반동의 시기였다. 1970년대에 소련 지도자들은 시장 사회주의에 대한 어떠한 이야기도 입 밖에 내지 않았는데, 그럴 만도 한 게 석유와 천연가스 수출로 들어오는 수입 덕분에 무위험(risk-free) 관료제적 관성의 일시적인 호사를 누릴 수 있었던 것이다.

마오 쩌둥 이후의 중국은 물론 수출할 석유가 거의 없었다. 대신 중국공산당은 근면한 농민과 시골 장인들의 인해(人海), 그리고 중국인의 디아스포라를 통한 시장지식을 바탕으로 최신판 신경제정책을 선택할 수 있었다. 중국 농촌 지역과 수출지대에 시장원리를 수용한 목전의 정치적 이유는 단순명료했다. 즉 농민들로 하여금 그들 자신과 도시에 양식을 공급하도록 함으로써 팽팽한 긴장을 완화한다는 것이다. 이렇게 방어적인 첫걸음을 뗌으로써 중국공산당은 1989년의 정치적 위기를 우회할 수 있게 해준 먼 길로 들어섰다. 여전히 명목상 공산주의 국가인 중국은 기본적으로 냉전시대에 미국 헤게모니의 후견하에 성장한 남한과 타이완 같은 동아시아 반공주의 개발국가들의 앞선 모델을 더 대규모로 재현했다.

무심결에 그렇게 되었지만 다행스럽게 위기를 모면한

중국 공산주의의 예는 쏘비에뜨가 무심결에 당한 재앙의 원인을 밝히는 데 도움이 된다. 전반적으로 그것은 노멘끌라뚜라 쪽에 책임이 있는 집단대응의 거대한 실패이다. 1989년 눈사태처럼 밀어닥친 정치적 사건들은 소련 관료집단 대열에서 공황과 수많은 이탈행위를 불러일으켰다. 자신들의 국가를 실제로 해체한 장본인은 바로 그들이었다—— 비러시아계 공화국의 낭만적 민족주의자들도 아니고, 모스끄바와 레닌그라드(Leningrad, 쌍뜨뻬쩨르부르그의 소련 시절 명칭)의 민주주의적 인뗼리겐찌아도 아니고. 노멘끌라뚜라에 반대하는 반정부운동가들은 그들의 감정적인 호소에도 불구하고 아직 그들 자신의 힘으로 공산주의를 타도할 힘을 결집하지 못한 상태였다. 1989년에, 그리고 1991년에도 여전히 그들에게는 재빨리 대중을 동원하고 추락하는 정치권력을 가로채기 위한 진정한 조직기반이 없었다.

놀랍게도, 소련의 노멘끌라뚜라 역시 위기의 순간에 그들의 자기방어 조치들을 조율할 어떤 합리적이고 포괄적인 네트워크에 의존할 수 없었다. 1985~89년의 뻬레스뜨로이까 기간에 미하일 고르바초프는 니끼따 흐루쇼프를 매장한 관료집단의 반발로부터 자신을 보호하고자 서기장으로서 그의 최고권력을 기민하게 이용했다. 공개적으로 (즉 글라스노스뜨) 그리고 동시에 그가 정통하기로 소문난 기관의 밀실 음모에 의해서 수행된 고르바초프의 공작은 쏘비에뜨 체제의 세가지 제도적 기둥, 즉 공산당, 중앙내각, 비밀경찰을 모두 교란하고 손발을 묶어놓았다. 그러나 1989년 동유럽의 위성 공산주의 체제들을 고르바초프가 불가피하게 희생시킨 것이 궁지에 몰린 노멘끌라뚜라에게 이 크고 변덕스러운 게임판에 걸린 그들의 진정한 이해관계가 무엇인지를 불현듯 드러내주었다. 1989년 이후로 소련의 과두 엘리뜨는 정확히 산업 부문 및 민족공화국들에 포진한 관료집단의 이권 영역에 따라 분열했다. 전설적인 1920년대 이후 처음으로 다양한 정치 당파들이 공산당 내와 그 주위에 등장했다. 그러나 이 당파들은 급속히 확산되는 혼돈 속에서 냉정을 되찾을 시간적 여유가 거의 없었던지라, 진보적이건 보수적이건 가릴 것 없이 모두 단명하고 말았다. 자연스럽게 노멘끌라뚜라에게는 실제로 그들이 아주 도통한 것, 즉 부패와 공모의 풀뿌리 사조직 네트워크들이 남았다. 그 당시 이런 과정은 그야말로 혼돈으로 보였지만, 그럼에도 완전히 마구잡이로 진행된 것은 아니었다.

노멘끌라뚜라는 관료정치의 최고위층을 의미했다. 그렇기 때문에 이들은 위계서열상 모두 종속되어 있고 원칙상 면직될 수 있다. 여느 대규모 관리직 관료조직에서와 마찬가지로 생존의 비결은 언제나 후견 인맥의 내부 네트워크

를 확장하고, 로비의 무게를 더해가고, 이권 영역을 보호
하는 것이었다. 1989년 이후 이같은 생존전략은 전혀 새로
운 규모에서 기회주의적으로 추구되었다. 노멘끌라뚜라
는 서로 교차하는 세가지 위계조직에 존재했으니, 그것은
곧 지역정부(종족 자치령을 포함해), 경제 관련 부처, 그리
고 비밀경찰과 당의 이데올로기 '사찰'(inquisition) 같은
중앙 통제기구들이다. 이 셋 가운데 통제 담당 위계조직이
가장 우위에 있었으나 그것은 또한 사유화하기가 가장 어
려운 조직이었다. 결국 국가 없는 비밀경찰은 하나의 마피
아가 되고, 집권정당 없는 이데올로기 '사찰'은 비죽거리
는 일개 종파로 전락하고 만다. 그에 비해 종전 쏘비에뜨
사회주의공화국연방의 영역적·경제적 단위들은 자기확장
적 분리주의에 더없이 유리한 여건으로 나타났다. 이제 와
서 누가 일국의 대통령을, 또는 희한한 조세 회피처에 자
기 자산을 감춰둔 은밀한 자본가 과두제의 일원들을(소련
붕괴 후 국유재산과 기업의 사유화·민영화 과정에서 각종 비리와 부정
한 수단으로 막대한 부를 거머쥔 소수 우두머리들을 가리킴) 제거할
수 있겠는가?

쏘비에뜨의 산업자산은 심지어 민영화가 법적으로 승
인되기 이전부터 단순하기 짝이 없는 다양한 계획들에 의
해서 사적 지배에 장악되었다(다 알다시피 도둑맞았다는
말의 점잖은 표현이다). 그러는 사이에 민족공화국과 시청

들 또한 미국인들이 '보스정치조직'(political machine)이라고 부르는 성격의 법인재산이 되었다. 역설적이게도 바로 자유주의적 인뗄리겐찌아가 그들의 이데올로기를 정당화함과 동시에 이같은 새로운 전략들을 제의했다. 막 태어나는 '시민사회'(실제로는 으레 수도에 국한된 인뗄리겐찌아의 네트워크)들은 이제 모스끄바와 거기서 횡설수설하다 따돌려진 고르바초프를 우회하여, 독자적으로 서구 자본주의 세계와 손을 맞잡게 될 자유민주주의 체제로 그들 나라를 변화시키기를 열망하고 있었다. 예전의 신좌파 및 개혁 공산주의에서 마거릿 새처의 신조로 넘어간 이 급격한 이데올로기적 표변은 어느 혁명에서나 나타나기 마련인 요구들의 급진화를 반영하는 것이었다. 1989년 이후 반정부운동에 앞장선 인뗄리겐찌아는 자유선거, 국민주권, 시장, 이 세가지를 요구하고 있었다. 이 세가지 요구사항 모두 지배적인 관료체제의 아성을 깨부수는 철퇴요 인민의 발의를 기적적으로 해방하는 수단으로 이해되었다. 그러나 1989년 동유럽 사태를 목격한 쏘비에뜨 여러 공화국의 통치자들은 또한 선제적으로 주권을 선포하는 것이 고르바초프가 추진하는 "간부진의 세대교체"(말인즉 숙청)로부터 자신들의 안위를 지키는 데 도움이 되리라는 것을 깨달았다. 그동안 단행된 조기 선거들은 현직 노멘끌라뚜라로 하여금 종종 목소리는 크지만 이데올로기 면에서 유토피아적인 인뗼리겐찌아를 따돌릴 수 있게 해주었다. 게다가 시장 민영화는 자신들의 일가친척과 심복들에게 두둑이 한몫씩 챙겨준 전현직 대통령들에게 멋들어지게 보답했다.

이전 노멘끌라뚜라의 대거 이탈과 자본가와 민족주의자로의 그들의 아찔한 자기 변신은 국가와 경제구조를 대혼란 속에 몰아넣었다. 무너지는 소련 남부 주변 지역을 따라 종족간 전쟁들이 불길처럼 일어났다. 심지어 중심 지역에서도 공공질서가 무너진 가운데 다급한 노멘끌라뚜라는 목숨을 염려하거나 아니면 난폭한 마피아 사업가들과 더러운 거래를 해야만 했다. 이런 결과들은 고르바초프의 의도를 희화화한 꼴이었다. 그의 목적은 초강대국이라는 강력한 지위를 등에 업고 서유럽의 자본주의 네트워크에 유리한 조건으로 집단편입되는 것이었다. 그러나 이전의 쏘비에뜨 공화국들은 강력한 군사적·국제적 위세, 첨단과학, 공공질서의 이점들을 빠르게 잃어버렸다. 후계 국가들의 극적인 약화는 일체의 국가 주도 산업 발전을 불가능하게 만들었다.

소련은 모든 분야의 공적 활동이 중앙으로 향하는 단일 조직의 산업사회를 발전시켰다. 국가 일체성의 상실은 모든 근대적 제도를 침식했고, 그런 까닭에 사실상 가족과 친지 네트워크 이상의 어떤 수준에서도 공동행동을 할 수 없는 상태가 되었다. 이런 상태는 저절로 계속되는 영속성을 띠게 되었다. 개인적으로 가장 합리적이고 수지맞는 행동방침은 이제 국가 자산을 약탈하고 몇차례 운 좋은 해외 여행으로 빼돌린 약탈물을 외국에서 되찾는 것이었다. 부패한 관리들과 무능한 사법부가 이런 약탈과 사조직의 비호에 필요조건이므로, 통치자들 자신이 그들의 국가를 약화하는 데 깊이 연루되어 있었다. 군사력이나 국내의 저항 운동에 대한 억압 같은 국가권력의 전통적 관심사는 헤게모니 세력인 미국에 의해 관리되는 세계 지정학과 세계 금융제도에서 별로 상관없는 일이 되었다. 종전의 모든 쏘비에뜨 국가들은 그 통치자들의 원시적 독점체제에 허술한 명분이 되어주던 가지각색의 '민족적 특수성'에도 불구하고, 이제 줏대 없이 자기 체제를 시장민주주의로 선언했다.

명망 있고 안정된 직업과 전문직 네트워크로 국가 제도 속에 단단히 뿌리 박은 인뗄리겐찌아, 한때 기세등등했던 그들에게 민영화는 치명적인 타격을 가했다. 자유주의 지식인들, 심지어 사회비평가들조차도 그들 자신이 부끄러울 정도로 궁핍해졌고, 정치적으로 허를 찔렸으며, 또한 그들의 자유주의적·민족주의적 강령들이 비웃음거리로 이용되어 이데올로기적으로 할 말을 잃게 되었다. 게다가 엘리뜨 권력의 전략이 국영산업 생산 및 군사력 강화에서 사설 보안, 상품 수출, 금융투기로 옮아감으로써 공산주의 이후의 과두체제가 나머지 일반 시민과 격리되는 더 한층 부정적인 결과를 낳았다. 전문직 종사자와 노동자 들은 생산적 노동력 및 애국적인 병력자원으로서, 또는 하다못해 유권자이자 납세자로서 그들 공통의 지렛대를 잃어 버렸다. 이미 파산한 공장에서 파업을 조직하는 것이 무슨 의미가 있으며, 국가 독립과 시장 개혁이라는 의심스러운 구호 아래 거리 행진을 하거나 하나같이 다 배신자가 될 정치가들을 위해 선거운동을 하는 것이 무슨 의미가 있는 가? 대중의 활력과 낙관적 기대가 높았던 뻬레스뜨로이까 시기의 분위기는 돌연 시큰둥한 냉소주의, 경제적 곤경과 범죄에 대한 강박, 그리고 외국으로 이주하려는 간절한 희망으로 변했다. 쏘비에뜨 이후의 국가들은 결국 서유럽이라는 약속의 땅 대신에 중동 같은 더 가혹한 현실에 가까이 다가가게 되었다.

예언들과 역사적 경로들

랜들 콜린스와 이매뉴얼 월러스틴은 임박한 공산주의의 종말을 가리키는 구조적 추세를 전반적으로 정확하게 짚어냈다. 콜린스는 팽창의 절정에 이르렀을 때의 쏘비에뜨 세력에 대해 그 지정학적 한계들의 역설을 강조했다. 그는 또한 민족공화국과 위성국가 들에서 그 소속 엘리뜨들이 제국 중앙의 정치적 무능에 대한 반발로 대거 이탈하는 것으로 시작된 갑작스러운 붕괴의 양상을 정확히 예언했다. 그러나 랜들 콜린스의 모델은 그 초강대국의 딜레마에 대한 모스끄바의 대응 속도도, 그 방향도 예측하지 못했다.

월러스틴은 선택 가능한 대안들에 대한 분석을 통해 쏘비에뜨 개혁에서 가능한 최선의 목적지는 범대륙적인 유럽 동맹 아래 타협에 의한 자본주의로의 복귀가 될 것이라고 주장했다. 냉전의 분위기에서 쏘비에뜨 개혁가들 자신을 포함해 사실상 어느 누구도 이런 가능성을 진지하게 예상하지 못했다. 하지만 월러스틴은 소련의 종족적 연방주의와 산업부처들 속에 박혀 있는 제도적 복잡성의 부담을 과소평가했다. 쪼개진 후계 국가들은 비록 더 취약한 주변부의 변종이긴 하지만 여하튼 한결같이 자본주의로 되돌아갔다. 세계 자본주의의 위계질서에 좀더 버젓하게 공동으로 편입하기 위해 초강대국의 이점을 합리적으로 활용하는 대신, 노멘끌라뚜라는 고르바초프의 숙청과 인민 반란의 가능성 앞에서 전전긍긍하며 저마다 과두적 지위를 보호하려고 앞다투어 쏘비에뜨의 자산을 분탕질했다. 월러스틴의 이론은 세계 자본주의에 대한 거시적인 조망으로 해서 기본적으로 올바르지만, 똑같이 그 거시적인 시각 때문에 쏘비에뜨 엘리뜨들이 최선의 역사적 기회를 잡기 위해 공동보조를 취하지 못한 곤혹스러운 정치적 실책을 예견하지 못했다. 이것은 우리에게 따끔한 경고가 되어야 마땅한데, 즉 과두적 엘리뜨들은 특히 제도적으로 분열되고 이데올로기적 선입견에 휩싸여 분별력을 잃었을 때 그들의 이행 과정을 엉망진창으로 만들 수 있다는 것이다.

이데올로기적인 잣대로 쏘비에뜨를 판단한 그 당시의 지배적인 좌파/우파의 신념과 반대로, 콜린스와 월러스틴의 분석은 체제적이고 상대적인 까닭에 전반적으로 올바름이 입증되었다. 바꿔 말해서 그들은 쏘비에뜨 블록을 더 넓은 세계의 일부로 바라보았다. 콜린스는 군사적 지정학의 장기적 규칙성들을 근거로 예측했다. 월러스틴은 자본주의 세계경제의 차원들과 다양한 지역의 엘리뜨가 제각기 선택할 수 있는 정치적 대안들에 초점을 맞추었다. 실은 이 두가지 접근방식을 아우르는 것이 중국이 공산주의로부터 운 좋게 출구를 찾을 수 있었던 구조적 요인들을 가장 적절하게 설명해준다.

러시아 공산주의와 중국 공산주의의 성격과 상이한 결과들을 빚어내는 데에는 역사가 확실히 큰 영향을 끼쳤다. 상공업을 근대적 수준에 가깝게 키우는 데 중세 중국이 했던 선구적인 역할은 경제사가들의 사료 작업을 통해 충분히 실증되었다. 하지만 제국 시대의 중국은 주로 지정학적 이유들 때문에 사상 최초의 자본주의 세력이 되지 못했다.

그것은 주로 내부의 '융화'를 유지하고 유목민족의 침략을 막는 데 노심초사한 한 제국의 인상적인 영속성이었다. 한편 서구에서는 로마 멸망 이후 이런 제국이 출현하지 못했으며, 그래서 서구 자본가들은 처음에는 도시국가 체제로, 나중에는 근대 민족국가로 스스로를 보호하고 통합하지 않으면 안 되었다. 중국제국은 19세기 말에 무너졌지만, 이 일련의 파국적인 사태는 토착적 자본주의를 해쳤을 뿐이다. 중국 기업가들은 이제 국내의 혼란과 서구 열강 및 일본 외세의 지배에 동시에 직면했다. 반란을 일으킨 공산주의자들이 중국에서 승리하기 ─ 그리고 근본적으로 그대로 고착되기 ─ 까지는 격동으로 가득 찬 또 한 세기가 걸렸다. 농민층을 희생시켜 쏘비에뜨 방식의 산업화에 착수하고자 했던 마오주의의 시도(1958~60년의 대약진운동을 가리킴)는 참담한 대기근으로 끝났고, 이어서 10년 동안 당 고위층 내에서 정치적 난타전이 이어졌다. 인재(人災)는 1930년대 소련의 예(스딸린의 농업집단화 강행으로 수많은 농민이 아사하고 처형된 사태)조차 무색게 했으나, 그렇다고 어떤 대규모 산업이나 도시화를 이룬 것도 아니었다. 중국은 반자본주의적 세계혁명을 촉진한다는 이데올로기적 목표는 고사하고 인접 지역에서의 당면 목표조차 이룰 능력이 없었다.

여기서 랜들 콜린스의 지정학 이론은 하나의 감추어진 축복을 밝혀냈다. 중국은 세계적인 그리고 지역적인 힘의 균형 속에 옥죄어 있었다. 하지만 바로 같은 사실이 또한 중국을 냉전 전선에서 열외로 만들었고, 그런 까닭에 이데올로기적인 압력을 줄이고 서구와의 경제관계를 유지할 수 있었다. 중국 간부들은 쏘비에뜨의 노멘끌라뚜라가 1953년 이후 스딸린주의에 대해 그랬던 것 못지않게 급진적 마오주의를 자신들에게 위협이 되는 것으로 간주했다. 게다가 중국의 장구한 역사적 전통은 민중의, 주로 농촌의 경제적 영리활동을 허용함으로써 내부 '융화'를 회복하도록 장려했다. 다행히도 그런 전통은 유산된 스딸린주의적 산업화가 지나간 뒤에도 여전히 살아남아 있었다. 중국의 시장으로의 전환은 또한 분명히 충성스럽고 수완 좋은 수하들의 부정부패 혐의를 소추하지 않고 눈감아주면서 개인적 치부의 기회를 내주는 후견을 통해 지역의 당 간부들을 줄 세우는 데 일조했다. 공산주의는 중국에서 붕괴하지 않았다. 공식적인 공산주의 이데올로기까지도 여전히 '라이트'(lite) 버전으로 살아남았다. 마오 쩌둥 이후 조종키를 잡은 중국 지도자들은 수출지향적 개발국가라는 동아시아의 권위주의 모델을 한층 대규모로 재현한 일단의 구조적 조건들을 마주하게 되었다. 이것이 이매뉴얼 월러스틴의 오랜된 예언, 즉 공산주의자들이 외국 자본과 자국 노동력을 매개하는 실용주의적 조력자로 구실하며 세계 자본주의와 재결합한다는 예언을 실현한 것이다.

자본주의와 그 20세기의 도전들

군사적 지정학은 공산주의에 대한 우리의 분석에서 반복적으로 언급되는데, 그것이 20세기 혁명들을 좌우한 단 하나의 가장 중요한 요인으로 보이기 때문이다. 거듭 강조하거니와 공산주의는 카를 맑스의 사상에서 비롯한 것도, 러시아나 중국 고유의 전통에서 비롯한 것도 아니다. 그것은 한 파멸적인 전쟁(제1차 세계대전)이 지나간 뒤 세계 지정학에서 충분히 방어할 수 있는 지반을 장악하고 기술적으로 향상시킬 기회를 처음으로 찾아낸 특정 좌파, 러시아 볼셰비끼의 성과였다. 그들 자신 프랑스 자꼬뱅파(jacobins, 프랑스혁명기에 혁명적 부르주아와 소생산자층에 기반을 두고 급진적 공화주의를 주장하며 공포정치를 실시한 과격한 정파)의 선례를 의식적으로 따른 볼셰비끼는 구체제를 타도하고 외국의 침입을 격퇴하며 한층 더 넓은 사회적 기반 위에 매우 강력한 새 국가를 건설하기 위해 급진적 인뗄리겐찌아가 어떻게 인민 대중을 고무하고 동원할 수 있는지를 보여주었다.

쏘비에뜨의 본보기는 직접적인 원조를 통해, 아니면 주로 20세기 세계 무대에서 그런 본보기가 현존한다는 것 자체에 의해 급진화된 토착 인뗄리겐찌아가 이끄는 온갖 종류의 애국적 봉기를 성공하게 해주었다. 그 모든 것이 공산주의운동인 것은 결코 아니었지만, 확실히 그 모두는 볼셰비끼가 개척한 전략들 가운데 일부를 채택했다. 그들 사이의 차이는 대개 새로 수립된 국가의 경제적 수용(收用) 정도 여하에 달려 있었다. 국가가 농가에 이르기까지 모든 것을 통제하는 쪽으로 나아간 곳은 어디서든 사회주의 국가가 선포되었다. 외국인 재산과 지주나 매판(買辦) 대상인 같은 일부 현저히 '반계몽주의적'(obscurantist)이거나 비애국적인 소유자들의 재산만 압류한 국가들에서, 그 변혁의 과정과 결과는 민족주의라고 불렸다. 볼셰비끼 혁명의 여진은 서구 자본주의에 의해 굴욕당하고 종속국으로 전락한 예전의 농업제국들에서 매우 거세게 나타났다. 1918년 직후 케말주의적(1923년 터키공화국을 수립하고 초대 대통령으로 터키 근대화의 초석을 놓은 케말 아타튀르크Kemal Atatürk의 공화주의·세속주의·근대화 등을 골자로 하는 개혁사상) 터키와 인도의 영웅적인 독립투쟁에서 1979년의 이란혁명에 이르기까지 제3세계의 민족해방운동으로 알려지게 된 것들이 바로 그런 예다. 이란에서는 1968년 유형의 탈근대적인 학생운동이 샤의 불경한 전제정에 반대하는 도시 빈민과 상인들의 전근대적인 성격의 반란에 불을 붙였다. 하지만 그 결과는 중세 칼리프 체제보다는 쏘비에뜨식 체제에 더 가까운 철저히 근대적인 혁명국가였다. 두차례의 세계대전이 소련의 향배를 결정적으로 좌우한 것과 마찬가지로, 이슬람공화국이라는 그 별난 체제는 필시 반혁명적 목적으로 널리 연합한 외국 세력들의 대리자 노릇을 하던 싸담(Saddam Hussein, 1979년 이후 이라크 대통령으로 미국과의 2차 이라크전쟁에서 패배해 2006년에 처형당했다)의 이라크에 공격당한 이란인들의 거국적이고 애국적인 저항(1979년의 이란혁명 직후인 1980년부터 8년간 지속된 이란-이라크 전쟁을 가리킨다) 속에서 공고해졌다.

2001년 이후 쑨니파 지하드 전사들의 호전성을 둘러싸고 이런저런 난장판이 벌어졌지만, 반체제적 도전들의 커다란 상황판에서 그것은 단지 아프가니스탄과 이라크를 침공한 미국의 대실책 때문에 과도하게 각색된 사소한 여진일 뿐이다. 알까에다는 테러 행위로 '도덕적으로 정화하는' 반란과 외국에 대한 저항을 선동함으로써 전세계에 걸친 지정학적 대결을 추구했다. 그들의 전략은 볼셰비끼로 거슬러올라가기보다는 결국 자살폭탄 전술을 생각해낸 19세기 러시아의 나로드니끼(Narodniki, '인민 속으로Vnarod'라는 구호를 내걸고 농민계몽운동을 벌인 인민주의자들로, 이 운동이 당국의 탄압으로 분쇄된 후 그 일파가 테러활동을 벌였다)로 거슬러올라간다고 보는 것이 어쩌면 더 정확하다. 그리고 과거의 러시아 테러리스트들보다 훨씬 더 지하드 전사들은 대중 반란의 불길을 일으키는 데 정치적으로 실패했다.

한편 핵심부 자본주의 국가들에서 공산당은 한편으로

서구 사회의 굉장한 풍요와, 또 한편으론 사회민주주의라
는 온건한 전술을 유리하게 만든 확고한 의회주의와 맞닥
뜨리게 되었다. 양차 대전 사이의 이딸리아와 에스빠냐,
그리고 특히 독일에서 공산주의자는 곤경에 처한 국가 엘
리뜨와 '성난 보통 사람들'의 쇼비니즘을 모두 동원한 새
로운 종류의 반혁명세력인 파시스트에 의해 잔인하게 저
지당했다. 반체제운동 가운데 파시즘적 변종은 대위기에
뒤따라 다시 출현할 여지가 있으므로 진지하게 다루어야
한다. 1945년 이후 서구의 냉전 이데올로기는 전체주의적
인 악의 쌍둥이로 파시즘을 공산주의와 같은 것으로 취급
했다. 대중선전, 산업기반 전쟁(industrial warfare), 경제계
획, 국가 통제의 기술 면에서 이 두 체제의 수렴은 엄연한
사실이었지만, 그런 기술들은 흔히들 인정하려는 것 이상
으로 20세기 중에 더 널리 보급되었다. 역사가 에릭 홉스
봄(Eric Hobsbawm, 1917~2012. 자본주의, 민족주의, 사회주의를
주제로 근현대사를 연구한 영국의 대표적인 맑스주의 역사가)의 말을
빌리면, 대규모 전쟁 및 경제 불황의 시대는 모든 정부들
(governments)로 하여금 통치(govern)하도록 강요했다. 이
런 경향은 경제계획과 대량 소비, 게다가 경찰의 감시 같
은 새로운 기술들을 어느정도 공유하는 스칸디나비아의
좀더 온건한 사회민주주의 체제들과 앵글로아메리카의 자
유민주주의 체제들까지 에워쌌다. 이는 1930년대의 공공

건축과 전형적인 근육질의 도상(圖像)을 유심히 살펴보는 것만으로도 잘 알 수 있다.

인도적 차원에서 특히 중요한 사안이지만, 실제적이고 상징적인 국가 폭력의 규모는 지정학적 위치와 그로부터 나오는 국내의 혁명적 도전 정도의 편차에 주로 좌우되었다. 앵글로아메리카 민주주의의 지배계급은 유럽 대륙에 있는 그들의 상대편보다 위협을 덜 느끼며, 그런 까닭에 난폭하고 비루한 인종주의자들에게 좌파 혁명가들에 맞서 거리에서 싸우게 하거나 국외 정복지에서 '생활공간'을 획득하기 위해 노력해야 할 압박을 덜 받았다. 혁명 속에서가 아니라 차라리 피의 난장판 속에서 자본주의를 끝장낼 기세였던 히틀러의 극단적 군국주의와 맞붙게 되었을 때 앵글로아메리카의 자유주의자들은 저들의 반대세력인 공산주의자들과 기꺼이 손을 잡았다. 대단하지만 완벽하게 설명되는 20세기의 한가지 역설은 자본주의 세계체제가 공산주의 혁명에 말미암은 쏘비에뜨의 군사적 산업화에 의해 구조되었다는 것이다.

파시즘과 공산주의는 19세기의 경쟁하는 양대 정치사조였던 민족주의와 사회주의가 제1차 세계대전이라는 대격변 속에서 고삐가 풀린 채 급진적으로 고조된 산물이었다. 이 둘은 사무원, 하급장교, 지식인, 노동자, 농민 등 성장하는 사회 하층계급에서 서로 겹치는 대중적 지지기반을 놓고 맹렬하게 다투었다. 두 운동 모두 그 추종자들에게 매우 고양된 자부심과 자율권, 그리고 정당 간부직, 국가 관료직, 군대를 통한 전례 없는 신분 상승의 전망을 가져다주었다. 그 두 운동은 전통적인 귀족체제의 금기들을 깨부수고 있었으며 누구든 자기들 편의 보통 사람으로 인정되면 그들의 신분 상승을 도왔다.

정의와 보통 사람들의 참정권이라는 근대적 이상이 이론상으로나 실제상으로나 하나가 아닌 두가지 상반되는 표현을 가질 수 있었다는 것은 불편한 진실이다. 사회적 평등 및 인류의 일체성으로서의 정의는 으레 사회주의로 불렸다. 그것은 물론 위대한 지적 전통과 불후의 매력을 지닌 원초적 계몽주의의 이상이다. 그러나 정치 차원에서 이런 프로그램을 밀고 나가는 것은 그것이 집단 지위, 지역성, 종교, 인종, 젠더에 따른 사회적 균열들을 가로지르는 까닭에 결코 쉬운 일이 아니었다. 타 집단들에 대해 어느 한 특정 집단에만 특권을 주는 덜 보편적인 관점에서의 정의는 일반적으로 민족주의, 성차별주의, 인종주의, 종교적 근본주의, 또는 이것들의 이런저런 혼합물의 정치로 변환된다. 이 사상들의 지적 전통은 훨씬 더 조잡하다. 그러나 그것들은 대중정치 시대에 흔히 더 효과적인 것으로 드러났다. 지난 두세기에 걸쳐 민족주의는 열정적인, 또는 그야말로 증오에 가득 찬 정치적 동원을 수도 없이 부추겼다. 정말이지 그것은 오늘날 모든 정치강령 가운데 여전히 가장 효과적인 것이다.

공산주의는 파시즘의 태생적 쌍둥이가 아니었다. 그 둘은 이데올로기적으로 정반대며, 20세기 초 제국주의적 산업기반 전쟁에서 등장한 철천지원수 사이다. 다행히도 그들의 지정학적·이데올로기적 전제조건들이 소멸했기 때문에, 공산주의도 파시즘도 이전과 흡사한 형태로 다시 출현할 수는 없다. 그렇다고 해서 미래에 닥칠 어떤 대위기가 정치적 스펙트럼 양쪽에서 강력한 반동을 일으키지 않으리란 법은 없다. 사실상 전통적인 정치적 주류가 일관성을 잃음에 따라 그런 상반되는 반동들이 나타날 공산이 크다. 그러나 이 책의 공동저자들의 과거 예언들이 사실로 나타난 것처럼 그들의 미래 예언들이 옳다면, 우리는 몇가지 예언을 더 해봐도 괜찮을 것 같다.

21세기 자본주의의 위기는 지정학의 영역에서보다는 주로 세계경제의 영역에서 전개될 것이다. 그 결과는 국가연합체들 사이의 세계전쟁보다는 오히려 교육받은 전문직 종사자까지 포함하는 것으로 폭넓게 해석되는 계급투쟁같이 보일 것이다. 게다가 그 투쟁은 우선 민주주의 정치가 강력한 제도적 기반과 사회운동의 장구한 전통을 가지고 있는 핵심부 자본주의 지역들의 문제가 될 것이다. 여기서 쟁점은 국가의 군대나 이데올로기적 준(準)군사조직에 대한 공적 통제보다는 오히려 사적 경제법인들에 대한 공적 통제가 될 것이다. 이주민으로 가득 찬 지구촌 세계에서 계급투쟁은 불가피하게 인종, 종교, 민족성에 따른 갈등을 내포할 것이기 때문에, 한쪽에서는 꼴사나운 외국인혐오증의 반동이 또다시 고개를 쳐들 것이다. 극단적 민족주의들은 필시 근대국가의 권력을 예전 전체주의 체제의 행태를 빼닮은, 게다가 아마도 새로운 과학기술의 경지로 올라간 극도의 강제와 규제에 쏟아부으려 할 것이다. 여기에 커다란 위험이 도사리고 있는 것이다. 그러나 다른 한쪽에서 우리는 정치적 연합체들이 적어도 계몽시대 이후로 근대 세계에서 줄곧 향상되어온 보편적 정의라는 자유주의-좌파의 강령을 중심으로 동원하는 것을 보게 될 것이다. 1945년 이후 저마다 교훈을 체득한 자본가 계급과 사회운동은 모두 국가간 전쟁이든 일국의 내전이든 전쟁 발발 가능성을 억제하기 위해 점점 더 많은 노력을 기울였다. 만일 전쟁을 피할 수 있다면 극좌와 극우 모두의 폭력혁명과 독재 또한 21세기에 피할 수 있을 것이다.

이런 분석이 올바른 것이라면, 볼셰비끼의 1917년은 다행스럽게도 자본주의의 종말이 어떤 모습일지를 예측하는 데 별 관련이 없다. 그것은 오히려 1968년 프라하의 봄이나 1989년 최고조에 달했을 때의 쏘비에뜨 뻬레스뜨로이까 같은 시민 대중의 동원이 될 수 있을 것이다. 이 두 경우에 지배 엘리뜨들의 반응은 노골적인 폭력보다는 공황상태로 나타났다. 그러나 반정부운동들은 부끄럽기 짝이 없게도 지배계급의 대열에서 나타난 그 심상치 않은 혼란을 이용하는 데 실패했다. 그 결과는 불행했다. 그러므로 미래에 대해 대담하면서도 책임감 있게 사유한다는 것은 당연하게도 정치·경제강령들, 그리고 중대 위기에 직면하여 이행의 불확실성을 최소화하기 위해 가능한 연합과 절충에 대해 심사숙고하는 것을 의미한다. 궁극적으로는 이것이 공산주의의 가장 유용한 교훈일 수도 있다.

제5장

무엇이 지금 자본주의를 위협하는가?

• 크레이그 캘훈

자본주의는 대공황 이후 최악의 금융·경제위기를 거치고 살아남은 것으로 보인다. 그 최저점들이 그렇게 낮지 않았음에도 불구하고 세계의 부유한 나라들에서 그것은 불황 자체보다 더 긴 기간의 부진한 성장 또는 제로성장을 불러왔다. 게다가 지금의 위기는 일방적인 금융화, 신자유주의에 입각한 사회 제도의 약화와 불평등의 심화에 따른 한동안의 충격에 바로 뒤이은 것이다. 이것이 문제들을 악화시키고, 그에 대처할 능력을 떨어뜨리며, 경제적 대변동의 영향으로부터 일반인을 보호하는 완충장치들을 축소한다. 투자자들은 여전히 돈을 벌고 있고, 어떤 국가도 완전히 붕괴하지는 않았다. 그럼에도 미래는 불안정해 보인다.

하지만 여기서도 그렇고 붕괴에 관한 대부분의 논의는

그 특권적이고 유리한 지위를 잃어버린 자본주의 세계체제의 구 핵심부 국가들의 관점을 반영하고 있다. 그 관점은 아시아, 아프리카, 라틴아메리카 여러곳의 관점과는 다르다. 현재의 위기는 경제의 모멘텀이 유럽 및 북아메리카의 오래된 핵심부 경제로부터 신흥 개발지역으로 이동하고 있음을 드러내는 동시에 그것을 촉진하고 있다. 자본주의의 미래에 한가지 관건이 되는 질문은 이 모멘텀이 지속될 수 있느냐 하는 것이다. 자본주의는 이같은 서에서 동으로의, 그리고 북에서 남으로의 이동을 통해 어쩌면 그것의 활력을 되찾는 방향으로 변형되고 있다. 그러나 급속히 성장하는 경제들은 또한 도전에 직면하기 마련이다. 그리고 구 '핵심부' 경제들에서의 새로운 자본주의적 성장 역시 향후의 변형 여하에, 특히 자본주의와 정치권력 및 사회 제도의 관계 면에서의 변형 여하에 달려 있다. 결정적으로 자본주의는 시장의 대변동, 과도한 위험부담 또는 부실 경영 은행들에뿐만 아니라 전쟁, 환경의 악화와 기후변화, 그리고 사회적 연대 및 복지의 위기에도 위협받을 수 있다.

자본주의가 쇠퇴하거나 부흥하거나 변형되는 방식에 대해 올바르게 사유하려면, 먼저 그것이 하나의 완전히 자족적인 체제가 아니라는 것을 인정할 필요가 있다. 우리는 매우 복잡한 역사적 조건들로부터 추상하여 어떤 순수 자본주의 체제로 추정되는 것을 고찰할 수 있다. 그러나 자본주의의 살아 있는 현실은 언제나 비자본주의적 경제활동과, 그리고 정치적·사회적·문화적 요인들과 접합되어 있기 마련이다. 요컨대 그것은 경제체제일 뿐만 아니라 하나의 법적·제도적 체제이기도 한 것이다. 그리고 자본주의가 직면한 가장 심각한 위협들 가운데 많은 것이 자본주의가 순전히 경제적인 것을 넘어서는 여러 요인들에 의존하고 있다는 사실에서 오는 것이다.

자본주의의 붕괴가 임박했다는 견해에 나는 반대할 것이며, 설령 자본주의가 지구 경제에서 지배적인 지위를 잃게 된다고 해도 오랜 기간의 변형을 통해서, 그리고 자본주의적 활동이 지속되는 가운데 다른 여러 종류의 경제조직이 성장함으로써 그렇게 될 공산이 더 크다. 하지만 그렇다고 해서 자본주의의 장기적인 미래가 보장된다는 뜻은 아니다.

첫째로, 체제적 위험에 관한 문제, 그리고 금융 부문과 다른 경제 부문들 간의 균형에 관한 문제가 여전히 남아 있다. 둘째로, 자본가의 수익성은 흔히 그 영리활동의 비용──금융비용은 물론 인적, 생태적 비용──을 외부화하는 데 달려 있다. 공해나 불안정한 시장에서의 실업 같은 문제는 정부와 여타 사회 제도의 관심을 요구한다. 이런 일을 감당하기에는 제도적 결함이 있는데, 말하자면 자본주의적 성장이 최근 가파르게 나타나는 곳에서는 사회 발전이 경제성장을 따라가지 못하며, 신자유주의는 서구 국가들의 제도적 역량을 약화시키고 더 나아가 정치적 정당성마저 위협하게 되었다. 셋째로, 자본주의는 '경제 내적' 또는 제도적 요인들뿐 아니라 기후변화나 전쟁 같은 외부 문제들에도 취약하다. 이는 자본주의 ― 경제성장을 위해서는 역사적으로 그에 견줄 것이 없는 체제 ― 가 성장에 대한 환경적 한계와 불균등한 성장으로 악화되는 잠재적인 지정학적 갈등에 직면해 있는 정도와 관련된 문제들을 제기한다.

이 각각의 영역에서 자본주의에 대한 위협들에 대처하는 것은 자본주의를 변형시킬 수는 있겠지만 그것의 붕괴를 야기하지는 않을 것이다. 그것들은 모두 함께 자본주의가 여전히 대단히 중요하고 어쩌면 그 활력의 일부를 되찾은 세계, 그러나 최근 역사를 통해 그랬던 만큼 더이상 세계체제를 조직하고 지배할 수는 없는 세계를 이루어낼지도 모른다.

왜 붕괴가 아닌가?

자본주의가 정말로 붕괴한다 ― 이를테면 소련이 붕괴

한 것처럼──는 생각은 좀 오해의 소지가 있다. 그런 붕괴란 갑작스러움, 단 몇년 사이에 있다가 없어지는 그런 변화를 의미한다. 소련은 거의 하룻밤 새에 존재하기를 그쳤는데, 이는 그것이 하나의 특정한 제도적 구조──하나의 국가──였고, 그 법적 형식이 해소될 수 있었기 때문이다. 그러나 자본주의는 절대로 그와 유사하지 않다.

하나의 국가로서 쏘비에뜨사회주의공화국연방은 일종의 법인체였으며, 제일 먼저 해소된 것이 이 법인체였다. 당연히 이 법적-정치적 구조의 해소는 또한 다른 권력관계들과 실제 활동에서 광범위한 변화를 몰고 왔다. 그럼에도 불구하고, 쏘비에뜨 국가를 통해 서로 긴밀하게 맞물려 있던 많은 제도가 그 국가가 없는 상황에서도 각기 다른 정도로 변화한 채 존속했다. 모스끄바라는 도시는 소련에서 법적·제도적 지위를 가졌는데 후계 국가인 러시아연방 및 공화국에서 사정이 완전히 달라진 것은 아니었다. 가스쁘롬(Gazprom, 1989년 쏘비에뜨 가스산업부가 하나의 법인으로 전환하면서 창설된 세계 최대의 천연가스 회사)은 더 많은 변화를 겪었다. 그것은 1989년에 기존 러시아 가스산업의 법적 지위와 경영조직을 재구성하여 창설됐다. 소련이 해체된 직후인 1992년 가스쁘롬은 민영화되었고, 그후 주식회사로 운영되었다. 1990년대에 자산 박탈을 당하고 나서 부분적으로 재건되었으며, 2000년대의 첫 10년간은 국가관리하에 놓였다. 이런 식으로 우리는 부분적으로 지속되고 부분적으로 변형된 것들의 긴 목록을 확인할 수 있을 것이다.

그럼에도 불구하고, 어떻게 소련이 거의 종말에 다다른 순간까지 안정되고 누가 봐도 영속할 것으로 여겨질 수 있었는지에 대한 데를루기얀의 설명은 교훈적이다. 급격한 단절이 있을 수 있음을 무시한 채 오로지 일직선으로 투사된 관점에서 미래를 바라보는 것은 잘못이다. 데를루기얀은 여러 압력들이 집중됨으로써 한 체제가 지탱하기 어렵게 되고, 또한 체제 전체의 불안정한 통합 때문에 사소한 행위와 사건에도 쉽게 타격을 받을 수 있음을 우리에게 상기시킨다. 또한 그 존속을 위한 기본 환경과 조건을 스스로 마련하는 것이 당연시되어온 대규모 구조조차도 그 표면적 연속성이 보여주는 것보다 훨씬 더 가변적일 수 있음을 우리에게 상기시킨다. 그러나 우리는 곧 소련이 사회주의와 같은 것은 아니었으며, 그럼으로써 어쨌든 자본주의와 직접적으로 유사한 것도 아니었음을 인정해야 한다. 그것은 좀더 특별한, 어떤 다른 범주에 속하는 무엇이었다.

우리가 자본주의를 자본가들에 의해 어디서나 시행될 수 있는 일단의 관행으로 취급하건 아니면 세계 전역에서 기업·시장·투자·노동을 함께 결합하는 하나의 경제체제로 취급하건 간에, 이것은 변함이 없다. 자본주의는 마이클 맨이 주장하듯이 일단의 권력의 네트워크에 토대를 둔 하나의 역사적 구성체다. 그것은 지난 400년 동안 주로 이매뉴얼 월러스틴이 분석한 근대세계체제의 형태로 존속해왔다. 이것은 위계적이고 불평등하게 통합된 조직으로, 그속에서 일차적 단위는 민족국가며, 경제행위자들은 정치권력과의 관계 및 그 권력이 제공하는 조건에 결정적으로 의존한다.

　확실히 민족국가라는 관념은 어떤 의미에서 열망의 표현일 뿐이다. 사회문화적 정체성을 통치제도에 접합하는것은 결코 온전하지 않기 때문이다. 또한 경제통합 자체가 민족통합을 진척시킬 수 있으며, 물론 경제행위자들이통치에 영향을 미치기도 한다. 하지만 비록 허구적인 부분이 있다고 해도 민족국가는 정치적 동형이종(同形異種, isomorphism)으로 번식된, 지구사(地球事)에 참여하는 데아주 중요한 공식 단위다. 대부분의 국제조직은 문자 그대로 국가 단위 참여로 성립하는 조직이다. 그리고 이렇게조직된 국가는 자본주의에 없어서는 안 될 버팀목을 제공한다. 국가는 기업과 시장 모두에 법적 기반과 통화 기반을 제공한다. 또한 다양한 기업, 산업, 부문 들 사이의 상호의존 경영을 위한 환경을 관리하거나 제공한다. 아무리 불충분할지라도 문화적·사회적 귀속성의 구조들을 조직함으로써, 그리고 때때로 시장을 규제함으로써 그것은 노동력과 소비시장, 신용을 조직한다. '민족국가'라는 용어는

'민족국가의 관점에서 정치와 사회문화적 귀속성을 조직하려는 노력'의 약칭일 뿐인데, 자본주의 시대와 민족국가들의 시대는 똑같은 것이었다. 자본주의가 아무리 세계적이라 할지라도 이 정치경제적·사회문화적 조직에 의해 좌우되지 않는 '실제의' 자본주의는 존재하지 않는다. 이것은 기존의 자본주의적 번영 및 지속 가능성이 민족국가와 그것이 제공한 제도적 행동유도성(affordances, 대상이나 환경의 어떤 속성이 특정 행동을 하도록 유도하는 성질을 가리키는 심리학 용어)에 달려 있다는 뜻이다. 이러한 제도적 행동유도성은 갱신되거나 교체되어야만 한다. 하지만 지난 40년 동안 OECD 국가들은 이런 임무를 외면했다. 대신에 그들은 비용을 절감하고 직접 경쟁력을 좇는 한편, 주민들의 장기적 안녕과 안전, 그리고 미래의 경제 참여를 가능케 해주는 공동투자를 도외시하면서 과거의 '복지국가' 제도들을 부실하게 만들어왔다.

그렇긴 해도, 유럽 또는 유럽 식민지의 오래된 자본주의 국가들이 대개 붕괴가 임박한 처지는 아니다. 영국의 국민건강써비스(National Health Service)는 그 비용이 증가해 국가 예산을 위협한다고는 하지만 그래도 여전히 기능하고 있다. 미국은 매우 때늦기는 했지만 실질적으로 의료급여를 개선했다(특히 자기 직장에서 의료 혜택을 받지 못하는 수많은 사람들을 대상으로). 기타 등등. 그동안 상당한 침식이 있었다. 국가 예산은 적자인데다 재건하기도 쉽지 않다. 그러나 집을 반듯하게 고치기에 꼭 너무 늦은 것은 아니다. 모닝콜은 대단히 심각한 재정 위기에 직면해 자국 시민에 대한 지원을 끊을 수밖에 없는—바로 그것이 그들에게 절박하게 필요한 때인데도—유럽 내 경제들로부터 온다. 에스빠냐, 뽀르뚜갈, 아일랜드, 이딸리아, 그리스, 그리고 키프로스가 벼랑 끝에 섰고, 다른 나라들도 그럴지 모른다. 그러나 이것은 자본주의 자체보다는 유럽연합을 위협하고 있다.

자본주의는 평형상태로부터 점점 더 멀리 진동할 수 있다. 이것은 (프리고진을 좇아서 월러스틴이 주장하는 바와 같이) 자연체제에 준하는 한 체제의 불가역적인 분기(分岐)를 의미할지도 모르며, 아니면 무질서한 자본시장에서의 규제와 기업 전략, 투자 타산의 실패라든가, 또는 정말이지 단순하게 분산되고 이해관계도 다른 행위자들 사이의 제도적 조정기제의 취약함을 의미할지도 모른다. 그것은 향상된 생산성에 대한 수요를 창출하기에 충분할 정도로 골고루 부를 분배하지 못한 것, 즉 콜린스가 직시한 바 일자리 창출의 부진에 따라 일어날 수 있는 한가지 결과(실업의 정치적 결과들은 더욱 즉각적일지도 모르겠지만)를 의미할 수도 있다. 근본 동역학이 무엇이든 간에, 일정한 평형상태의 상실은 자본주의를 조화롭게 유지하기 위한 비용을 증가시키고, 정치적 긴장을 고조하며, 사회적 갈등을 유발한다. 이런 종류의 불균형상태는 위기가 의미하는 바를 해석하는 한가지 방식이다. 불균형상태가 커질수록 평형상태를 회복하는 데 필요한 대응은 점점 더 어렵고 비용이 많이 들게 된다.

그럼에도 불구하고, 나는 자본주의가 붕괴하지는 않을 것이라고 생각한다. 그것이 사회변동에 대한 장악력을 일부 잃어버릴 수는 있다. 사회·경제·정치생활에 대한 조직력이 이전만 못할 수도 있다. 그러나 붕괴라는 이미지는 오해를 부른다. 로마제국이 붕괴했다고 말하는 것은 의미가 있지만, 그것이 붕괴하는 데에는 단 한번의 위기가 아니라 200년의 세월이 걸렸다는 것을 염두에 둘 필요가 있다. 봉건제가 붕괴했고 그 과정에서 근대 자본주의가 탄생했다 ─ 『공산당선언』에서 제시된 도식 ─ 고 말하는 것은 더 비현실적이다. 첫째로, 봉건제는 근대 자본주의가 하나의 체제라고 말할 때의 바로 그런 의미에서 '체제적'(systemic)인 것이 아니었다. 둘째로, 봉건적 관계 또는 관련 제도는 어느 시점에 붕괴한 것이 결코 아니다. 봉건적 관계의 긴 쇠퇴기는 국가 건설과 전쟁, 농업 혁신과 세계무역의 성장, 신앙의 새로운 활력 및 종교개혁의 시대와 겹치며, 그래서 적어도 300년 동안 지속되었다. 그것은 요컨대 붕괴가 아니었다. 봉건제의 쇠퇴기 동안 가톨릭교회는 철저히 변형되었고 그후로는 결코 종전과 같은 역할을 하지 못했지만, 그럼에도 불구하고 여전히 살아남았다. 비록 다는 아니라 해도 많은 군주정이 사라졌고, 몇몇 군주정은 변혁을 꾀하여 봉건적이라고 부르기 어려운 시대에 여전히 잔존하는 데 성공했으며, 게다가 때론 변함없이 건재하기도 했다.

자본주의 시대의 종식은, 만일 그런 일이 일어난다면, 그리고 일어날 때는 비교적 엉성하고 고르지 않게, 게다가 진행과정 중에는 알아차리기도 어렵게 일어날 것 같다. 그 뒤로도 여전히 존속하는 제도들이 있을 것이며, 거기에는 단지 자본주의가 더이상 시대를 이끌어가는 힘이 아니라고 해서 장사하고 제조하거나 투기하기를 그만둘 이유가 없는 많은 사업체들이 틀림없이 포함될 것이다. 싸게 사서 비싸게 팔려는 활동은 자본주의보다 오래된 것이고, 필시 이후로도 오래도록 계속될 것이다.

자본주의 일반, 특히 금융 지배적 자본주의

자본주의는 그 자체에 대해, 인간사회에 대해, 그리고 자연에 대해 갖가지 문제를 빚어낸다. 그러나 대부분 이런 문제들이 자본주의를 파국으로 몰고 가지는 않는다. 하지만 극도의 금융화는 그런 치명타가 될 소지가 있다.

금융은 물론 자본주의의 기본적 일부로 자본주의에 역동성과 급속한 팽창능력, 일정 기간에 걸쳐 비용을 관리하는 수단을 제공한다. 그것은 기술혁명에 없어서는 안 될 필수적인 부분이었다. 좀더 일반적으로 그것은 더 많은 이윤이 기대되는 투자처로 자본을 이리저리 이동시킬 수 있는 기본적이고도 결정적인 능력이다.

그 명칭이 말해주듯이, 자본주의는 주로 다양한 종류의 영리사업에 투자함으로써 부——자본——의 유동적인 전개를 통해 경제활동을 조직하는 방식이다. 자본이란 투자된 또는 투자 가능한 부이다. 금융——단순한 차입뿐만 아니라 다양한 종류의 증권을 포함해——은 부의 중요한 일부로서 자본의 유동성과 기동성, 그리고 팽창과 일정 기간에 걸친 비용의 분산에 필수적이다. 기업의 역동성은 금융 지원에 의존한다. 그러나 편중된 금융화는 갖가지 방식으로 왜곡 현상을 빚어낼 소지가 있다. 그것은 모든 주요 자본주의 경제들에서 국내의 소득 불평등을 극적으로 증대했다. 생산적인 기업에 대한 투자를 외면하고 다른 투자처로 자금줄을 돌려버렸다. 2008~9년 위기를 촉발하는 데 일조한 모기지 담보(mortgage-backed) 주택가격의 좀더 구체적인 거품을 포함해 장기간의 '거대거품'(megabubble)에 불을 지폈다. 그것은 투기를 부추겼다.

2008~9년 시장 위기 직전의 여러해 동안 자본주의 세계 체제의 오래된 핵심부에서 주식 및 채무 거래가 고용을 창출하고 이익을 공유하는 산업들을 추월했다. 1970년대에 금융상품은 투자자산의 1/4 정도에 불과했으나, 2008년에 이르면 금융화로 인해 그 총액을 75%까지 끌어올렸다. 전체적으로 금융자산이 전체 주식가치의 약 4배, 세계 GDP 총액의 약 10배에 달하게 되었다.

이는 주로 1970년대에 시작되고 20세기 말에 가속화된 일련의 요인으로 형성된 세계적인 현상이었다. 이에 대한 부정적 여론 때문에 미국은 베트남전쟁 막바지에 주로 신용·대부로 자금을 조달했다. 1970년대에 경제적 난관을 헤쳐나갈 방도를 찾던 미국과 그밖의 핵심부 자본주의 국가들은 브레턴우즈(Bretton Woods) 통화체제(1944년 자본주의 진영의 국가들이 미 달러화를 기축통화로 한 고정환율제도를 채택하기로 합의해 출범한 전후의 국제통화질서. 1971년 미국 대통령 닉슨의 달러화의 금태환 정지 선언을 계기로 변동환율제도로 이행하면서 사실상 종식되었다. 국제통화기금과 세계은행, 관세와 무역에 관한 일반협정 GATT이 모두 이 체제의 일환으로 성립했다)를 포기하고 귀금속으로 보증되는 안정된 통화를 유동적이고 무제한으로 유통되는 법정 불환(不換)통화(fiat currencies)로 대체했다. 1973년 아랍-이스라엘 전쟁(제4차 중동전쟁) 이후 OPEC 회원국들은 원유 공급을 제한하여 석유에 철저히 의존하는 세계로부터 벌어들이는 수입을 엄청나게 늘리고, 그 돈의 상당 부분을 국부 펀드(sovereign wealth funds, 국가가 원자재 수출이나 국제수지 흑자, 재정 흑자 등으로 조성된 자금을 재원으로 운용하는 투자 펀드)로 전환했다. 그러나 금융화는 세계의 오랜 핵심부 자본주의 경제들(그리고 예컨대 유럽연합 가입이나 비대칭적 상품 교역으로 이런 경제들에 얽매인 더 취약한 경제들)에서 극에 달했다. 게다가 그것은 대자본 주도로 진행되는 한편, 수입은 제자리걸음인데도 신용대부에 의존해 높은 수준으로 지출을 계속한 일반 시민들까지 끌어들였다. 실상 생산적 산업과 금융 사이의 더 건전한 균형은 세계 자본주의의 반 주변부에서 핵심부로 옮겨가는 단계에 있는 중국과 인도 같은 오늘날의 고도성장 경제들이 누리는 이점 가운데 하나다.

최근의 금융위기는 자본주의의 주요한 내적 취약성을 드러낸다. 그것은 체제적 위험 ─ 즉 현대의 금융씨스템을 이루는 복잡한 내부 연계망 속에 도사린 위험 ─ 이다. 이 점에 대해 그리고 그 위기의 성격에 대해 똑바로 아는 것이 중요하다. 그것은 과잉생산 및 과소소비에 의한 '고전적인' 자본주의의 위기가 아니었다. 제조하고 소비하는 '실물'경제에 광범위한 충격을 주기는 했지만, 그것은 다른 무엇보다도 금융상의 위기였다. 그 충격은 이전 수십년 동안 세계 금융의 엄청난 성장에 의해, 그리고 특히 선진적인 서구 경제에서 금융자산이 우위를 차지함에 따라 더욱더 확대되었다. 바로 이것이 과도한 레버리지(overleveraging), 과도한 위험부담, 엉성하거나 아예 무방비한 규제, 위험천만하며 결국 막심한 피해를 끼치는 새로운 금융기법의 과용과 남용 등의 폐단을 낳은 주범이다. 금융화는 금융자산의 규모를 늘릴 뿐 아니라 그럼으로써 금융위기의 충격을 키운다. 게다가, 그리고 더 기본적으로 그것은 다소 투명한 시장 거래에서뿐만 아니라 수많은 복잡다단하고 종종 불투명한 금융관계 속에서 서로 접촉하는 자본주의 기관들 사이의 상호연계성을 증대한다. 금융산업이 특히 이런 경우에 해당한다. 2008~9년에 주요 은행들은 '파산하기에는 덩치가 너무 크다'라고 묘사되었는데, 실은 '파산하기에는 너무 많이 연계되었다'라고 표현하는 것이 더 정확했을지 모른다. 그러나 금융화는 금융 부문 기업들에만 영향을 미친 것이 아니다. 그것은 말 그대로 대규모 세계 자본주의의 기본적인 부분이 되었다. 자동차회사는 자동차금융(auto-finance)회사가 되었으며, 광업회사는 중점적으로 환차익거래에 결부되어 있다.

금융화는 자본주의의 역동성을 향상한다. 그것은 자본의 기존 구조(예컨대 산업 생산의 특정 양식)에 대한 '창조적 파괴'를 촉진하며, 새로운 기술, 생산품, 생산 공정, 생산 입지의 발전에 박차를 가한다. 그럼에도 불구하고 극단으로 가면 그것은 점점 더 단기적인 이윤을 좇아 투자를 집중하며, 장기적이고 더 심층적인 성장을 저해한다. 그것은 또한 투기거품을 일으키고 터트린다. 그것은 기업에 대한 시장 압력을 가중해 자본에 중간 이하의 수익을 가져다주며, 여전히 수익성이 있는 장수 사업에서 투자를 회수하고, 그럼으로써 임금 인하를 밀어붙이고, 임금 인상을 통해 이윤을 분배하는 산업자본주의의 성향을 위축시킨다. 요컨대, 그것은 불평등을 심화한다.

금융화는 고용에 근거한 수익을 훌쩍 뛰어넘는 투자된 부에 근거한 수익을 가져다준다. 그것은 물질 생산자보다(그리고 유명한 예외들도 많긴 하지만 대부분의 기업가보다 훨씬) 더 많이 금융거래자들에게 보상해준다. 그것은 다른 모든 종류의 사업으로 하여금 금융써비스에 더 많은 댓가를 지불하도록 한다. 2010년 뉴욕시에서만 증권업계 고용인들에게 돌아간 상여금 총계는 208억 달러인 데 비해, 헤지펀드 경영자 상위 25명이 벌어들인 수입은 227억 달러였다. 그것도 금융화가 더 광범위한 경제에 얼마나 큰 피해를 끼치고 있는지가 시장의 대폭락으로 빤히 드러난 직후에 말이다.

기술적 진부화(신기술에 의한 기존 기술의 폐기)와 공간적 재편은 모두 자본주의 성장의 일반적 특징인데, 이는 금융화에 의해 촉진된다. 금융화는 구산업에서 신산업으로, 구생산지에서 신생산지로 투자가 이동하는 속도를 증가시킨다. 이 결과는 기술적·경제적 변화만이 아니라 인력의 교체다. 개발도상국의 급속한 도시화와 오래된 핵심부 국가의 쇠퇴하는 공업도시는 동일한 과정의 양면이다. 제조업 이윤이 하락하자 각종 공업에 종사하는 유럽 및 미국 회사들은 노동자들에게 임금 삭감을 받아들일 것을 요구하고, 새로운 기술을 도입하고, 정부가 세금 우대 조치를 제공하거나 아예 보조금을 지급해야 한다고 주장하며, 그리고/또는 제조업 부문을 타국으로 이전하는 것으로 대응했다. 심지어 때로 기업체는 보조금 혜택과 임금 삭감으로 이득을 본 뒤에, 현지에 그대로 머물러 있겠다는 애초의 약속을 내팽개친 채 이전 조치를 단행하기도 했다. 신자유주의 정부들은 기업체 편에 서서 이런 변경 조치에 저항하는 노동조합의 힘을 꺾는 데 도움을 주었다. 이것이 콜린스가 장기적인 위협요인의 하나로 파악한바 좋은 일자리들을 사라지게 하는 데 일조한 것은 사실이지만, 그 이유가 전적으로 기술적인 것은 아니었음을 이해하는 것이 중요하다. 금융자본이 공업 생산의 급속한 지리적 재배치를 가능하게 한 것이다.

유동적인 금융자원은 또한 자산가격 거품을 부채질한다. 20세기 말 한동안 지속된 국제적인 부동산 붐이 한 예다. 이것은 특히 도시와 관광 지역에서 주택가격의 극적인 인상을 가져왔다. 이는 흔히 경제적 불균형을 가중하고 여러 왜곡 현상을 빚어냈는데, 결정적으로 부동산, 건설, 주택 소유자의 개인 저축, 그리고 지역 은행들의 한때 신중했던 경영을 한데 엮어서 거대한 국제적 씨스템을 이루어냈다. 2008~9년의 위기로 이어진 체제적 위험을 낳은 것은 바로 이같은 연계였다.

이런 체제적 위험은 금융공학 및 새로운 투자기법에 의해 더욱 커진다. 헤지펀드와 파생상품이 경제에서 중추적인 역할을 떠맡게 되었으며, 규제 실패가 여기에 한몫을 했다. 기본적으로 이는 수많은 금융 신상품이 개발되었다는 것, 그중 많은 것이 여러 경제행위자들을 채무 및 보험 같은 상호의무의 그물망에 엮어넣는다는 것, 그리고 전대미문의 막대한 자금을 이런 신종 투자에 끌어들이고 대부분 공공의 시선에서 가려진 거래들에 이 자금을 동원한다는 것을 의미했다. 일견 견실해 보이는 수많은 현지 자산—주택 모기지 같은—이 유가증권 속에 꾸러미로 묶여서 그 잠재가치를 평가할 능력이 없는 투자자들에 의해 세계적으로 거래되었다. 그중 많은 신상품이 위험을 줄이고 자본주의를 좀더 예측 가능한 것으로 만들려는 취지로 고안되었음에도 불구하고, 대개 투기 거래의 대상이 되고 말았다. 위험은 더욱 집중되고 더 위험한 것이 되었다. 특정 기업들로서는 자신들이 얼마나 큰 위험에 노출되어 있으며 또 누구에게 표적이 되고 있는지 가늠하기란 더욱 어려운 노릇이었다.

파생상품—본질적으로 기초자산의 시세 변동에 관한 돈 걸기(bets)에 바탕을 둔 유가증권—은 다른 위험한 투자들을 상쇄하기 위한 하나의 보험으로 이용되었다. 그것은 또한 고위험이되 고수익을 올릴 수도 있는 투자, 특히 헤지펀드에 의한 투자가 되었다. 1990년대에 와서 이런 '대안적' 투자에 투입된 자본은 50조 달러를 넘었고, 2008년에 이르러서는 약 600조 달러에 달했다. 이것이 펀드 경영자와 일반 투자자가 위험이 길들여졌다고 믿게끔 부추겼다. 그러나 되풀이되는 헤징(hedging, 현물가격 변동에 따른 만약의 손해를 최소화하기 위해 선물시장에서 현물과 반대되는 선물 포지션을 설정하는 금융 거래 기법)의 실패는 현실이 그렇지 않음을 말해준다. 갑작스러운 유동성 부족과 정치적 조치가 대규모 파산사태의 방아쇠를 당길 수도 있다. 국제통화기금의 수석 경제연구원을 지낸 라구람 라잔(Raghuram Rajan)이 1998년 러시아 정부의 채무불이행에 관해 논평했듯이 "헤지(울타리의 뜻)로 보호된 상황은 최악의 순간 헤지가 사라진 상태가 되어, 자신들이 안전하게 보호받고 있다고 착각하는 사람들에게 막대한 손해를 입힐 수 있다."

이런 문제들을 완전히 제거하자면 우리가 알고 있는 대로의 자본주의는 끝장나고 말 것이다. 만일 자본이 더 많은 수익을 좇아 여러 투자처 사이에서 이리저리 이동하지 않는다면, 그리고 혁신과 축적의 동력으로 더 높은 생산성을 추구하는 재투자에 대한 요구가 없다면, 우리에게 자본주의는 더이상 존재하지 않을 것이다. 그런 일을 꾀하는 규제가 있다면 그것은 역동성과 부의 창출을 저해할 것이다. 다른 한편, 체계적인 정부 지출과 어우러진 일정한 수준의 규제는 회복과 탄력성에 결정적인 요인이 될 수 있다. 기업가정신이 널리 퍼져 있는 경제는 금융자본의 지배 아래 머물러 있는 경제보다 더 잘 돌아갈 것이다. 여하튼, 금융위기가 시작된 이래로 규제 개선이 미미했다는 점을 숙고하는 것은 경각심을 일깨운다. 체제적 위험의 가능성을 줄이기 위해 이제껏 해놓은 게 거의 아무것도 없는 것이다.

위기로부터 생각하기

2008년 주식시장이 곤두박질을 쳤다. 퇴직을 대비한 저축은 날아갔다. 주요 은행, 특히 영국과 미국의 은행들이 파산했다. 다른 여러 은행은 "파산하기에는 덩치가 너무 크다"라고 (부분적으로 기업 임원진과 재무 당국 사이의 내부거래 문제였다고 이제 우리가 알게 된 그런 처리 과정에서) 판단되었다. 이런 은행들은 대규모로 긴급구제되었으니, 이는 공공 세입을 과도한 사적 위험부담의 보상에, 더 나아가 개인적 치부의 직접적인 원천에 쏟아부은 꼴이었다. 긴급구제로 도산의 위기를 모면한 공업회사들도 일부 있었지만 그보다 훨씬 더 큰 최대 규모의 보조금이 금융산업으로 흘러들어갔으며, 그것도 일자리 창출이나 저당 주택의 압류를 막으려고 발버둥치는 주택 소유자들의 구제 같은 우회로를 거치지도 않고서 곧바로 자본금으로 전환되었다. 정부들이 이러한 지원을 제공하지 않았다면 자본주의 금융시장은 훨씬 더 아래로 급락했을 것이고, 세계 자본주의에 더욱더 깊이 손상을 입혔을 것이다.

미국은 모두 경기조절을 위해서 기반시설 구축과 금융산업에 대한 직접보조금 용도로 막대한(그러나 아마도 필요를 충족하기에는 모자란) 투자를 했다. 영국은 재정 긴축 프로그램을 채택해 신용시장이 요구하는 것보다 훨씬 더 대폭적인 감축을 단행했다. 그리고 유럽의 북쪽——특히 독일——은 유럽연합을 거의 파열의 한계점까지 몰아가면서 남쪽에 긴축을 강요했다.

대륙의 유럽인들은 몇몇 유럽연합 회원국의 공공재정이 중압 아래 무너지기까지 자신들의 제도가 영어권 사람들의 제도보다 위기를 더 잘 헤쳐나왔다고 생각했다. 금융권 긴급구제는 특히 남유럽에서 사적 이윤을 추구하는 금융산업의 위기를 국가의 재정 위기로 전환했다. 그리스, 아일랜드, 뽀르뚜갈, 에스빠냐 모두 호된 긴축 프로그램을 강행한 이후에도 파산의 경계선을 넘나들었다. 금융위기는 유럽연합 및 유로존의 구성 자체─대부분 금융화 시대의 산물인─에서 취약성을 드러냈다. 격화된 세계적 경쟁은 중국이나 미국과 효과적으로 경쟁하기 위해 더 큰 유럽을 요구하는 것으로 보였다. 말하자면 씨티그룹(Citigroup)과 스코틀랜드 로열뱅크(Scotland Royal Bank)를 덩치 키우기에 뛰어들도록 내몬 것과 다를 바 없는 논리였다. 효과적인 공동금융관리 메커니즘이나 전체적으로 이를 지원할 정치제도도 마련하지 않은 상태에서 공동통화에 대한 욕망─유럽의 금융 및 경영 지도자들에게 매력적인─이 그것의 도입을 이끌어냈다. 유럽 중앙은행은 서로 경쟁적인 이해관계를 지닌 각국 정부를 대표하는 위원회에 의해 관리되었다. 각 나라는 서로 다른 재정 정책과 수단을 추구했다. 그리고 유럽연합이 최초의 핵심 국가들을 넘어 확장해나감에 따라 유럽의 통합은 매우 이질적인 경제들을 접합했다. 성장기에 암묵적으로 용인되던 재분배지향 노선이 위기의 와중에서 쟁점으로 떠올랐다.

유로화와 유로존의 장래는 여전히 불확실하다. 에스빠냐와 뽀르뚜갈은 조금이나마 안정을 되찾았지만, 곧이어 이딸리아가 흔들리고, 키프로스는 곤두박질을 치기 시작했다. 유럽의 위기가 어디까지 확산될지는 아무도 모른다. 어쩌면 기존 회원국인 벨기에나 새 회원국인 슬로베니아까지 확산될지도 모르며, 어쩌면 유럽연합 전체로 확산되어 바로 공동통화협정을 위태롭게 할지도 모른다. 그러는 한편 긴축 프로그램은 국가의 써비스 및 보장 제공을 원상태로 되돌림으로써 거시경제적인 교정을 추구한다. 다양하게 조합된 삭감 프로그램은 시장의 압력에 각국이 스스로 부과한 대응이었으며, 국제통화기금이 빚더미에 앉은 제3세계 국가들에 요구한 구조조정 정책과 마찬가지로 외적 강요의 결과였다. 국가들은 투자자들의 손실을 막고 세계시장이 침체의 늪에 빠지지 않도록 손쓰는 일을 떠맡았다. 거품기에 막대한 이윤을 거둬들이고 긴급구제와 정부가 공급한 유동성에서 가장 직접적으로 이득을 본 당사자는 투자자들과 초국적 금융산업이었음에도 불구하고 그 위기와 구제조치는 민족국가의 틀 안에서 논의되었다. 물론 이 모든 것을 낭비의 탓으로 파악하려고 애쓰면서 그리스인들과 신중한 독일인들은 금융화 자체의 중심 역할을 슬그머니 덮어버렸다. (그리고 물론 철저히 민족적 관점에서 구성된 금융위기 내러티브가 점점 더 널리 확산되고 있는 외국인혐오와 특히 이슬람혐오를 비롯한 민족주의 이데올로기의 갖가지 양상에 힘을 불어넣는다.) 금융기관들이 거두는 이윤은 유럽연합의 확장을 부채질하고, 또한 유럽연합이 회원국들의 재정 문제를 보고도 못 본 체하게끔 했다. 이제 더 견실한 은행과 재무 상태를 지닌 유럽연합 국가의 시민들은 다른 국가들을 긴급구제한 것에 대해, 유럽연합 전체에 무리한 부담을 준 것에 대해, 그리고 긴급구제의 혜택이 금융산업과 대자본 자산을 가진 사람들에게 얼마나 많이 돌아갔는지를 망각한 것에 대해 불평하고 있다.

납세자들의 돈을 대량으로 쏟아붓고 나서도 유럽과 미국의 금융기관들은 여전히 위태위태하다. 일부는 고위험 시장에서 이루어진 대출금의 '평가절하'(haircut)를 받아들여야 했다. 정부간 금융 거래만이 붕괴 사태를 저지해왔다. 거의 모든 금융기관이 거품기의 무분별한 팽창 뒤에 재무 상태를 개선하기 위한 부단한 노력을 요구받고 있다. 그러나 주식시장들은 장세를 회복해 대개 그동안 입은 손실을 만회했으며, 심지어 일부는 새로운 고점으로 치고 올라가기도 했다. 애초에 투입된 공적 자금으로 기업들은 다시(그리고 또한 알짜 제품과 수익성을 가진 기업과 가망이나 이미지 말고는 거의 가진 게 없는 기업을 가리지 않고) 이득을 보고 있다. 투자은행과 기타 기업들은 고액의 상여금 지급을 재개했고, 이렇게 해서 과도한 위험부담에 대한 인센티브 가운데 하나를 다시 꺼내들었다(비록 지금은 많은 기업이 상여금을 회사 주식으로 지급하고, 직원들의 이해관계를 회사의 발전과 결부시킬 목적으로 주식의 즉시 매도를 금지하고는 있지만). 그러나 '인력 과잉'을 인정하며 종업원을 정리해고하는 기업도 있다. 침체의 늪으로 되돌아가지 않을까 하는 두려움은 꽤 심각하다. 규제 개혁은 미미한 수준에 그쳐서, 파생상품 시장은 투명성과는 여전히 거리가 멀고 변변치 않은 자산에 과도한 레버리지를 허용했다. 금융업은 위기 이전보다 훨씬 더 소수의 거대기업들 수중에 집중되었다. 주택가격은 여전히 낮은 수준이며, 어떤 곳에서는 오르는가 하면 다른 곳에서는 안정세를 보이다가 다시 하락한다. 신용은 여전히 경색되어 있으며, 금리는 낮은 수준에 머물고, 예상되는 인상이 불안을 자아내고 있다.

'실물경제'는 여전히 침체 상태──완전히 '침체에 빠진' 것은 아니더라도──를 면치 못하고 있다. GDP 성장은 저조하며, 실업률은 높은 수준을 유지하고 있다. 새로운 일자리 창출은 경제분석가들의 예상을 번번이 비껴간다. 그럼에도 인플레이션과 정부 부채에 대한 우려 때문에 어떤 이들은 성장은 그만 포기하고 이제 재정 긴축으로 나아가야 한다고 주장한다. 여러 미국 주정부의 장기적인 재정 상태는 (일부 주의 단기적인 회복에도 불구하고) 그리스나 에스빠냐만큼이나 거의 암울한 지경이며, 비록 연방정부가 주정부들에 없는 재정수단을 가지고 있다고 해도,

어떤 방식으로든 적자를 줄이거나 메꾸기 위한 예산안에 대한 어떤 합의도 없는 상태에서 연방정부 또한 대규모 적자에 직면해 있다. 경제적 불만은 널리 퍼진, 심각한 정치적 불만의 일차적인 요인이다. 부패하고 제 잇속만 챙기거나 무능한 정부에 대한 포퓰리스트들의 분노는 더 전통적인 우파와 좌파 이데올로기에 모두 연결된다. 약화된 정치적 정당성은 자본주의의 지속에 걸림돌이 될 수 있는 하나의 난제다.

그렇다 해도 유럽의 진로는 붕괴도 혁명도 아니라 오히려 정체가 될 것으로 보인다. 유럽은 성장은 없지만 여전히 비교적 높은 생활수준을 누리며 기본적으로 제구실을 하는 경제체제를 보유하고 있다. 상점들에는 상품이 있고 (비록 점점 더 많은 상점들이 문을 닫고 있기는 하지만), 대부분의 정부는 제몫의 청구서를 지불하고 있다(비록 잇따라 지출을 삭감하고 있기는 하지만). 그들 사이의 지배적인 정책 대응은 긴축, 즉 국가 회계상의 적자를 극복하려는 노력이었다. 이것은 이론적이고 장기적인 관점에서 아무리 신중하다 해도 긍정적인 효과가 거의 없었기 때문에 정치가들은 점점 더 성장 쪽으로 시선을 돌리고 있으나, 이를 실현할 메커니즘으로 딱히 눈에 쏙 들어오는 것은 아직 없다.

자체의 재정 문제를 하나의 연합체로서 접근하는 데 실

패한 유럽은 개별 국가의 틀 안에서 일련의 재정 위기를 맞고 있다. 그러나 유럽연합에는 위기 때마다 여전히 은행과 금융시장의 긴급구제에 나설 충분한 경제력과 정치적 의지가 있다. 여기에도 대중적 불만이 널리 퍼져 있긴 하지만, 기존 정당이나 노선에 도전하는 대규모 사회운동은 아직까지 나타나지 않았다. 대규모 집회와 때론 공공 광장을 점거하는 사태들이 불행을 알리는 표시지만 기성 정치 프로그램에 대한 단순한 반대를 넘어 새로운 프로그램으로 전환할 방도는 아직 찾지 못하고 있다. 우파 포퓰리스트들은 이민 반대를 비롯한 여러 반동적 프로그램을 내걸고서 기회를 포착했지만, 비록 그들이 불길한 성장세를 보였다 해도 아직은 주변적인 운동에 머물러 있으며, 그들이 거둔 최대 효과는 주류 보수 정당들을 우편향으로 끌어당긴 정도였다. 유럽 좌파는 기본적으로 자기 이익을 위한 파업과 프랑스에서의 국가통제주의 선언을 셈에 넣지 않는다면 거의 눈에 띄지 않는다. 그 대신 등장한 것은 오히려 본질적으로 '반정치적인' 일련의 운동이었다. 대표적인 예는 베뻬 그릴로(Beppe Grillo, 1948~. 이딸리아의 코미디언, 정치운동가, 유력한 블로거)의 주도로 이딸리아에서 시작되었는데, 시민들이 더 유능한 정부를 위해서가 아니라 정부와 특히 정치인들에 반대해서 투표하는 다른 나라들에서 반향을 얻은 오성운동(Five Star Movement, 2009년 베뻬 그릴

로가 주도한 대중정치운동으로 반부패, 환경주의, 유럽통합 회의주의, 직접·전자 민주주의와 아울러 비폭력, 탈성장, 인터넷 접근의 자유 등을 표방한다)이다. 우파와 외국인혐오주의의 선동 또한 경제위기와 취약한 정부의 정당성에 대한 대중의 흔한 반응 가운데 하나였다.

미국은 많은 친성장 부양책을 시도했고, 약소한 경제적 호전, 즉 잘하면 2%에 달하는 성장률─유럽의 0% 내지 1%에 비하면 아주 낮지만 그렇다고 환호할 만한 것은 전혀 아닌─로 보상을 받고 있다. 미국의 전망은 적어도 일시적으로는 새로운 에너지원에 의해, 그리고 장기적으로는 좀더 기업가정신이 왕성한 경제에 의해 개선되었다. 그러나 이 나라의 역동성은 교착상태에 있는 정치 과정에 발이 묶여 있다. 지금 티파티는 주로 공화당의 한 파벌로 선거용으로 조직되어 있지만 그 뿌리는 훨씬 더 반정치적인 성향─이딸리아의 오성운동과 다를 바 없이─을 띠고 있다. 그것의 유산은 공화당 우파를 다양한 해결책으로 이끌기보다는 타협에 대한, 따라서 모든 선택 가능한 정치적 대안들에 대한 저항 쪽으로 끌어당긴다. 오바마 행정부는 몇가지 자유주의적 쟁점에 대해 중요한 정치적 혁신을 이루어내고 있음에도 불구하고 대체로 테크노크라시적 중도파이다. 그들은 위기를 거치면서 일대 방향전환을 이루어내지는 못했다. 재정 면에서 동일한 조직들이 여전히 지배력을 쥔 채 위기 이전과 별로 다를 바 없는 어젠다들을 추구하고 있다. 미국 경제의 가장 큰 위협 가운데 일부는 적자에 허덕이는 주정부 및 시정부 들이다. 이 정부들 수준에서의 비용 절감이 연방정부가 꾀하는 경기부양 지출의 파급력을 깎아먹는 것도 문제지만, 더 근본적으로 주정부 및 지방정부 들은 성장과 인플레이션이 동반해서 그 부담을 줄여주지 않는다면 주문으로 재정 파탄을 불러낼 만한 장기 채무에 직면해 있다.

2008년 위기의 뿌리는 미국과 유럽에 집중되어 있었다 해도 그 영향은 세계적이었다. 세계 자본주의와 세계 미디어의 농밀한 상호연관과 급속한 흐름은 위기가 말 그대로 세계적이라는 것을 불 보듯 빤한 일로 보이게 했다. 이것은 반은 사실이고 반은 착각이거나 보는 관점에 따른 왜곡 현상이다. 자본시장의 교란은 그 파급력이 멀리까지 미쳤다. 자산가격의 하락은 아부다비에 있는 국부 펀드에 손실을 입혔고, 그 이웃의 토후국(emirate) 두바이를 거의 파산 지경에 빠트렸다. 악화되는 실업—특히 청년층의—은 이른바 아랍의 봄을 점화하는 데 일조했을지 모른다(비록 경제위기는 분명히 더 복잡한 이야기의 일부분에 지나지 않을 수도 있겠지만). 상하이, 토오꾜오, 요하네스버그의 주식시장은, 비록 훨씬 더 빨리 장세를 회복하긴 했지만 뉴욕, 런던의 주식시장과 동반 폭락했다. 중국과 베트남의 공장 노동자들은, 비록 중국과 베트남 경제가 잠시 휘청거리다가 줄곧 성장세를 이어갔지만, 세계 수요가 주저앉으면서 일손을 놓아야 했다. 에너지와 기타 천연자원 가격은 널뛰기하듯이 요동쳤다. 처음에는 뚝 떨어졌다가 중국처럼 꾸준히 성장하는 경제들의 수요에 힘입어 회복하더니, 중국 경제가 둔화되면서 몇몇 원자재의 경우에 다시 하락세로 돌아섰다.

얼마 동안, 심지어 미국이 더블딥 침체를 피하려 안간힘을 쓰고 유럽이 몇몇 회원국의 국가 부채와 씨름할 때조차도, 중국과 인도, 그리고 몇몇 개발도상국은 급성장을 계속했다. 사실 2011년 내내 중국 정책입안자들의 가장 큰 관심사는 경제의 하강기류 자체가 아니라 오히려 경제성장이 원료와 노동, 기타 투입요소들의 공급을 앞지르며 통제하기 힘든 인플레이션을 유발한 '경기 과열'이었다. 미국의 최대 채권국 가운데 하나가 된 이래로 중국은 (다른 외국인 투자자들과 마찬가지로) 자국의 수출품시장에 대해서는 물론이고 달러 표시 자산의 가치에 대해서도 걱정해야만 했다. 지금 현재 중국의 성장은 유럽인들을 오싹하게 할 속도로 지속되지만 성장세는 급속히 둔화되고 있으며, 이는 중국이 세계적인 경기 하강에서 면제되어 있지 않음을 입증한다. 금융시장 과열은 하나의 도전을 제기한다. 베이징과 상하이에는 투기꾼들이 재빨리 더 높은 가격에 되팔려고 사들인 수많은 아파트들이 텅 빈 채로 있다. 만일 성장률이 이내 회복되지 않거나 설상가상으로 5% 아래로 크게 떨어진다면 과도하게 레버리지된 자산 소유자들은 보유자산을 털어내려 할 것이므로, 점점 더 큰 폭으로 하락해 이 부동산 거품이 폭발할 수도 있다. 이것은 상대적으로 국지적이며 제한된 체제적 위험의 예지만, 고도로 레버리지된 금융시장들이 고도로 상호연계된 경우에는 훨씬 더 대규모의 체제적 위험들이 존재한다. 이것은 또한 중국 지도자들이 국내의 불협화음을 두려워할 수밖에 없는 한 요인이다.

인도에서 자본주의는 비교적 활기가 있고, 기업가정신이 왕성한 편이며, 중앙정부에 덜 얽매여 있다. 이 마지막 특징은 하나의 축복인데, 이유인즉 중앙정부가 상당히 비효율적이기 때문이다. 인도는 매우 고질적인 빈곤 문제를 안고 있으며 기반시설은 그리 발달해 있지 않다. 비효율성은 활력을 해치는 병폐다. 그러나 인도는 상당한 성장을 이루어왔으며 투기거품의 위협을 덜 받는 것으로 보인다. 그럼에도 불구하고, 중국과 마찬가지로 만연한 부패가 그 경제적·정치적 효율성을 떨어뜨린다. 역시 중국과 마찬가지로 인도는 널리 퍼진 생태·환경 문제들에 직면해 있다 (중국의 대기오염 재난 같은 것은 아직 없지만). 인도는 자율적 제도에 좀더 개방적인 편이어서 위험과 빈곤을 누그러뜨리려는 박애주의적인 노력들이 좀더 광범위하게 펼쳐지고 있다. 그러나 인도는 엄청난 불평등 문제를 안고 있으며, 급속한 도시화와 더불어 이 문제는 최근 만만치 않은 도전을 제기하고 있다. 시장 기반 해결책을 위한 재원이 없는 사람들을 지원하는 국가 제도들은 여전히 변변치 못한 상태다.

다행히도 성장은 또한 아프리카의 많은 지역과 아시아 및 라틴아메리카의 일부 신흥 시장에서 계속되고 있다. 한동안 유럽연합에 냉대를 받아오던 끝에 이제 터키는, 그렇다고 공공의 불만을 잠재운 것은 아니지만, 유럽의 부러움을 살 만한 성장률을 보이고 있다. 그러나 세계 전역의 많은 경제들은 고작해야 불안정하며, 세계 자본주의의 팽창은 거의 정지된 상태다. 이는 브릭스 국가들과 여러 신흥 시장이 자본주의의 부단한 팽창을 마냥 계속해나갈 것이라는—또는 바꿔 말해서 위기는 전적으로 세계의 더 부유한 경제들에 국한된 국지적 위기라는—관념이 착각임을 드러낸다. 그것은 세계적 위기였으며, 자본주의가 그 산파 역할을 한 세계화 속에 이미 똬리를 틀고 있었다. 그렇다 해도 물론 그것의 영향이 어디서나 한결같은 것은 아니었다. 그 위기는 세계의 경제권력이 중국으로 (그리고 각기 다른 정도로 다른 '신흥' 경제들로) 옮아가는 것을 가속화했거니와, 그런 이전은 세계의 더 부유한 산업경제들이 금융화한 것의 한 차원으로 시작되었던 것이다. 역설적이게도 이것이 이전 수십년에 걸친 산업 붐 시기의 개발지향 정책 및 원조보다도 더 부국과 빈국 사이의 격차를 좁혀주었다. 장기간의 성장에도 불구하고 중국은 세계적인 경기 하강에서 면제되지 않았으며, 다른 브릭스 국가들은 훨씬 더 큰 변덕(러시아처럼)이나 더욱 뚜렷한 둔화(브라질처럼)를 보였다.

하지만 백번을 양보해도, 단지 어떤 경제위기만의 결과로 자본주의가 끝장날 것 같지는 않다. 자본주의를 가장 크게 위협하는 것은 경제위기가 정치위기와 교차하거나 또는 성장을 추구하기 위해 사람들이 사회나 환경의 훼손을 감수하는 암묵적인 계약이 침식당하는 상황이다. 유럽은 성장 없는 자본주의—거의 형용모순인—의 유령을 키우고 있으며, 그에 어떻게 대처할 것인지도 확실치 않다. 아시아는 아직 성장 동력을 가지고 있는 것으로 보이지만, 아울러 변덕스럽고 취약한 정치 행태를 보인다. 또한 기대 수준이 점점 더 높아지는 사람들에게 지지부진한 성장이 실망을 안기는 곳에서, 그리고 선출된 지도자들이 공공의 자유를 옥죄고 반대 의견을 억누르는 곳에서 모두 정치적 불안이 되풀이되고 있다.

비록 자본주의 시대가 가상의 순수 경제는 국가 및 시민 사회와 뚜렷이 구별된다는 관념으로 표현되어왔다고 해도, 자본주의 자체는 언제나 그것들의 경계를 가로지르는 관행과 조직들 속에서 생성되어왔고 또 마땅히 그럴 수밖에 없다. 국가와 경제활동의 관계는 본질적인 것이지 부수적인 것이 아니다. 자본주의는 '객관적인' 체제적 현상으로서 시장조직에 의존할 뿐만 아니라 기업체——단지 법적 실체인 것만이 아니라 하나의 노동조직이기도 한——같은 사회적·문화적 구성물에도 의존한다. 자본주의의 팽창은 비단 국가와 사회만이 아니라 자연의 착취에도 의존해왔다. 이 세가지 경우 각각에서 자본주의는 그것이 의존하는 그 조건들을 파괴한다——게다가 극단적인 금융화와 신자유주의는 이런 경향을 더욱 악화시킨다. 자본주의가 미래에 계속 존속할지 여부는 자본주의를 제거하지 않으면서 그런 파괴를 제한하거나 반전시킬 방법을 찾아낼 수 있느냐에 달려 있다.

제도상의 결함들

알다시피 아시아의 많은 부분과 아프리카 및 라틴아메리카 여러 지역에서 변형과 부흥이 진행되고 있다. 높은 성장률은 자본주의의 미래에 대한 널리 퍼진 낙관에 힘을 실어주며, 심지어 정부들로 하여금 활동가들과 합세해 '녹색성장'과 사회지원체제 구축에 동참할 것을 선언하도록 북돋우기도 한다. 긴축이라는 전염병에 걸린 유럽과 정치적으로 교착상태에 있고 단지 조금 더 빠르게 성장할 뿐인 미국의 대조는 퍽 뚜렷하다. 하지만 분위기와 진행 경로의 차이에도 불구하고 둘 사이에는 매우 중요한 닮은 점이 있다.

자본주의적 성장은 공해, 사회 격변, 불평등 면에서 엄청난 댓가를 치르도록 강요해왔다. 비록 지금까지 저항의 목소리를 누그러뜨릴 만큼 많은 사람들이 발전의 성과를 서로 나누었음에도 불구하고 자본가 엘리뜨의 불균형한 부의 전유는 뚜렷이 드러나며, 심지어 과시되기도 한다. 설상가상으로 부패는 불평등 위에 또 하나의 골칫거리를 보탠다. 동시에 산업 자체의 발달을 위해 그리고 급속히 도시화하는 인구의 주거를 위해 기반시설에 대한 막대한 투자와 재원이 요구된다. 새로운 부는 소유하고 급료를 지급할 능력이 있거나 아니면 자본가적 이윤에 과세할 수 있는 사람들에 의해 전유되는 반면, 그 비용들은 대개 외부화된다. 즉 환경비용 및 사회적 비용이 기업 회계의 부담으로 충당되지 않는다. 게다가 필요한 기반시설 투자비용의 많은 부분을 정부가 떠맡는다.

그래서 자본주의는 끝장이 나는가? 자본주의는 그 기업들이 대체로 국가, 비영리 조직, 그리고 실은 가족과 일반인에게 기반시설 같은 활성화 조건(enabling condition)과 자본주의적 성장의 부산물로 빚어진 피해에 대한 비용을 떠넘길 수 있게 하는 '외부화 체제'에 달려 있다. 실상 자본주의의 수익성과 성장의 많은 부분은 비용 외부화에 의존한다. 기업은 그들이 이익을 끌어내는 공공투자―의료써비스, 노동자를 육성하거나 필요한 기반시설을 구축하는 것 같은―에 대해 그 비용 전부를 지불하는 경우가 좀처럼 없다. 그들은 오염물질과 폐기물을 만들어내지만 그 피해에 대한 금융적, 인적 또는 자연적 비용을 짊어지지 않는다. 다른 말로 하면 자본주의는 어마어마한 부를 생산하지만, 반드시 심각한 (오염되고 가난에 찌든 19세기의 영국에서 존 러스킨John Ruskin이 만들어낸 용어를 빌리면) '나쁜 재화'(illth, 'wealth'의 상대어로 고안된 신조어)라는 부산물과 함께 그렇게 한다. 자본주의는 이 '나쁜 재화'가 용인되는 한에서만 부를 낳을 수 있다. 국가는 이 거래를 잘 관리하려고 노력하지만, 자본주의에 그 자신의 비용을 지불하도록 응분의 세금을 부과하는 것은 국가의 국제경쟁력을 떨어뜨리고 부를 창출하는 자본주의의 역동성까지 잠재적으로 제거한다.

그밖에도 자본주의 기업은 또한 그들의 재산권 보호에서부터 정부 출연으로 이루어진 연구 성과를 사적인 상업화에 이용할 기회에 이르기까지 국가로부터 수많은 이익을 끌어낸다. 국가는 통화부터 도로와 계약법 같은 문제에서의 보증에 이르기까지 필요한 투입 요소들을 제공한다. 자본주의는 또한 사회적 연대에, 그리고 학교에서 의료써비스에 이르기까지 광범위한 제도에 의존한다. 흔히 이것들은 부분적으로 공적인 또는 비영리적인 기초 위에서 조직된 경우에도 그런 이익을 끌어낼 기회들을 제공한다. 그러나 더 기본적으로 그것들은 만일 그렇지 않으면 기업이 내부화해야만 했을 써비스와 영업을 위한 안정된 환경을 제공한다.

사실, 기업이라고 해서 하나의 경제체제로서의 자본주의 안에 완전히 한정되거나 자본주의에 의해 통제되는 것은 아니다. 그것들은 법적인 틀 안에 있고, 정치에 긴밀히 얽혀 있으며, 또한 소유자들의 이익을 넘어 그 구성원들을 위해 운영된다. 투자 회수와 주식 공개매입(takeover bids, 기업 경영권 획득 또는 방어를 목적으로 해당 기업의 주식을 장외에서 불특정다수인을 상대로 공개 매집하는 행위)의 위협 아래서 회사들이 장기적인 계획능력을 잃고 변덕스러운 금융시장의 입맛에 맞게 즉각적인 수익성에 급급해 비용 절감에 나섬에 따라서 기업의 복지 혜택이 극단적 금융화의 시기 동안 축소되었지만, 기업 고용은 연금과 의료보험을 비롯한 복지의 주요한 원천이었다. 인생의 위험들—자본주의로 말미암아 생겨나거나 격심해진 것들을 포함해서—을 완화하는 데 훨씬 더 중요한 것은 건강에서 교육에 이르기까지 노령자를 보살피고 실업자를 지원하는 정부의 제도들이다. 이 중 많은 것이 금융화 시기에 역풍을 맞았다. 동시에 가족, 공동체, 종교조직 같은 전통적인 제도는 가중된 부담의 일부를 감당할 수 있을 뿐이다. 또한 자립과 자선을 목적으로 신설된 비영리 조직들이 있으며, 금전적인 능력이 있는 사람들에게는 보험이나 저축 등 위험을 관리하는 여러 수단이 있다. 그러나 불가피하게 위험과 불안정을 빚어내기 마련인 하나의 경제체제로서의 자본주의는 일반인들이 그에 대처하도록 돕는 일정한 지원제도들의 구조에 의존한다. 연륜이 깊은 자본주의 경제들에서는 사회적으로 조직된 위험 완화 장치가 이미 뚜렷하게 침식되었고, 신흥 자본주의 경제들에서는 이런 목적으로 신설된 제도들이 상당히 느리게 발달했다. 이는 다시 자본주의와 그것을 지탱하는 정부들이 정치적 정당성을 유지할 수 있을지에 관한 의문을 제기한다.

자본주의는 최근 수십년 동안 손상당한 제도와 사회적 관계 들을 토대로 번성하고 광범위한 정당성을 확보해왔다. 따라서 앞으로 자본주의의 갱신은 이것들의 갱신에 의존할 것이다. 이는 부분적으로 정당성, 사회적 연대와 사회적 지원을 제공하는 것에 관한 문제다. 이는 또한 자본주의적 성장이 도시화, 자원 수요, 환경 파괴, 이주, 그밖에 수많은 쟁점들—단순히 투자, 생산, 이윤이 아니라—에 관한 문제라는 사실에 대처하는 문제이기도 하다. 이런 문제들에 대처하는 능력은 시장으로부터 나올 뿐만 아니라 정부와 실로 광범위한 사회 제도들로부터도 나온다. 칼 폴라니(Karl Polanyi, 1886~1964. 오스트리아-헝가리 출신의 경제사가, 경제인류학자로 특히 경제에 대한 문화인류학적 접근을 시도한 『거대한 전환』으로 유명하다)가 20세기의 대공황과 전쟁의 와중에 주장했듯이, 19세기를 뒤돌아보든 그 앞을 내다보든 고삐 풀린 자본주의의 발전은 더 큰 이익은 물론이고 그 자체의 생존을 위한 사회적 조건들을 침식하기 마련이다. 새로운 제도적 지원 체제를 구축하려는 노력은 자본주의 체제를 안정시키는 동시에 자본주의적 성장 이익에 대한 좀 더 효과적인 배분을 뒷받침해준다.

암묵적인 사회계약은 자본주의 기업의 정당성만이 아니라 그 연속성을 뒷받침하는 국가들의 정당성을 담보한다. 즉 시민들은 성장의 댓가로 불평등과 장기적인 비용의 외부화를 용인한다. 오늘날 아시아, 라틴아메리카, 아프리카의 고도성장 국가들은 모두 그들의 성장 패턴 속에서 국민통합과 미래 성장 여건을 조성하기 위한 투자를 유지하기에 충분한 재정적 균형을 이루어내야 하는 중대한 과제에 직면해 있다. 분명히 그들은 최근의 성장률을 더욱이 저성장의 세계경제 속에서 계속 이어갈 수는 없을 것이며,

그러한 성장이 중단되면 투기거품의 폭발과 시민들의 불만에 동시에 직면할 것이다.

유럽과 미국은 낙관적 전망이나 성장의 이점도 누리지 못한 채 똑같은 도전들에 직면해 있다. 장기적으로 경제성장이 부재하고 이에 대처할 정치력이 명백히 취약함을 우려하는 목소리가 높지만, 진정으로 이렇다 할 성과를 이루어낼 역량을 갖춘 어떤 사회운동의 대응은 아직까지 나타나지 않았다. 경제위기와 취약한 정부 정당성에 대한 대중의 반응은 대체로 우파에서, 그리고 흔히 외국인혐오적인 선동 속에서 나타났다. 유럽에서 정부의 대응은 금융화의 주된 수혜자와 위기의 장본인 들의 자본을 지켜주면서 긴축 프로그램으로 국가의 재정 균형을 회복하려는, 경제 활력을 떨어뜨리는 노력으로 나타났다. 미국은 새로운 성장동력을 찾기 위해 많은 노력을 쏟아왔지만, 정치적 교착상태와 아울러 금융기관과 그 투자자들보다 일반 납세자에게 더 많은 비용 부담을 돌리려는 한결같은 편향이 걸림돌이 되고 있다.

지속적이고 착실했던 성장기 동안, 특히 제2차 세계대전 이후의 성장기에 자본주의는 고용을 창출하고 보수를 개선했다. 동시에 경제성장은 의료써비스, 교육, 교통 등 누진세와 정부 투자의 기초 위에서 시민들이 널리 공유하는 여러 혜택의 확대를 담보했다. 이제 시민들은 자녀들이 자신들보다 더 큰 번영이나 기회를 누릴 것이라고 믿지 않는다. 부유한 나라들에서 좀더 부유해지려는 시민들의 욕망은 자기 나라가 국제경쟁력을 유지해야 할 필요(비단 무역을 위해서만이 아니라 높은 과세체제를 피해 달아날지도 모를 엘리뜨와 기업 들의 충성을 확보하기 위해서라도)와 충돌한다. 자본주의 핵심부 오래된 부국들의 성장률이 세계 전체의 성장을 지체시킬 것이며, 그래서 설령 그들이 여전히 부국으로 남는다 해도 대대적인 구조 개혁이 없다면 성장률이 향상될 여지도 줄어들 것이라는 예상은 충분히 일리가 있다. 그와 동시에 오랫동안 자본주의의 전반적인 정당성을 보장해준 제도적 구조들은 1970년대 이래 금융 및 재정 위기의 와중에서 더욱 뚜렷하게 침식당했다.

'신자유주의'라는 용어는 으레 정부의 비용과 경제활동에 대한 적극적인 관여를 축소하는 동시에 자본주의 시장에 대한 정부 규제를 축소하고자 하는 일단의 정책을 가리킨다. 1970년대 이후의 이 자유주의는 19세기의 자유주의에서 많은 것을 물려받았다. 한가지 핵심적 차이는 이 후대의 자유주의가 성숙한 자본주의의 일부로서 자리잡은 많은 사회보호제도 및 경제적 조정을 원상태로 되돌리려고 한다는 것이다. 그 주요한 표적은 대공황에 대한 대응으로서 장기간의 전후 활황 동안에 자리잡은 제도적 조정이었다. 그러나 19세기 자유주의와의 연속성은 우리에게 한가지 교훈을 주는데, 그것은 곧 '족쇄 풀린' 자본주의의 추구와 자본주의의 한계 및 과도함을 보완하려는 노력 사이의 긴장관계가 어제오늘의 일이 아님을 우리에게 상기시켜준다는 것이다. 19세기에 자유주의자들은 흔히 자본주의적 이윤 추구에 방해가 되는 전통적 제도들을 해체하고 또한 새로운 제도들을 제한하고자 했다. 그리고 이것은 발전하는 오늘날의 세계 전역에서 쟁점이 되고 있다.

예컨대, 중국에서 대단히 역동적인 자본주의 발전은 장구한 지역공동체 구조와 갈등을 빚을 뿐만 아니라 공산주의 시기에 자리잡은 대안적 제도들—'작업 단위'가 주거, 의료써비스, 일자리의 중심 공급자 구실을 하는(서구 자본주의의 초기 국면에 등장한 온정주의적 기업도시들과 어느정도 유사한 면을 지닌) 단웨이(單位)제도 같은—과 갈등을 빚고 있다. 새 일자리를 얻은 노동자들, 특히 급성장하는 도시 지역의 새 일자리를 찾아 이주한 노동자들은 그들의 출신지 공동체에 있던 전통적 양식의 사회적 자본과 한때 단웨이에 의해 제공된 제도상의 배급을 모두 잃어버리고 말았다. 그들은 가진 돈이 있으면 종전에 배급으로 지급되던 것의 대용품을 시장에서 구입해 때우거나 가진 돈이 없을 경우 더 악착같이 애쓰면서 도시에서 새로운 생활방식으로 살아간다. 때로 그들은 한 세대 전에 상하이 같은 대도시에 이주한 사람들이 거기서 향토와 친족적 유대를 일궈낸 것처럼 그들 자신을 위해 새로운 사회 제도들을 창안한다. 흔히 그들은 다소 주변적인 존재로 살아가면서 고향집으로 보내거나 가족들을 데려오기 위해 돈을 저축하려고 애쓴다. 정부는 이런 일을 규제하려 드는데, 이를테면 허우커우(戶口)제도를 이용해 허가받지 않은 이주자들이 학교 같은 도시의 제도에 접근하는 것을 제한한다. 이런 제한이 있다는 것 자체가 사회적 통제수단의 증거인 동시에 제도적 결함의 증거이기도 하다.

하지만 중국은 점점 더 자본주의적 방향으로 발전해나감에 따라 더 강력한 제도들을 필요로 하게 되었다. 실제로 정부는 교육을 확대하고, 특히 새로이 일차진료(primary care)제도를 도입해 의료써비스를 개편하고 있다. 고령화가 빠르게 진행되면서 (더구나 비단 태도의 변화뿐만 아니라 노동 이주와 한자녀 가족정책으로 가족 부양이 줄어드는 상황에서) 노년층을 위한 어떤 돌봄제도가 마련될 것인지 우려의 목소리들이 나오고 있다. 우리는 실업 구호와 사회복지를 제공하기 위해 어떤 제도가 발달할지 추측할 수 있을 따름이다. 정부는 그 어느 쪽에도 많은 자율성을 허용하기를 꺼려왔지만, 자선사업이나 상호공제조합이 그런 새로운 제도가 될 수 있을 것이다. 분명히 중국은 자본주의적 경로를 따르고 있는 것으로 보이지만 그것이 서구 제도들의 복사판 같은 것이 될지, 이런 제도를 최소한으로 축소하려는 서구적 신자유주의의 경쟁 상대가 될지, 아니면 국가자본주의의 어떤 변종('중국적 특징들을 지닌')이 될지는 불분명하다.

국가자본주의는 지난 400년 동안 하나의 예외였지만, 그것이 더 예사로운 것으로 자리잡는 것이 한가지 있을 수 있는 자본주의의 변형이 될 것이다. 논란의 여지가 있지만 쏘비에뜨 공산주의는 이미 국가자본주의 같은 면을 지니고 있었다. 물론 파시즘에도 그런 면이 있었다. 오늘날 정부가 자신의 정당성을 떠받치기 위해 반동적 민족주의를 이용하는 곳에서는 국가자본주의의 여지가 더 큰 것으로 보인다. 요는 미래의 자본주의가 꼭 지난 두 세기 동안 서구 역사에서 지배적이었던 '자유주의적 자본주의'의 연장이어야 할 이유는 없다는 것이다. 흔히 언급되듯이 자본주의와 자유민주주의의 결합은 자본주의를 정치에 결부하는 한가지 방식일 뿐이었으며, 특정한 역사적 조건과 투쟁들의 산물로 나타난 것이다.

물론 각국의 신자유주의는 국제적인 '자유무역'의 진흥과 긴밀한 관련이 있다. 관세 인하와 통상규제 축소는 어떤 면에서 국내 이동 제한과 정부의 시장 개입 노력을 축소하는 것과 유사하다. 군사적 안보(또는 우위)와 사회보장을 제공하는 것은 국가 주도 투자의 뚜렷한 이점에, 그리고 그것을 타당한 모델로 만들어주는 세계시장에 대한 완충장치에 상응한다. 이것은 특히 자유민주주의의 경험이 거의 없는 나라들에서 나타날 가능성이 높다. 물론 서구 국가들도 모험적 사업들(business ventures)——특히 교통, 통신, 에너지산업 분야에서——을 경영해왔지만, 그것들은 시장 실패를 보완한다는 목적을 떠나서 자본축적을 목적으로 조직된 예가 별로 없다. 그것들의 민영화를 요구하는 것이 신자유주의의 품질 보증 마크였고, 이는 영국 같은 오래된 핵심부 경제들뿐만 아니라 수많은 개발도상국, 특히 라틴아메리카에서도 볼 수 있을 만큼 아주 광범위한 현상이었다. 여하튼 전진하는 자본주의에 특유한 제도적 구조가 서구의 경우가 그래온 것처럼 정부, 영리 기관, 시민사회를 엄격하게 구별할 것인지는 아직 결정되지 않은 문제로 남아 있다.

자원 부족과 자연의 악화

지속적인 자본축적은 자본주의 내부의 경제적 난관과 그것의 사회적·정치적 지원 체제를 재상산하는 데 따르는 문제들에 의해서뿐만 아니라 '자연' 환경의 파괴에 의해서도 역시 제한을 받는다. 자본주의는 원료와 인구의 유지에, 그리고 또한 환경 악화 비용을 기업 회계에서 공적 회계로 외부화하는 것 ─ 정부가 지불하는 방식으로나 아니면 사회적 고통 분담의 방식으로 ─을 용인하려는 다양한 사회에 속한 인간들의 의향에 의존한다.

생태 및 기후 문제의 도전에 대응하는 것은 '자연'이 이해되어온 방식들 탓에 더 어려워진다. 자연은 특히 서구에서, 하지만 서구만이 아니라 비서구에서도 오랫동안 인간 사회에 대한 타자로, 흔히 극복되어야 할 장애물로 이해되었고, 그러므로 우리 또한 자연 존재이며 단지 자연의 일부로 살아간다는 사실이 가려졌다. 자본주의의 발달과 번영에 더욱 특유했던 것은 '자연'을 자원으로 구성하는 것이었다. 자본주의에 자연은 이용되고 착취되기 위해 존재해왔다. 숲에서 물에 이르기까지 비근한 예는 주위에 널려 있다. 후자인 물만 해도, 세계의 담수 이용량은 20세기 후반기 동안 3배로 늘었다(같은 기간 인구는 2배로 증가한 데 비해). 기술 발전으로 농민 등의 담수 이용자들이 더 깊은 곳의 지하수를 퍼올릴 수 있게 됨에 따라, 대수층(帶水層)까지 물이 빠지고 지하수면이 낮아질 위험이 생겼다. 댐을 더 많이 더 크게 짓는 것은 전력을 생산하고 때론 홍수를 통제했지만, 또한 그 때문에 주민들이 살던 곳에서 쫓겨나고 농장이 물에 잠기고 물고기가 떼죽음을 당했다. 강은 말 그대로 말라붙고 호수가 사라지고 있다. 이해타산에 따라 일처리를 하려 들면서 현재의 이용이 미래 세대에 지우는 비용은 거의 언제나 철저히 과소평가되기 마련이다.

자원으로서의 자연은 반드시 한계를 보이고 자본주의는 끊임없이 팽창하는 체제로 조직되어 있는 까닭에, 자본주의는 또한 자연의 한계를 초월하려는 노력들을 장려한다. 현대과학과 기업 및 정부 지원의 결합은 신기술 개발에서 놀라운 성과를 이루어냈다. 여기에는 농업, 신소재, 새로운 에너지 추출 방식같이 천연자원을 증대하는 자원공학기술이 포함된다. 이렇게 자본주의는 비료, 기계화, 배수 및 관개, 연구 성과로 나온 신품종을 토대로 한 집약화된 농업으로 '자연의' 잠재력을 보완하면서 인간 생명의 부양능력을 증대하는 데 기본적인 역할을 해왔다. 또한 그것은 제약회사에서 각종 장비를 갖춘 병원에 이르기까지 의학 분야의 신기술과 함께 과학 기반 의료를 가져다주었다. 이것들이 '자연적인' 인간 수명을 연장하고 또한 더 많은 사람들이 천수를 누리게 해주었다. 신기술에는 새로운 상품 제조에서 인간 노동의 역할을 완전히 바꾸고 크게 줄인 생산 공정 및 장치도 포함된다. 거리와 지리의 장애를 극복하는 교통 및 통신 기술, 그밖에 전례 없는 규모의 도시 생활을 가능하게 만드는 기반시설 기술도 빼놓을 수 없다. 기반시설에 대한 막대한 투자와 함께 이 기술들은 인구의 극적인 팽창, 대규모 도시화, 지리적 이동성의 엄청난 증대를 가능케 했다.

그러나 사회생활의 새로운 조직은 특히 석탄에서 석유에 이르는 탄소원만이 아니라 핵을 비롯한 여러 형태의 동력으로 공급되는 에너지 수요를 크게 증가시켰다. 신기술은 다양한 광물에 대한 수요를 늘렸다. 인간 생활 규모의 엄청난 팽창은 부족한 투입자원들에 의존할 뿐만 아니라 또한 재앙이 될 수 있을 기후변화를 포함해 대규모 환경 훼손의 비용이 따르기 마련이다. 식량 생산을 증대하는 농업의 집약화 자체가 일반적으로 토양 침식 등의 피해를 일으킨다. 신종 인공소재들은 흔히 자연분해성이 떨어진다. 탄소 기반 에너지원은 오염물질을 배출한다. 그리고 자본주의적 성장과 함께 팽창하는 광범위한 사업활동은 지구 온난화를 일으킨다. 정말이지 이것이 리우(1992년 6월 브라질 리우 회의의 '기후변화에 관한 유엔 기본 협약')에서 쿄오또(1993년 12월 '온실가스 감축 목표에 관한 쿄오또 의정서')로, 다시 도하(2012년 12월 카타르 도하의 제18차 유엔 기후변화 협약당사국 총회)로, 기후변화에 대한 진지한 대응을 지지하는 국제적 합의에 이르기가 그렇게도 어려웠던 주된 이유들 가운데 하나다.

더 나아가 금융화 시기에는 환경 악화를 저지하기 위한 노력 자체가 거래의 대상이 된다. 오염원인 탄소 배출을 탄소 배출량 거래로 관리하자는 제안이 가장 두드러진 예이다. 이같은 '배출권 거래제'는 오염물질의 배출량에 한계를 설정하되, 상정된 한계만큼 배출하지 않은 측이 소위 '절약한 배출량'을 그렇지 못한 오염 유발자들에게 팔아서 이들이 더 많이 오염시킬 수 있게 허용하는 것이다. 이런 제도가 관심을 끌게 된 것은 그것이 배출량을 줄이는데 실질적인 효력이 있어서라기보다는 오염시킬 권리가 수익성 있는 유가증권에 담겨 투자은행들에 의해서 거래될 수 있다는 사실 덕분이다.

자연이 얼마나 소모되고 돌이킬 수 없게 훼손되는지 그정도가 (생명체 일반에 대해서는 물론이고) 자본주의의 미래에 있어 하나의 문제다. 그것은 경제적 분석 범주를 벗어나는 문제다. 부분적으로, 천연자원은 적절히 가격을 매기기가(특히 장기적인 지속 가능성에 관심을 두고서 평가할 경우에) 극히 곤란하기 때문이다. 그것은 또한 자연을 오로지 자원으로서 취급하는 것이 자연계에 대한 인간의 감응과 의존의 진정한 성격을 이해하는 것을 심각하게 제약하기 때문이기도 하다.

근본적으로 한정된 자원으로 이해될 때의 자연은 자본주의적 조직들과 그것이 의존하는 국가들 사이에 경쟁적인 전유의 대상이 된다. 석유의 정치학, 석유의 경제학은 약 100년 동안, 그리고 특히 1970년대 이래로 그 두드러진 본보기가 되어왔다. 부족한 자원을 둘러싼 수많은 새로운 경쟁이 가까운 미래의 모습이 될 것이며, 국가와 인간사회에 대해서는 물론 자본에 대해서도 도전해올 것이다. 에너지는 기본이다. 광물은 현대기술에 필수적이다. 물은 부족하고, 공급량이 들쭉날쭉하며, 때론 오염되기도 한다. 건조한 아라비아와 꽉 찬 중국이 비옥한 아프리카에 대한 권리를 놓고 다투듯이, 농사지을 땅조차도 경쟁의 대상이다.

자원을 둘러싼 싸움은 지정학적 분쟁의 잠재적 원인으로도 중요하다. 이미 그것은 내전, 국가간 전쟁, 범죄 행위의 경계를 넘나드는 대개 소규모지만 광범위한 무장 충돌의 근원이 되고 있다. 한편 경제성장에 따라 중국에는 천연자원—원유와 광범위한 광물 모두—을 확보하는 일이 관건이 되었다. 이 자원 확보의 필요성 때문에 중국은 아주 멀리 떨어진 나라들, 이를테면 중국에 그들 원유의 대부분을 수출하는 최근에 분단된 두개의 수단 같은 나라들과의 관계에 얽히게 되는 것이다. 천연자원을 파는 것이 러시아와 구소련의 다른 몇몇 지역에는 대단히 중요하다. 유럽은 러시아의 주요한 수입상대로, 이미 수입에 의존하는 자원의 공급 문제로 분쟁에 휘말렸다. 이란은 중동 지역에서, 그리고 무슬림 인구에 대한 매우 광범위한 영향력 면에서 예측하기 어려운 강국이다. 페르시아만 연안 국가들은 국제적인 주요 투자자이며 이 지역 안보의 중요한 담당자들이다. 만일 이 나라들이 점점 더 흔들리게 되면 그 파급효과는 대단할 것이다. 오랫동안 '자원의 저주'의 대표적인 사례였던 나이지리아는 좀더 성공적이지만 여전히 걱정스러운 발전 경로에 진입한 것으로 보인다. 여러 라틴아메리카 국가들은 중요한 원유 수출국이며, 브라질 같은 몇몇 나라는 신흥 세력이다. 미국은 금융위기 동안 부분적으로 새로운 수압파쇄기술을 포함한 투자에 힘입어 국제 에너지원에 대한 의존을 줄였다. 셰일(shale, 입자가 작은 진흙 등의 퇴적암으로 혈암頁巖이라고 함)에서 원유와 가스를 추출하는 새로운 능력이 어쩌면 자본축적의 미래 앞에 놓인 커다란 위협들 중 하나를 기술적으로 해결하는 가장 뚜렷한 사례가 될지도 모른다(아직은 에너지 수요에 맞추어 생산을 확대하기가 꽤 어렵다고 판명된 '첨단 녹색'greener기술들보다도 더). 그러나 기술적 해결책은 환경에 관한 새로운 걱정거리를 빚어낸다. 그리고 자본주의는 지구 에너지 및 자원 정치에 여전히 깊숙이 얽혀 있으며, 그렇게 얽혀드는 강국들의 명단은 점점 더 늘어날 수 있다. 에너지는 중앙 아시아의 정치나 영국이 아르헨띠나와 벌인 식민시대 이후의 다툼에서와 마찬가지로 동아시아에서 벌어지는 몇몇 섬들에 대한 영토 분쟁에서 주권에 대한 이데올로기적 집착과 맞닿아 있다.

에너지 자원은 자칫 폭력 충돌을 일으킬 소지가 큰 가장 중요한 요인일지 모르지만 그렇다고 유일한 요인은 아니다. 물과 농경지도 어쩌면 그만큼 부족할 것이다. 또 자원 외에도 종교, 이주, 국경과 영토 확장에 대한 준(準)제국주의적 욕망을 둘러싼 갈등들 — 단순히 이웃나라가 무기를 비축하고 있다거나 핵 보유능력을 획득하려 한다는 증거를 둘러싼 갈등은 말할 것도 없고 — 이 있다. 다양한 부류의 독재자와 비국가 행위자들은 불안정성을 가중하는 근원이며 갈등을 점화할 잠재적 불씨다. 그리고 지난 10년 동안 실제로 일어난 충돌 — 특히 이라크 침공과 질질 끄는 아프가니스탄에서의 전쟁 — 은 긴장을 악화시킨 동시에 유능한 경찰 노릇으로 자신의 헤게모니 세력을 보완하는 미국의 역량을 축소했다. 이 모든 것이 미래에 전쟁의 가능성을 더 크게 만들며, 소규모 또는 국지적 충돌이 대규모 지정학적 충돌로 비화될 가능성을 더 키운다. 여러모로 지난 40년간의 냉전은 지정학적 갈등과 재편이라는 더 긴 역사의 막간처럼 보인다.

비공식 부문과 불법적 자본주의

금융화와 신자유주의는 함께 비교적 부유한 서구 국가들에서 자본주의를 안정시키는 데 필수적이었던 다양한 제도들을 약화시켰다. 국가 규제기구뿐만 아니라 노동조합과 심지어 기업도 거기에 포함된다. 개인의 경력에 안정된 울타리로 보이던 기업들은 더이상 의료써비스와 연금, 장기간의 직업 안정성을 제공하지 못했다. 많은 경우에 기업들은 자산이 자본시장에서 거래됨에 따라 그 고용인, 공동체, 또는 사업 상대방에 대한 어떠한 책임도 벗어던진 채 소멸하고 말았다. 공동체들은 경제적 기반의 파열과 인구 변동으로 침식당했다. 공식 조직들이 일반 시민에게 제공하던 안전망은 점점 더 축소되었고 그 기회마저도 점점 줄어들었다. 이러한 변화는 소련의 붕괴에 이어 나타난 제도상의 위기만큼 급격한 충격은 아니라 해도 나아가는 방향은 똑같았다. 종교단체들이 자선활동만이 아니라 고용에서 상담활동에 이르기까지 일련의 제도적 써비스에 발벗고 나섰다. OECD 국가들 도처에서 부분적으로 비화폐 상호교환 경제를 영위하려는 지역 네트워크들이 출현했다.

공식 제도의 약화는 비공식 부문(informal sector)의 성장과 맞물린다. 이 비공식 부문이라는 용어는 공식 제도가 전국 규모로 발달하지 못하고, 그 결과 공식으로 기록되는 화폐경제가 전체 경제활동의 일부분에 지나지 않는 제3세계의 환경을 기술하려는 (특히 아서 루이스Arthur Lewis와 키스 하트Keith Hart의) 노력에서 비롯되었다. 상당수 주민들의 실생활에 필수적인 이 나머지 영역은 새로운 환경에서 지원망 구실을 하게 된 '전통적' 사회관계에 대한 의존, 물물교환 같은 공식적 시장 관계에 대한 새로운 대안들의 발전, 그리고 법이나 세금과 무관하게 거래가 이루어지는 면대면(face-to-face) 네트워크들을 다양한 조합으로 내포했다. 이런 비공식 부문의 활동 가운데에는 범죄 행위에 해당하는 것도, 그렇지 않은 것도 있다. 그러나 비록 그 개념이 제3세계 연구에서 유래했다고 해도, 비공식 부문이 언제나 자본주의와 동행했고 또한 그것을 지원하고 그에 대응하기 위한 법적 체계를 세우려는 민족국가의 노력과 동행했다는 것은 분명하다.

비공식 부문은 지난 40년 동안 극적으로 팽창해왔다. 그것은 가난한 나라에서는 물론이고 부유한 나라에서도 경제생활의 한 중요한 차원이며, 공적 제도가 제구실을 하지 못하는 상황에(공산주의 체제 말기에, 그리고 형식적인 계획경제들에서처럼) 사람들이 대처해온 방식의 중요한 일부이며, 공공재 공급이 감소하는 상황에(특히 종전 공산주의 국가들의 체제 전환 이후에, 그리고 신자유주의와 긴축을 강요하는 자본주의 국가들에서) 사람들이 대처해온 방식의 핵심적인 부분이다. 그중 많은 부분은 공동체 수준에서 조직된다. 이를테면 소규모 물물교환, 협동조합, 그리고 세금과 금융산업을 동시에 회피하는 현금거래 등이 그에 속한다. 비공식 부문은 단순히 사회 문제의 현장이 아니다. 그것은 창조성의 무대이기도 하다. 씰리콘밸리 신화의 일부가 된, 차고를 본거지로 한 발명가와 사업가 들은 흔히 그들의 초창기 사업을 비공식적으로 꾸려나갔다(적어도 벤처 자본을 끌어들이기 어려운 단계에서는). 오늘날 비슷한 처지에 있는 인도와 나이지리아의 사업가들 역시 그렇게 한다. 영화제작자와 예술가 들도 사정은 마찬가지다. 비공식 부문은 때론 보헤미안처럼 보이기도 하고 때론 놀랍게도 중간계급처럼 보이기도 한다. 하지만 그 역동적이고 매력적인 사업들은 세금을 낼 수도 내지 않을 수도 있으며, 그 노동자들은 연금이나 의료보험 혜택을 받을 수도 받지 않을 수도 있다.

비공식 부문은 단순히 지역공동체 네트워크나 공식 시장 및 공식 제도의 대안으로서 면대면 관계의 네트워크에만 국한되는 것이 아니다. 그것은 적어도 부분적으로 국가 제도 및 법률 외부에서 작동하는 대규모의 초국적 자본주의 구조들에도 역시 걸쳐 있다. 돈세탁, 금융업, 그리고 계약은 물론 강제에 의존하는 투자 등이 여기에 포함된다. 탈세, 밀거래, 다양한 불법 유통 — 여러 종류의 광물질(피의 다이아몬드blood diamond, 전쟁 지역에서 전비 충당을 위해 채굴, 판매되는 다이아몬드) 또는 콜탄(coltan, 컬럼바이트columbite와 탄탈라이트tantalite로 이루어진 광물질로 각종 전자기기의 전해 콘덴서에 주로 쓰인다)에서부터 무기(대개 소형 무기지만 때론 탱크, 항공기, 미사일까지), 마약, 인신에 이르기까지—또한 여기에 속한다. 빈번히 나타나는 이 불법적 자본주의는 '비공식 부문'이라는 명칭이 의미하는 것보다 종종 더 공식적으로 조직되어 있으며, 달러화로 여러 조(兆)에 달하는(당연히 정확히 산정하기 어렵지만) 수입과 투자금을 보유하고 있다.

탈세와 불법 투자라는 이미 성황을 이루던 산업은 러시아에서 공산주의가 자본주의로 대체된 방식 때문에 극적으로 고조되었다. 실로 어마어마한 정도로 전직 국가 관리들의 국가 자산 절도가 이루어졌고, 이것이 자본주의적 기업과 조직범죄의 혼합체로 탈바꿈했다. 이는 대규모 불법거래를 조장하고 새로 조성된 막대한 액수의 자금을 성업 중이던 불법시장들의 지구적 네트워크로 쏟아부었다. 모르긴 해도 1조 달러 정도의 기록되지 않은 자본이 러시아 같은 나라들에서 키프로스나 케이맨 제도(Cayman Islands) 같은 조세 회피처로 흘러들어갔고, 다시 러시아로, 세계 전역으로 흘러나가 비합법 사업은 물론 합법 사업에도 투자되었을 것이다.

상대적으로 국지적인 비공식 부문의 활동과 대규모 불법 자본주의 모두의 중요성은 공식으로 기록된 자본주의적 성장의 약점들을 드러낸다. 첫째로, 이런 성장은 사회생활 및 재생산을 지속하는 데 필요한 분배를 이루어낼 수 없다. 공식 자본주의는 실제로 많은 사회에서 기본적인 생

활조건을 유지하기 위해——따라서 합법적 시장에 기반을
둔 사회 부문들의 번영에 필수적인 사회적 평화를 유지하
기 위해——비공식 부문에 의존한다. 이는 자본주의 사회
에서 공식 시장의 실패가 아주 뚜렷이 나타나는 지역들의
경우에——예컨대, 대규모 자본주의와 국가의 효력이 모두
미치지 않기 때문에 주민들이 생존하기 위해 서로서로에
게 그리고 매우 영세한 사업활동에 주로 의존해야만 하는
슬럼 지역들에——특히 잘 들어맞는다. 하지만 그것은 더
대규모로, 부패가 비단 개인의 탐욕만이 아니라 또한 제도
상의 저개발을 입증하는 곳에도 역시 들어맞는다. 둘째로,
세계적인 불법거래에 들어간 막대한 양의 자본은 공식 부
문에서 조성된 자금에 대해 암암리에 세금을 물리거나 그
자금을 빨아들이며, 시장과 위험에 대한 예측 가능성을 더
낮춘다. 물론 불법 부문에서 나온 자본이 합법적인 자본시
장으로, 그리고 합법적 사업(비합법적인 경영수단, 이를테
면 뇌물이나 폭력의 위협 같은 수단이 개입될 수도 그렇지
않을 수도 있는)에 대한 직접투자로 흘러들어갈 수도 있
다. 비공식화 및 부패는 필요한 국가 규제를 무력화하고,
합법적 사업을 마약이나 성 밀매 같은 비합법적 사업과 직
·간접적으로 통합시킨다.

　세계 정치경제의 많은 부분은 민족국가 및 자본주의의
'공식적인' 세계체제를 뛰어넘는 방식으로 조직되어 있

다. 국가와 기업 사이의 결탁, 다양한 규모의 조직범죄, 아무런 정치적 공직도 없는 군벌과 카르텔들이 휘두르는 정치권력, 군대를 포함해 반 자율적인 국가기관들의 경제력, 이 모든 것이 매우 복잡다단한 세계——그리고 우리가 알고 있는 대로의 자본주의에 대한 한가지 위협——를 드러낸다. 위키리크스(WikiLeaks, 정부와 기업, 각종 단체의 비리와 불법행위 관련 비밀문서를 폭로하는 웹사이트로 2006년 줄리언 어산지 J. Assange가 설립했다)에서 해킹, 씨스템 파괴 쏘프트웨어(malware), 스피어피싱(spear-phishing, 유력인사와 유명인 등 특정인을 대상으로 특정 정보를 빼내는 행위), 그밖에 때론 국가의 후원으로 때론 프리랜서들에 의해, 때론 국가에 때론 기업에 반대해 전개되는 여러 전술에 이르기까지 싸이버보안에 대한 도전들도 마찬가지다. 이것은 모두 역사적 전례가 없는 것은 아니지만, 불확실한 미래를 지닌 자본주의의 변형의 일부인 것이다.

맺음말

자본주의가 다음주에 무너질 것처럼 보이지는 않지만, 그렇다고 영원히 지속될 것 같지도 않다. 현재로부터 직선으로 투사한 관점에서만 미래를 상상하는 것은 언제고 어리석은 일이다.

자본주의는 일반적인 위기 경향과 세계 여러 지역의 일방적인 금융화로 특유한 위험이 심화되는 등의 내부 모순에 의해 쓰러질 수도 있었다. 사실 2008~9년 시장의 대폭락 이후에도 규제나 시장구조는 놀랍게도 거의 아무런 개선도 이루어지지 않았다. 같은 기업, 같은 사람들이 대개 그대로 자리를 지키고 있다. 그러므로 같은 위험이 여전히 우리와 함께 있는 것이다.

그렇지만 환경의 재앙이건 질병이건 전쟁이나 반란이건 간에 외적 요인에 의한 파열 가능성도 똑같이 고려해야 한다. 통신 네트워크나 에너지 공급같이 자본주의가 의존하는 기반시설 체계 역시 어쩌면 정치적 행위자들에 의해 파열될 수 있다. 이 모든 이유들 때문에, 이제껏 점점 긴밀해지던 세계적 통합 과정이 부분적으로 반전되었을지도 모른다. 파열에 대처하는 것은 서로 다른 복원력 기반을 지니고 좀더 느슨하게 결합된 체제들에 달려 있을지도 모른다.

단순히 자본주의에 의해 조직되는 경제활동은 줄어들고 대안 체제들이 더 많은 경제활동을 조직하면서, 자본주의가 붕괴하지 않은 채로 쇠퇴할 수도 있다. 성장은 더딜 수 있다. 이런 일은 전세계적으로 일어날 수도 있고, 그보다 더 나라와 지역별로 고르지 않게 일어날 수도 있다.

자본주의가 추동해온 세계시장의 점점 더 긴밀해진 통합은 상이한 환경에서 상이하게 조직된 체제들과 함께 늦추어지거나 거꾸로 느슨해질 수도 있다. 자본주의는 이 체제들 가운데 어떤 것들에서는 가장 중추적인 위치에 있겠지만 또 어떤 체제들에서는 제한되거나 주변적 위치에 머물 수도 있다. 정부와 긴밀한 관계를 갖고 활동하는 기업들의 경우 '자유'시장에 맡기는 활동을 축소하는 대신 경제적 관계를 관리하는 데 더 치중할 수 있다. 그들은 자본축적 이외의 목적에 더 많은 관심을 두는 조직이 될 수도 있을 것이다. 사회·정치제도가 자본주의에 더 강한 또는 더 약한 평형추 역할을 할 수도 있고, 불법적 자본주의가 더 크게 또는 더 작게 그림자를 드리울 수도 있다. 이렇게 자본주의는 여전히 세계 정치경제의 불가결한 부분으로 남을 수 있겠지만, 그 지배력이 예전 같지는 않을 것이다. 아니면 근본적으로 새로운 경제구조가 발달할 수도 있다.

오로지 국가가 적극 개입하여 자본주의의 '무절제'로 빚어진 비용을 떠맡고자 한 덕분에 자본주의가 위기를 넘기고 존속할 수 있었던 것은 현재의 위기가 처음이 아니다. 물론 이 외부화된 비용을 분담하게 되는 시민들로서는 대개 이런 상황이 달가울 리 없다. 그러나 국가는 기업들이 외부화하는 비용을 처리해줌으로써 자본주의를 돕지만 또한 실업에서 질병에 이르기까지 위험들을 관리함으로써 시민들을 돕기도 한다. 자본주의적 금융기관들을 방어할 목적으로 긴축을 강요하는 국가를 전복할 만한 역량이 있는 사회운동은 지금까지 거의 조짐이 보이지 않는다. 이는 그럼에도 불구하고, 적어도 위기에 대한 자본주의의 취약성 못지않게 중요한 것은 자본주의가 의존하는 정치적·사회적·환경적 조건들이 파괴됨으로써 그것이 침식될 가능성이라는 것을 우리에게 상기시켜준다.

제도적 결함들에 대처하는 것은 기본적인 과제다. 물론 그 과제는 국가만이 아니라 비국가 제도, 특히 비영리 조직들이 감당할 수 있으며, 더 나아가 그 고용인들을 지원하는 하나의 사회기관으로 구실할 정도로 안정된 경우 때론 자본주의 기업들이 감당할 수도 있다. 현대의 세계 자본주의는, 기존 제도에 제대로 도움을 받지 못하는 인구집단을 지탱해주지만 또한 대규모 부패로 뻗어나가기도 하는 비공식 부문이 많은 사람에게 완충장치 구실을 함으로써 보호된다. 거대한 불법 부문은 탈세와 범죄 사업을 한데 섞는다. 비공식 부문과 불법 부문은 모두 더 공식적이고 합법적인 자본주의와 상호의존적이다. 그러나 그것들은 국가를 포함해 자본주의가 의존하는 제도들을 침식한다.

국가들이 자본주의의 성장을 위한 작동 조건을 계속 제공할 수 있을지 여부는 흔히 '취약국가'(fragile states)라는 표현이 따라붙는 저개발 국가들만큼이나 유럽 지역에서도 중대한 문제다. 재정위기는 안전에 대한 위협들을 보완하는 하나의 뇌관이다. 기반시설 투자와 그밖의 성장지향적 투자는 기대한 만큼 효과를 내기 어려워졌다. 세계 금융을 규제하고 환경 문제에 대처하는 것은 대규모의 유능한 초국적 통치구조들을 요구하지만, 이를 설립하려는 노력은 턱없이 모자란다. 지구적 세계체제를 온전히 유지하는 일은 일부 구성원의 헤게모니와 불균형한 부담에 의존한다. 이 부담을 단독으로 짊어지려는 미국의 의지는 줄고 있지만 미국을 대체할 어떤 국가나 다국적인 대안은 나타나지 않고 있다. 한가지 가능성은 세계체제가 응집성을 잃고 서로 경쟁하는 지역구조들로 나아가는 것이다―이때 자본주의는 이 지역보다 저 지역에서 더 중요한 체제가 될 수 있다.

자본주의 자체는 그것의 미래 성장을 위협할 수 있을 '외적 요인에 의한' 파열 가운데 어떤 것들―특히 환경 악화와 기후변화―에 일조한다. 자본주의를 지속시키고 환경의 도전에 대처할 '녹색성장'의 가능성들이 나타날 수도 있다. 아니면 단지 자본주의는 결국 하나의 성장 기계인 까닭에, 자본주의 자체를 문젯거리요 지속 불가능한 것으로 만드는 성장의 한계들이 있을 수도 있다.

각종 위협에 관해서는 그 피해를 만회하고 한쪽으로 치우친 자본주의 발전의 위험들을 완화할 대응 조치를 취해야 한다. 그런 조치는 정부는 물론이고 이윤을 추구하는 기업가들과 그렇지 않은 기업가들에게서 나올 수 있을 것이다. 또한 아직까지 세계적인 도전이 될 만한 규모로 등장한 것은 없었지만 사회운동들도 그런 목적을 추구할 수 있을 것이다. 여하튼 제도가 개조되지 않고, 고용이 회복되지 않고, 환경과 공공 의료, 그밖의 여러 도전적인 과제들에 적절히 대처하지 못한다면 자본주의는 번성할 수가 없다.

대규모의 그리고 다소간 동시적인 자본주의 시장들의 붕괴는 경제의 지각변동을 몰고 올 뿐만 아니라 정치·사회 제도를 뒤집어엎는 파국이 될 것이다. 그것은 체제 위기로 촉발되거나, 가능성이 더 크기로는 생태계의 변화나 폭력에 의해 일어날 수도 있다. 그 위험은 자본주의의 비용 외부화에 의해서, 그리고 환경 손상과 잠재적으로 안전판 구실을 하는 사회 제도들의 손상 모두에 의해서 고조된다. 그러나 불연속적인 변화들이 반드시 돌발적이거나 파국적인 것은 아니다.

첫머리에서 언급했듯이 자본주의는 적어도 몇세대에 걸쳐 아마도 알아볼 수 없게 변형될 것이다. 이론의 여지는 있겠지만 더 강한 국가, 더 높은 농업 생산성, 종교적 신앙의 일신, 이것들이 모두 봉건 유럽이 직면한 문제에 대한 해결책이었다. 그것들은 또한 유럽을 변형시켰고 장기적으로 새로운 시대를 열었다. 20세기 중엽의 자본주의가 직면한 문제들에 대해서는 국가의 위험 관리와 경제 증진, 그리고 자본주의 기업들이 그 해결책을 제공했다. 여전히 자본주의 질서 안에 갇혀 있었다고 해도, 이것들은 자본주의를 변형시키는 힘이 있었다.

자본주의 질서는 규모가 대단히 크며 복잡하기 이를 데 없는 체제다. 지난 40년 동안의 사건들은 전후 기간 내내 자본주의를 비교적 정연한 것으로 유지해준 제도들을 뒤흔들고 망가뜨렸다. 이를 복구하거나 교체하려는 노력은 새로운 과학기술과 새로운 사업 또는 재정수단이 그렇듯이 그 체제를 변화시킬 것이다. 자본주의의 성공적인 갱신조차도 그것을 변형시킬 것이고, 400년 동안 자본주의가 성장을 이끌어온 틀인 근대세계체제를 또한 변형시킬 것이다. 적어도 자본주의는 그 오랜 서구의 핵심부 지역 밖으로부터 성장이 주도되는 정도에 따라서 변형될 것이며, 이는 자본주의를 다른 역사·문화·사회 제도들과 통합할 것이다.

문제는 체제적 위험을 관리하고 외적인 위협을 막아내기에 족할 정도의 변화가 일어날 것인지 여부다. 그리고 만일 그렇지 않다면, 어떤 새로운 질서가 출현하기 전에 대대적인 파괴가 일어날 것인가?

진지해지기

결국, 우리가 서로 동의하거나 동의하지 않는 지점은 어디인가? 우리가 확인한 바와 같이 여러 맹점과 그로 말미암아 미래에 파탄이 날 위험들이 있는 현 세계의 상황——그 지적·정치적 분위기를 포함해——에 대한 평가에서 우리는 의견을 같이한다. 이러한 의견 일치가 우리의 결론에서 몸체를 이룬다. 하지만 우리는 세계를 해석하는 방식과 그 미래 전망에 관한 우리 사이의 이론적 차이를 감추지 않는다. 이 책을 함께 쓰기로 했을 때 무엇보다도 먼저 기대한 것은 우리의 일치된 의견만이 아니라 차이 역시 파노라마 같은 비전과 생산적인 토론의 장을 마련해주지 않을까 하는 것이었다. 한층 더 큰 기대는, 만일 충분히 많은 독자의 관심을 끄는 데 성공한다면 우리가 또한 어떤 차이를 만들어낼 수 있지 않을까 하는 것이었다.

우리는 세계가 수십년 동안 지속될 험난하고 어두컴컴한 역사적 시기에 들어섰다는 데 동의한다. 거대한 역사적 구조들은 변경하거나 해소하는 데 시간이 걸린다. 최근의 대침체를 계기로 우리는 모두 세계의 전망에 대해 깊이 생각해보게 되었다. 가장 중요한 문제는 계속되는 미국의 경제적 우위와 지정학적 헤게모니의 전망이라든가 지구상에서 이 지배력이 다음에는 어디로 넘어갈 것인가 하는 것이 아니라, 주요한 구조적 변형이 일어날 가망이 있는가 하는 것이다. 비록 그 예후의 몇몇 사항에 대해서는 의견을 달리하지만, 우리의 사회학적 시각에는 상당한 공통점이 있다. 우리는 모두 거시역사사회학—사회권력 및 갈등의 구조에 초점을 맞추는 맑스주의 및 베버주의 전통에 폭넓게 영향을 받은 과거와 현재에 대한 비교연구—영역에서 축적된 학문을 토대로 논의한다. 우리는 인과관계의 다양한 차원에 예민하며, 자본주의, 국가 정치, 군사적 지정학, 이데올로기가 작동하는 방식의 여러 특징에 대해 대개 의견이 일치한다. 우리가 의견을 달리하는 점들은 주로 다양한 범주의 인과관계가 교차하는 지점들에 관해서다. 이를테면, 어느 특정한 역동적인 부문이 그밖의 인과 영역들을 압도할 정도로 강력해질 수 있는가, 또는 다중적인 원인이 작용하는 세계는 예측 불가능성의 수준이 반드시 높아지는가, 그리고 전체를 포괄하는 시각은 모든 인과 영역을 하나의 원대한 역사적 패턴으로 종합하는 더 고차원적인 체제를 드러내 보일 수 있는가 하는 문제들 말이다.

논의를 마무리하는 이 장에서 우리는 먼저 현재의 세계화, 그것의 기원과 가능한 미래들을 기술하는 거시사회학적 방법을 간략히 설명할 것이다. 결론의 후반부는 전반적으로 침체하여 한걸음도 나아가지 못하는 사회과학의 현상태와, 가까운 장래에 좀더 유용한 것으로 변모할 수 있을 그것의 가능성에 대해 논의할 것이다. 다시 말해서 우리는 여기서 우리 모두가 좀더 사실적인 세계상이라고 생각하는 것과 그에 대해 논의하는 방식들을 간략히 설명할 것이다.

우리의 현재를 구성하기

서구의 (이 시점까지의) 대침체는 약 40년 전에, 즉 1970년대의 위기 때 시작된 중기적인 역사적 국면이 종료되었음을 알려준다. 이 최근의 국면은 신자유주의, 탈산업주의, 탈포드주의, 탈냉전, 포스트모던, 탈소비주의 등등 부적절한 명칭들의 증식으로 입증되듯이 혼란스럽기 그지없다. 1980년대 말 이래로 세계화는 현 세계의 상황에 대한 가장 널리 유행하는 총칭적 표현이 되었다. 이 모든 이름이 우리에게는 문젯거리로 보인다. 세계화는 실상 1970년대 위기와 뒤이은 생산과정들의 세계적 전환배치, 즉 간단히 부르는 말로 아웃소싱(outsourcing)에 따른 지경학적 결과들의 주된 역사적 원인으로 나타난다. 이런 이름 붙이기의 딜레마는 자본주의의 장구한 역사적 궤적에서 현행 국면이 일관성이나 진정한 새로움을 결여했다는 사실과 관련이 있다. 랜들 콜린스가 주장하듯이 인터넷의 등장조차도 인간 노동과 생계수단을 대체하는 기계의 오래된 딜레마를 되살려냈다. 1970년대에서 2000년대(첫 10년대)에 이르는 기간의 주된 상황은 어떤 새로운 조직력의 출현이 아니라 기존 조직력의 해체였다. 즉 주로 세가지 구좌파의 흐름이 고갈 또는 단절되었는데, 여기서 세가지 흐름이란 서구 핵심부 국가들의 '제1세계'에서 등장한 사회민주주의와 자유주의적 개량주의, '제2세계'에서 급속한 산업 발전을 추구한 공산주의적 혁명독재, 그리고 제3세계에서 등장한 민족주의적 포퓰리즘운동들이다.

과거 구좌파의 승리는 20세기의 지정학적 지각변동으로부터 직접 흘러나온 것이었다. 다시 말해 그것은 진보의 추상적인 행진이나 심지어 계급의식 자체의 성장에서 나온 것이 아니라, 백인과 비백인, 남자와 여자를 막론하고 사람들에게 하나의 전기가 된 세계전쟁들과 국내 전선에의 동원이라는 지독한 경험에서 직접 나온 것이었다. 이 책에서 이매뉴얼 월러스틴과 마이클 맨은 자본주의 내에서 일어난 이같은 변형의 전체적인 윤곽을 그들 나름으로 묘사하는 반면, 게오르기 데를루기얀은 공산주의 국가들이 부상할 수 있었던 요인들과 아울러 그들 사이에 상이한 결과를 빚어낸 과정과 요인 들을 더욱 상세하게 보여준다. 두차례의 세계대전은 밖으로는 확장적이고 안으로는 침투적인 근대국가를 향한 오랜 경향을 더할 나위 없이 북돋았다. 1917년 이후 여러 나라에서 좌파 세력은 그들 자신이 전시 국가조직을 접수하고 산업 성장 및 사회적 재분배에서 국가의 역량을 다시 펼쳐야 할 처지에 있음을 불현듯이 깨닫게 되었다. 양차 대전 사이인 1930년대의 대공황은 잔존하던 귀족 왕정들, 과두적 자유주의 체제와 이들의 19세기판 식민제국들을 심각하게 실추시키고 파산시킴으로써 좌파들에게——뿐만 아니라 파시스트들에게도 역시——정치적 기회의 문을 열어주었다. 1945년 이후의 냉전은 이 획기적인 변형의 결과들을 차후 수십년 동안 그대로 정착시켰다. 냉전(이 또한 부적절한 명칭으로, 실제로는 많은 휴전과 암묵적인 외교적 합의들로 이루어진 '차가운 평화'cold peace를 의미한다)은 서구 민주주의 체제에서 국내의 개량주의적 타협과 복지의 제공을 제도화했고, 그렇게 해서 오랫동안 서구에 출몰하던 혁명의 유령을 가두어버렸다. 아울러 냉전은 쏘비에뜨 블록과의 평화공존을 보장했고, 그렇게 해서 전쟁이라는 서구의 오래된 유령을 가두어버렸다. 그리고 국제정치상의 후견과 경제 원조를 종전의 식민지들에 확대함으로써, 냉전적 세계질서는 식민지에 출몰하던 백인 지배에 대한 반란의 유령을 보편적 근대화에 대한 낙관적이고 동조적인 기대 쪽으로 이끌어갔다. 그 시기는 전쟁으로 이어진 수십년간의 시련과 희생에 대해 후하게 보상받은 호시절이었다.

그 호시절은 1970년대에 순식간에 산산조각이 났다. 크레이그 캘훈은 또 하나의 정치적 이행 과정이 재기한 우파로부터 시작되지 않았음을 우리에게 상기시킨다. 오히려 공식적인 위선과 경직된 관료주의를 뺀 한층 더 나은 호시절을 요구함으로써 냉전적 타협에 처음으로 도전한 것은 젊은 신좌파였다. 당대의 기성 체제들은 어디서나—서양과 동양, 남반구 모두에서—다분히 관료주의의 병증과 위선으로 위장된 독재의 징후를 보이고 있었다. 하지만 중요한 사실로, 1970년대에 이르러 이미 혐오의 대상이 된 그 기성 체제들은 그에 앞선 영웅 시대의 근대화, 사회적 개량주의, 반식민주의 또는 혁명을 통한 권력 장악에서 비롯된 다양한 정치체제의 말기 단계를 대표하고 있었다. 요란하게 선언된 모든 이데올로기상의 차이들에도 불구하고, 여러 국가의 전쟁 세대는 미국인들의 표현으로 거대정부(Big Government), 거대노조(Big Unions), 거대기업(Big Business)의 3요소(triad), 또는 쏘비에뜨의 산업부처와 민족공화국들에서 기능상 그에 상당하는 것들에 대한 신뢰를 공유했다. 이러한 정치·경제구조는 모두 근대적인 교육, 주거, 의료 및 복지 써비스의 대량 보급, 산업계 일반의 평생고용, 그리고 특히 관료기구, 군대, 전문직 위계조직에서 안락한 중간계급의 진출로부터 그들의 권력과 정당성을 끌어냈다.

당연히 여러 나라에서 다수의 힘없는 사회집단과 민중들은 이 관료제적으로 조직된 번영에서 배제되었다고 느꼈다. 대표적으로 이들은 선진국에서는 인종, 종교, 이민, 젠더에서 소수자집단이었고, 쏘비에뜨 공화국들에서는 비러시아계와 하층 프롤레타리아(subproletarians)였으며, 제3세계의 마구 확산되는 판자촌에서는 최근에 유입된 이농대중이었다. 이 주변 집단들은 좀처럼 정치적으로 목소리를 높일 수 없었다. 하지만 1960년대에 정력적인 학생운동가들과 반체제 인뗄리겐찌아가 등장해 '그 체제'에 대한 반란의 이데올로기, 노래로 부르는 슬로건과 아울러 조직의 기술을 퍼뜨리자 사정이 달라졌다.

신좌파의 반체제운동은 여러 요인 — 산업의 침체, 인구변동, 도시 주택가의 사회지리적 변화, 억압된 종족 기억, 심지어 종파의 종교적 열정, 또는 새로운 도시, 산업, 국가의 현대적인 설계자들로 인해 주변화되어버린 지역 엘리트의 파벌주의 ─ 이 뒤얽혀 빚어진 잠복하는 사회 갈등 속으로 파고들 수 있었던(흔히 이를 충분히 알아채지 못한 채) 곳마다 호응을 얻었다. 혁명의 역사적 패턴을 크게 변화시킨 이 반권위의 반란들은 널리 퍼졌고, 비폭력 전술을 선호했으며, 관료제적 통제로부터 더 큰 자율성과 지금은 정체성 정치(identity politics)로 불리는 각양각색의 많은 지위집단들에 대한 인정을 요구하는 데 집중했다. 이는 사회적 투쟁의 기초로서의 경제적 계급이라는 맑스주의적 범주에서 벗어남을 의미했다. 1960년대의 이질적인 항의운동들에 어떤 공통의 목적 같은 것이 있었다면 이를 가능하게 만든 것은, 흔히 가부장적이고 후원자 행세를 하는 빅 보스들(Big Bosses)이 관할하는 관료제적 기성 체제의 보편적인 존재였다. 잠시 동안, 이같은 상황은 공공 광장에서 대규모로 장관처럼 펼쳐지는 '저들 대 우리'의 날선 대결로 치달았다. 서구에서 일어난 1968년의 사태들, 1978~79년 이란에서 일어난 샤에 반대하는 거센 행진의 물결, 1980년 폴란드의 파업 사태와 쏘비에뜨 블록 전역으로 번진 1989년의 집회, 또 하나 빼놓을 수 없는 것으로 이집트에서 빅 보스에 대항한 2011년 봉기를 생각해보라.

이 생동감 넘치는 사건들의 참여자, 논평자, 동정적인 연구자 들의 관심은 대개 다 열정과 희망을 낱낱이 드러낼 논쟁의 현장에 쏠려 있었다. 반란 가담자 측에서 나온 당시의 분석들은 으레 궁지에 몰린 지배자들이 하고 있던 것 또는 실행하지 않고 있던 것을 무시하거나 당연시했다. 대부분의 경우에 관료기구는 묘하게도 전면적인 폭력적 진압에 나서기를 주저하는 모습이었다. 이것은 대단히 놀랍게 보였는데, 그럴 만도 한 게 '자본가 돼지들'이나 '공산주의자 기관원들'이나 모두 말 안 듣는 민간인을 상대로 양차 대전 사이의 전체주의 시절처럼 무자비한 폭압을 쓸 수 있는 수단과 인원을 틀림없이 보유하고 있었기 때문이다. 엄연한 예외는 1968년에 뒤이은 폭풍우의 와중에도 적지 않게 있었다. 우리가 잊지 말아야 할 것은 에스빠냐, 그리스, 터키에서 이어진 유럽 파시즘으로의 짧은 회귀, 라틴아메리카의 독재, 아파르트헤이트(apartheid) 시대의 남아프리카공화국, 아랍 국가들의 쿠데타와 '비상사태들', 그리고 마오주의의 중국 같은 공산주의 국가든 군사통치하의 남한 같은 반공주의 국가든 동아시아 국가들의 대내적인 폭력이다. 학생 주도의 행동주의에 국가 테러로 대응하는 직접적인 이유는 국지적이며 사례마다 제각기 다르다. 그럼에도 불구하고 이같은 억압은 보통 국가가 본래 아주 취약하거나 갓 수립된 세계의 열외 지역들과 반 주변부 국가들에서 종종 일어났다.

저항에 대한 국가의 대응에서 나타나는 이런 대조는 하

나의 중요한 이론을 가리킨다. 서구와 쏘비에뜨 블록에서 ― 그러나 라틴아메리카, 중동이나 동아시아는 아니고 ― 1970년대에 이르러 기성 정치체제는 정말이지 속속들이 관료주의에 물들어 있었다. 그 제도와 지배집단은 20세기의 거창한 전시동원 속에서 벼려졌고, 냉전의 불안한 균형 아래서 길들여졌다. 그들의 윗세대는 유럽에서 양차대전 사이에 일어난 파시스트 준군사단체들과의 위험한 불장난이나 스딸린 시대의 숙청, 또는 20세기 미국에서 반복적으로 불거진 인종 갈등과 노동 갈등의 폭력을 여전히 집단적으로 기억했다. 국가 공안기관들이 명백히 폭력으로 맞서야 할 상대임을 부인한 것은 아마도 구좌파의 혁명적 시민군에 대조되는 철저히 평화적이고 공민적인 신좌파 전술의 특징이었다. 어쩌면 고도로 제도화된 환경에 안주해온 관료와 정치가 들은 공공연한 갈등을 회피하도록 유도하는 신중한 성향을 발달시켰을 것이다. 그 대신 이 '탈마끼아벨리적인'(post-Machiavellian) 지배자들은 그럭저럭 넘어가는 관료제의 부작위 전술에 의지했다. 그리고 이것은 한가지 중요하고 또 유망하기도 한 통찰의 필요성을 상기시킨다. 뒤에 가서 다시 논의하겠지만, 근대 관료제 국가의 폭력 행위 및 폭력 회피의 조건들에 대한 연구가 더 큰 위기와 혁명의 가능성을 예상하는 사회과학으로서는 최우선 과제가 되어야 마땅할 것이다.

1970년대와 80년대에, 그럭저럭 넘어가고 회피하는 체제수호 정치는 어제까지 계속된 곤경을 낳았다. 신좌파운동은 폭죽처럼 확 타올랐다가 이내 꺼져버렸다. 그러나 그것이 입힌 손상은 특히 장기적인 시각에서 볼 때 상당히 컸다. 신뢰를 잃고 잠시 갈팡질팡하던 지배자들은 산업 근대화와 완전고용, 그리고 종전의 복지 공약에서 발을 빼기 시작했다. 서구의 정치체제들은 통제력을 유지하면서 이렇게 할 힘과 자원이 충분했으며, 줄곧 이를 탈산업주의, 유연성, 세계화의 새 시대로 불러댔다. 쏘비에뜨 블록에서 그 과정은 통제를 벗어나 정치계 및 산업계 엘리뜨들 사이에 공황을 불러일으켰다. 그 결과는 국가 해체와 어마어마한 약탈이었다. 반체제적 신좌파는 공산주의를 종식시키는 데 피로스의 승리(Pyrrhic victory, 기원전 3세기에 로마군을 이긴 그리스 에피로스의 왕 피로스의 고사에서 유래한 말로 막대한 희생에 비해 별 의미가 없는 승리를 가리킨다)를 거둔 셈이다. 그러나 조직된(더 정확히 말하면 관료제적으로 조직된) 세력이었던 구좌파와 달리, 이 신세대의 반란 에너지는 바닥에 떨어진 권력을 장악하는 과업을 떠맡기에 충분한 제도와 정책 들로 옮겨가지 못했다. 게다가 그에 뒤따라 일어난 산업공동화(deindustrialization), 그리고 고등교육, 문화제도, 보편적 복지 예산의 대폭 삭감이 대중적 신뢰의 기반을, 따라서 반체제 반란을 일으킨 이 신세대의 지지 기반을 급속히 허물어버렸다.

그러는 동안 다른 종류의 대중운동이 우파 쪽에서 등장하기 시작했다. 신우파(New Right)는 기존 우파의 여러 전술과 심지어 낙담한 신좌파의 예전 활동가들까지 잡아챘다. 이러한 우파로의 전향은 그 친숙한 상징들과 전술, 숙달된 교섭 의례들과 함께 오랜 계급정치의 지배가 끝났음을 의미했다. 정치적 반동은 정체성의 깃발을 휘날렸다. 정체성 문제는 타협과 협상을 거부하기 마련이라서 이는 볼썽사납게 격정적인 행태를 정치판에 끌고 들어왔다. 신우파는 비록 실제에서는 서로 뒤얽혀 있지만 두 종류로 나타났으니, 하나는 애족적(ethnopatriotic) 또는 종교적-애국적(religious-patriotic) 근본주의고 또 하나는 자유지상주의적인 시장근본주의였다. 둘 다 근본적인 신념의 문제—또는 무엇이든 그들 집단 안에서 창립의 정체성으로 주장되는 것들—에 대한 전투적인 방어를 요구했다. 두 근본주의 모두 국가 관료주의가 너무 세속적이고 무심하고 정직하지 못하며 무거운 부담을 지운다고 비난하면서 그리로 분노를 쏟아냈다는 것을 주목하라. 이는 우리에게 기독교, 이슬람, 유대교, 불교, 힌두교 등 현대의 여러 근본주의에 관한 중요한 사실, 즉 그들의 의심과 공포가 사실상 어디서나 소기업, 소도시 생활, 그리고 가부장제 가족의 미덕을 찬양하는 것과 상통한다는 것을 말해준다.

좌파는 전반적으로 가파른 내리막길을 걸었고, 대중의 상상력에서 그 빈자리를 채운 것은 무관심 아니면 근본주의적 분노였다. 대중정치에서의 이같은 역전은 서구의 자본가적 엘리뜨들 사이의 보수주의 당파에 기회의 문을 열어주었다. 또 하나의 부적절한 명칭인 신자유주의는 사실 이윤 추구와 처분에서 무엇이든 제각기 필요하다고 판단하는 행위를 하도록 내버려둠으로써 만인이 결국 그로부터 이익을 얻을 것이라는 근대 자본가들의 오랜 이데올로기적 신념에서 자라난다. 세계의 진보, 인간 본성으로부터 나온다고 알려진 법칙들, 지상(至上)의 합리성, 이는 그런 신념에 대한 19세기의 지적 지지대였을 뿐이다. 신자유주의운동의 근본주의적 성격은 어떤 규제도 없는 순수한 시장이 아닌 그 어떤 것도 자본주의로 인정하기를 완강하게 거부하는 태도——종교적 근본주의자가 자신의 믿음과 같은 브랜드의 믿음만을 진정한 신앙으로 인정하는 것과 마찬가지로——에서 드러난다. 하지만 역사는 자유시장의 이념형이란 어떠한 경험적 상황에서도 관찰될 수 없음을 보여준다. 그것은 하나의 이데올로기적 환상이다. 페르낭 브로델과 조지프 슘페터의 뒤를 따라서 우리는 지속적인 이윤은 반드시 어느정도 국가의 보호와 시장 독점을 필요로 한다고 주장한다. 헤게모니의 독점은 21세기로 넘어오던 무렵 미국의 세력과 금융을 다시 솟아오르게 했다. 그 당

시 마이클 맨과 이매뉴얼 월러스틴은 하나의 미국 세계제
국에 대한 기획을 공개적으로 반대하면서 그것의 존립 가
능성을 의심하는 분석적인 논거들을 제시했다.[1] 이제 그
예언들이 현실과 얼마나 맞아떨어졌는지를 알 수 있는 확
고한 증거가 있다.

이제 끝을 맺는 40년 기간은 대략 같은 부분으로 나뉜
다. 1970년대와 80년대는 국가 주도 개발주의의 정치·경제
구조와 함께 20세기 좌파 프로젝트들의 위기와 붕괴가 특
기할 만한 일이었다. 1989년과 2008년이라는 상징적인 두
해를 괄호로 삼아 묶을 수 있는 그다음의 20년에, 미국의
세력은 냉전이라는 외부의 압력과 사회적 타협이라는 내
부의 속박으로부터 자유로워졌다. 성황을 이룬 신보수주
의 논평들은 이를 새롭고 무한한 세계화 시대로 소개하면
서 자본주의적 정상성으로의 복귀에 대한 낙관적인 믿음
을 유포했다. 1989년 이후의 승리주의는 사실 1914년 이전
에(흔히 보수적이긴 했어도 날로 강력해진 국가들에 의해
서 진로가 좌우된 1950년대가 아니라) 경험한 바 있는 종
류의 정상성과 관련되어 있었다. 좌파운동들이 갓 태어나
고 비서구 민족들이 정복당한 그 시대에 자본가들은 대체

---

1 Michael Mann, *Incohernet Empire* (London: Verso 2003); Immanual
  Wallerstein, *The Decline of American Power* (New York: New Press
  2003).

로 국가 정부의 요구와 사회 정책에 따른 제약을 받지 않고서, 그리고 처음으로 새로운 운송기술에 의해 통일되고 식민 지배의 군사·정치구조들로 보위되는 진정으로 세계적인 활동 무대에서 자신들의 목적을 추구할 수 있었다.

21세기 세계화의 전망은 그 옹호자들에게는 한층 더 밝게 보였다. 이제 미국의 헤게모니는 1914년에 먼젓번의 세계화를 중단시킨 것과 같은 제국주의적 경쟁을 확고하게 저지할 수 있었다. 노동집약적 생산을 세계경제의 핵심부로부터 더 값싼 노동이 풍부한 주변부의 '신흥' 지역들로 아웃소싱하는 것은 국내의 노동 및 환경 규제들을 무너뜨리고 정부와 시민들로 하여금 '세계적인 경쟁력을 갖추도록' 압박했다. 정부 규제의 해체는 선두의 자본가 집단들이 복잡하기 짝이 없는 세계 금융게임에서 초과이윤을 거둬들이는 데 주력할 수 있게 해주었다. 19세기 자유주의로의 역설적인 복귀로, 민중혁명들조차도 자본주의에 대한 복수의 여신(nemesis)에서 이제는 폐쇄적인 나라들에서의 민주화운동의 주동자로 변신했다. 자본주의에 순응하는 민주화는 현대판 세계 선교사 역할을 열성으로 떠맡은 수많은 비정부기구들에 의해 촉진되었다. 정치적으로, 재정적으로 번거로운 과거의 식민주의는 최신 세계화 시대에 강력한 채무제도라는 간접적인 통제수단과 미국 군사기지의 지구적 네트워크에 의해서뿐만 아니라 국제 권고와 세계 매스미디어, 그리고 미국 대학에서 경영학 및 행정학 분야의 고급학위 취득을 통해 젊은 주변부 엘리뜨들에게 주입되는 공유 규범 같은 쏘프트 파워(soft power)에 의해서 대체되었다. 이러한 신종 길들이기 제도의 목록에는 조세 회피처로 기능하는 세계 제도(諸島)의 극소 관할권(microjurisdictions)을 통한 불법적인 돈세탁 기회들 역시 덧붙여야 한다. 그나마 남아 있는 몇몇 비순응적이고 비타협적인 '불량국가들'(rogue states)은 악의 축으로 격하되어 흉악한 타자로서 유용한 이데올로기적 기능을 떠맡게 되었다.

이 멋진 계획은 20세기 중에 철저히 변형된 세계체제의 구조적 현실과 충돌했다. 1914년 이전 시대와 같은 제국적 정상성으로의 복귀는 불가능했다. 현대에는 단 하나의 초강대국에 군사력이 전례 없이 집중되어도 그 나라는 자신의 지정학적 목표들을 달성할 수 없다. 지금 이 시대에 과거 제국들의 잔인한 강압수단은 역효과를 낳기 마련이다. 이라크 아부그라이브(Abu Ghraib) 감옥(2003년 미국이 점령한 바그다드의 수용시설로 이라크인 포로들에 대한 미군의 고문 및 가혹행위가 자행되었다)의 미국인 간수들은 이 점에 있어서는 게슈타포의 수법이나 싸담 후세인의 고문자들에 미치지 못했다. 그럼에도 불구하고 그 치욕스러운 영상들이 공개되었을 때 중동 전역에서 민족주의적 분노가 폭풍처럼 일고, 서구에서는 극도의 혐오감을 자아냈다. 이런 에피소드는 1968년 이후 자국 군대의 인적 손실에 대한 서구 사회의 반감과 아울러 폭력의 사용을 정치적으로 제한시켰다. 첨단 군사기술 시대에 줄어드는 게 아니라 오히려 늘기만 하는 과잉 병참의 물적 비용 역시 여기에 한몫했다. 실제 대외적으로 경찰 노릇을 하기 위한 미국의 군사활동은 엄청난 비용이 소요되고 정치적으로 지지받기가 불가능해졌다.

이매뉴얼 월러스틴은 미국 헤게모니와 그 신보수주의적 세계화에 대한 다른 종류의 압박을 밝혀냈다. 세금 인하와 정부 규모 축소에 관한 끊임없는 수사에도 불구하고, 실제 과세 수준은 사실상 모든 곳에서 역사적으로 대동소이하게 높은 수준을 유지해왔다. 그런데도 예산 위기, 공공 고용 감축, 줄어드는 연금, 재원이 턱없이 부족한 교육과 사회복지에 관한 이야기들은 다 무슨 소린가? 이 역설의 이면에서 우리는 공식적이건 비공식적이건 국가라는 경로를 통한 지속적인 잉여 재분배의 현실을 보게 된다. 이제 재분배는 위쪽을 향해, 유력한 위치에 있는 사람들에게, 그리고 압도적으로 정치와 금융을 주도하는 엘리뜨들 쪽으로 흘러가고 있었다. 이는 사실상 이 시대의 과두 지배자가 된 사람들 수중에 막대한 부가 축적되는 결과를 낳았다. 어떻게 이런 일이 일어났는지는 아주 간단하다. 사회적 재분배(넓은 의미에서 산업 성장 및 고용정책까지 포함하여)에서의 삭감은 거대 국가기구를 통해 계속 흘러가는 돈줄을 자유롭게 해서 그것을 금융과두체제로 흘려보낸 것이다. 이는 외형상 파산하기에는 너무 거대한 기업들에 돈을 쏟아붓는 긴급구제라는 불미스러운 방식을 취할 수도 있지만, 주로 국가와 개인 가계의 예산 부족분을 메꾸는 데 최근 수십년 동안 광범위하게 이용된 것은 끝없는 신용의 생성이었다.

여기서 문제가 빚어진다. 정부와 가족들이 충분한 신용을 공급받아야 하는 것은 고약한 이유(물론 탐욕과 빚에 쪼들리는 처지) 때문인 동시에 자본주의 존속에 분명 필수적인 이유 때문이기도 하다. 먼 과거에 자본주의는 상류층의 굉장한 소비와 국가의 값비싼 전쟁에 필요한 물자를 대는 엘리뜨적인 활동이었다. 20세기에 자본주의는 대규모 시장 수요와 정치적 정당성을 위해 대중의 대량 소비에 의존하게 되었다. 게다가 20세기 대중의 정치참여 경험과 국가 의존은 파괴적인 반발을 불러일으키지 않고 감내할 수 있을 인간의 빈곤 정도에 한계를 정했다. 이것은 결국 현대 사회에서 국가의 기능이 점점 더 커지는 역사적 경향에서 이른바 '톱니효과' 같은 것이 작용했음을 보여준다.

지난 200년에 걸쳐 민주화는, 비록 어떤 불변의 추세는 아니었다고 해도 엄연한 추세였다. 이것은 기존 질서를 열럴히 옹호하는 사람들을 포함해 대다수의 사람들이 평생을 살아가면서 세가지 사항을 기대하게 되었음을 의미한다. 첫째는 여러해 동안의 교육이고, 둘째는 안정되고 응분의 보수를 받는 직장이고, 끝으로는 노년의 연금이다. 주택 공급이 이 기대 항목에 추가될 수 있었는데, 이 또한 비용이 많이 들기는 마찬가지다. 최근 수십년 동안 확산된 주택 공급의 민영화는 재정 부담을 개인 주택 소유자들에게 전가했고, 이들을 그에 걸맞게 투표하는 소자본가들로 일변시켰다. 그러나 그러한 부담 전가는 아니나 다를까 모기지 부풀리기를 낳았고, 동시에 더 젊은 세대의 주택 소유 전망을 어둡게 만들었다. 2008년 여러 나라에서 벌어진 주택시장 붕괴로 이러한 모순은 더는 감당할 수 없게 되었다.

국가는, 그 편에서 보자면 노동자로, 성실한 납세자로, 애국적인 병력자원으로 숙련되고 웬만큼 건강한 시민을 필요로 했다. 이윽고 이런 역사적 추세는 사적 이윤에 불가피하게 압력을 가하기 마련이었다. 서구 자본가들은 이 압력에 그들 자신의 반란으로 응수했다. 되살아난 시장 보수주의가 반란의 이데올로기적 발판이 되었고, 시장 세계화는 주요 전략이 되었다. 신우파의 정치-경제 이데올로기는 1970년대에 시작되어 실제로 진정되지 않은 경제의 지각변동에 대해, 규제 완화와 정부 긴축을 통해 자본가들이 스스로 택한 방식으로 대처하도록 그냥 맡겨두어야 한다고 요구했다. 세계화는 다른 무엇보다도 대자본이 민족국가들의 규제된 영역 너머로 도주하는 것을 의미했다. 자본의 도주와 조세 수입에 대한 압박으로 대다수 정부는 입맛 당기지 않는 세가지 선택 앞에 놓이게 되었다. 돈을 찍어내거나, 빚을 지거나, 아니면 무자비한 경찰 폭력과 경제적으로 서서히 숨통 조이기로 억압하는 것이다. 이 선택들은 제각기 그 자체의 딜레마를 안고 있다. 가난하고 주변적이고 반항하는 사람들을 힘으로 억누르는 것조차, 이런 억압에 도덕적으로 동의하는 사람들과 더욱이 억압을 실행하는 사람들의 충성을 유지하는 데 많은 돈이 필요하다. 하지만 정부 재정의 상당 부분이 이미 과두체제의 이익을 위해 흘러가게 되어 있는 상황에서 정부들이 어디서 필요한 돈을 구할 수 있겠는가?

이것이 최근 수십년 동안의 주된 정치적·경제적 매개변수였다. 이와 같은 딜레마들은 중·단기적으로 오히려 점점 더 악화될 것이다. 자본주의가 자체의 확장을 스스로 제한한다는 월러스틴의 이론은 지정학적 확장을 제한하는 현재의 한계들에 대한 마이클 맨의 논의와 궤를 같이한다. 조직적이고 효력 있는 반대 극이 없을 경우, 어느 한쪽 극에 축적되는 금융자원은 과도한 비율에 이를 수 있다. 그러나 미국의 군사적 독점이 그 제국의 목적을 달성하는 데 있어 어디서도 거의 최대 전력까지 이용될 수 없었던 것과 마찬가지로, 금융 독점 역시 어느 지점에서는 카드로 지은 집처럼 흔들릴 수밖에 없었다. 축적된 명목화폐 금액은 생산적으로 이용되지 못했고, 그래서 결국 허구적인 것으로 드러났다.

이런 큰 그림은 서구와 이전의 쏘비에뜨 블록에 주로 해당한다. 그밖의 지역은 그 그림이 상당히 달랐을까? 물론 중국의 기적은 여기서 아주 도드라져 보인다. 하지만 우리 가운데 나이 지긋한 사람들은 경제발전 전문가들이 동시아의 전망을 얕잡아보던 시절을 기억한다. 그들이 보기에 떠오르는 별은 오히려 서구를 본뜬 제도와 현대적 기반시설, 상당한 규모의 국내 시장, 교육받은 기술관료와 중간계급을 지닌 필리핀, 샤의 이란, 또는 나이지리아와 세네갈이었다. 그에 반해 남한과 타이완처럼 전투태세를 갖춘 '병영국가들'(garrison states) 또는 싱가포르와 홍콩 같은 잔존 자유항 식민지들(relic porto franco colonies)은 국가 주권, 중간계급, 자연자원, 현대식 교육 등 거의 모든 면에서 결핍된 상태였다. 전문가들에게 동아시아 국가들은 인구 과잉, 극빈 난민, 고질적인 정실인사와 부정부패, 그밖에 소위 부동(不動)이라고들 하는 아시아적 전통에 짓눌려 있는 듯이 보였다. 그 정신 나간 실험들, 광신적인 게릴라 출신 간부들과 함께 공산주의 중국은 사실상 지금의 북한과 마찬가지로 일고의 가치도 없이 대놓고 퇴짜를 맞았다. 역설적이게도 같은 요인들이 훗날 동아시아의 성공에 대한 표준적인 설명으로 거론될 것이었는데, 이를테면 그 풍부하고 값싼 노동력, 수출 기회를 좇게끔 유도한 빈약한 국내 시장, 원유 같은 '자원의 저주'를 겪지 않은 행운, 그리고 규율, 근면, 지원망, 권위에 대한 복종 같은 아시아적 가치들이 성공요인으로 꼽혔던 것이다. 이런 체제들의 권위주의조차도 정실인사와 부정부패의 요인이라기보다는 어쨌든 사회를 안정시키는 장점이 있거나 상황 변화에 대한 적응력, 심지어 선견지명이 있는 것으로 밝혀졌다.

랜들 콜린스는 예전의 연구에서 불교 수도생활의 경제 조직에서 자라나온 동아시아 자본주의의 토착적이고 중세적인 기원들을 거론했다.[2] 동아시아가 1000여년 동안 그 시대의 가장 광범위하고 역동적인 여러 시장을 거느렸고, 하나의 세계영역 또는 그 자체로 세계체제였다는 것은 이제 확고한 정설로 자리잡았다. 동아시아 전래의 기술, 자산, 사회적 네트워크가 20세기 동안 우연적이고 종종 폭력적인 여러가지 경로에서 다시 모습을 나타냈다. 그들의 행로에서 개발주의 독재를 조장한 것은 1945년 이전 일본 제

---

2 Randall Collins, *Macro-History: Essays in Sociology of the Long Run* (Stanford, CA: Stanford University Press 1999).

국주의의 팽창과 나중에는 공산주의를 저지하려는 미국의 전쟁들이었다. 게오르기 데를루기얀은 중국 대륙이 결국 이러한 수출지향적 자본주의 동력에 연결된 것은 근본적으로는 국제 및 국내 정치의 우연한 사건들—구조적으로 일어날 태세가 되어 있던 종류의 우연한 사건들이지만—의 접합으로 유도된 것이었음을 보여준다.

자유시장 이데올로기의 신봉자들은 동아시아의 최근 사례들을 구속받지 않는 시장이 기업가정신의 놀라운 분발을 이끌어낸 유력한 증거로 내세우고자 한다. 이런 주장은 역사적 분석과 경험적 근거가 부족한 것이다. 동아시아는 오래전부터 규제된 조합주의 국가들(corporatist states)의 전형적인 예였다. 만일 신자유주의적 규제완화 정책이 동아시아의 재등장과 어떤 관련이 있었다면, 그것은 서구로부터 훨씬 더 생산적인 활동들이 더 값싼 노동이 있는 지역들로 유출됨으로써 이루어진 일이었다. 하지만 그렇다고 해서 새로운 투자 대상 지역들에서 노동이 규제되지 않았다는 뜻은 아니다. 빈곤 인구가 대규모로 존재하는 나라들 가운데에는 첫걸음으로 저임금 장시간 노동을 기꺼이 받아들이려는 곳이 많다. 그러나 노동이 작업에 투입되기 위해서는 먼저 조직되고 훈련되어야 했다. 지역 엘리뜨들의 정력과 욕망 역시 조직되고 훈련되어야 했다. 바로이 점에서 공식적인 국가 제도의 일관성과 용인된 관행 및 네트워크들을 통해 사회 영역을 규제하는 덜 공식적인 하부기반의 능력이 중요한 차이를 낳는다. 부패 스캔들은 조합주의 국가 계약에서 가장 중요한 한가지 요소를 드러낸다. 이런 국가들에서 기업의 리베이트는 공직자들의 보수에서 큰 몫을 차지한다. 하지만 예전 뉴욕의 정치가 조지 워싱턴 플런킷(George Washington Plunkitt, 1842~1924. 19세기 말에서 20세기 초 뉴욕주 의원으로 활동했으며 보스정치의 온상인 태머니홀Tammany Hall의 멤버였다)의 유명한 말마따나 "정직한 뇌물 수수가 있고, 정직하지 못한 뇌물 수수가 있다." 이 경우 국가 역량은 위계조직에 대한 충성과 '정직한' 뇌물 수수를 통한 온정주의적인 나눔을 포함해 업무수행능력에 따라 공직자를 선발하는 능력에 주로 좌우된다. 이것은 자본가들에게 매력적인, 예측 가능한 종류의 제도적 환경을 마련해준다.

동아시아 역사의 문화적·경제적 유산은 비록 그것이 아무리 특유할지라도, 이 방면에서 전적으로 독특한 것만은 아니다. 세계적인 자본의 흐름이 새로운 생산지점을 찾아 끊임없이 이동함에 따라서, 우리는 더 기적적인 경제 부흥을 기대할 수 있다. 인도와 터키는 이미 우리에게 과거 아시아의 경제지리가 중국에 한정되지 않았음을 상기시킨다. 전혀 다른 부문의 가능성들이 지금 브라질이 그 길을 닦고 있는 라틴아메리카의 좌선회에서 나타나는 것 같다.

공민적, 사회주의적, 민족주의적 또는 토착적 대중운동들의 이데올로기적 수사와 전술이 무엇이든 간에, 실상 그것들은 대외 의존에 기반을 둔 과두적 군부 파벌주의라는 라틴아메리카의 정치 관행을 폐지하고 있다. 전대륙에 걸친 무척 논란 많고 한결같지 않은 이 과정은 그 모순들에도 불구하고 지금 진정한 민족국가들을 벼려내고 있다. 사회운동 지도자들이 국가권력에 도달하자면 마약 카르텔을 포함해 지방 유력자들의 국지적 권력을 이들의 준군사조직과 함께 제어해야만 지배세력이 될 수 있다. 이 일을 해내는 한가지 방법은 군대와 경찰에 민주적인 문민 통제를 가하는 것이다. 새로운 민주주의 체제의 공고화를 위한 또 하나 연계된 방법은 인권 보호, 사회 복지, 토지 보유와 일자리를 제공하는, 중앙에서 주관하는 제도들 속에서 일반 시민들을 통합하는 것이다. 이를 사회주의라고 하기는 어려울 것이다. 오히려 그것은 새롭고 단연 더 나은 종류의 자본주의일 것이다. 20세기에 마침내 라틴아메리카는 이전 서구의 모델을 닮은 사회민주주의 및 조합주의 국가로의 변형을 꾀하고, 그럼으로써 또한 산업 발전의 새 물결을 위한 기초를 다질 수 있게 되었다.

서구, 일본, 구 쏘비에뜨 블록의 지속적인 경기후퇴는 정말로 대재난 같은 지경에 이르지 않는다면 그래도 종전 제3세계 지역의 산업이 우위를 점하는 계기가 될지도 모른다. 과거에 주변부 및 반 주변부 국가들은 핵심부가 혼란에 빠졌을 때 그로부터 이익을 얻는 경우가 종종 있었는데, 이는 그 위기가 선진 기술을 들여오는 비용을 낮추며, 세계시장에 대한 정치적 통제를 느슨하게 하고, 노동비용이 더 저렴한 생산자들에게 유리한 틈새시장을 열어주기 때문이다. 유럽 대륙의 주변 지역을 따라서, 또한 라틴아메리카에서 수입대체 산업화의 초기 물결이 1930~40년대에 일기 시작한 것은 우연이 아니다. 한편, 1970년대 이후 동아시아의 수출지향적 산업화는 산업공동화하는 핵심부로부터의 아웃소싱을 동력으로 삼았으며, 수출시장과 옛 쏘비에뜨 공화국들의 자원 유출은 중국과 특히 터키의 경제 팽창에 한몫했음에 틀림없다.

우리 다섯 필자들 모두 세계적인 불평등 격차를 줍히는 것을 바람직하고 현실적인 전망으로 생각한다. 월러스틴의 말에 따르면 이것은 단기적으로는 고통을 최소화하고, 중장기적으로는 더 나은 세계로의 변형을 위한 잠재력을 극대화할 것이다. 마이클 맨은 여기서 지속적인 시장 활력의 주요한 원천과, 더 나아가 1945년 이후 회복된 유럽의 사회민주주의의를 모델로 하는 좀더 평등하고 번영하는 세계 자본주의 질서의 기초를 발견한다. 이것은 행복한 전망처럼 보이지만, 과연 그것이 사적 이익의 원리를 척도로 하는 자본주의 정치경제와 양립할 수 있을까? 월러스틴도 콜린스도 '그밖의 세계의 상승'(rise of the rest)이 자본주의의 미래의 종말에 관한 그들의 가설과 모순되는 것으로 생각지 않는다. 그러기는커녕 세계시장에서 새롭게 참가하는 자본가들 또는 유동적이고 세계적으로 경쟁하는 중간계급들이 확산되는 것은 자본주의의 딜레마들을 더욱 가중할 것이다.

지금까지 우리는 가까운 과거를 근거로 가까운 미래를 추정하는 방식에 머물렀다. 그럼, 지구적 세계체제 또는 지구 생태계의 첨단기술 자본주의 내에서 일어날 주요한 구조적 변동은 어떠한가?

체제적 한계 대 끝없는 고도화

마이클 맨은 자본주의의 존속에 관해서는 낙관적인 견해를 개진하지만 환경위기에 관해서는 상당히 비관적인 견해를 제시한다. '그밖의 세계의 상승'은 적어도 예측 가능한 미래에 자본주의를 위한 새로운 변경을 사실상 무한히 열어준다. 세계 인구는 마침내 안정될 것이고, 지금 가난한 나라들에서의 대규모 인구 증가와 그에 따른 도시로의 세계적 이주로 말미암아 속속들이 영향을 받고 있는 세계 정치와 경제도 따라서 안정될 것이다. 맨은 범(凡)체제적인 구조 및 싸이클의 존재를 의심한다. 그 대신 크기와 형태가 제각기 다른 네가지 사회권력, 즉 이데올로기·경제·군사·정치 권력의 네트워크들이 만화경처럼 다양한 방식으로 재조합되는 모델을 제시한다. 자신의 예측을 하나의 원칙의 문제로서 미확정 상태로 놔둔 채, 맨은 자본주의가 끊임없이 복원력을 가질 것이며, 특히 그것이 좀더 실용적인 자유주의적 노동정치에 의해 조종될 때 그러하리라는 것 외에는 구체적인 예언을 삼간다.

그럼에도 불구하고 맨은 막스 베버의 시각을 진전시킨 구조적 관점에서 이론화를 시도한다. 네가지 차원의 권력에 관한 그의 모델을 이용해 맨은 주요한 권력의 원천들이 교차할 때 사건들이 전환의 계기가 된다는 것을 보여준다. 20세기 초에 그런 전환의 계기는 세계전쟁과 이데올로기 및 정치에 의해 악화된 자본주의 위기의 조합이었다. 21세기에 걷잡을 수 없는 자본주의적 성장과 다원적 정치 및 자민족 중심주의의 교착상태, 이것들의 조합은 생태위기를 가리킨다. 다양한 정도로 우연성이 존재하지만 그것은 네가지 권력의 원천의 역사적 발전에 따라 규정되는 구조적인 경향들 안에서 존재한다. 예측할 수 없는 교차가 나타나는 것은 주로 다양한 원인들이 있기 때문이다. 여기서 맨은 자본주의 경제제도에서 위기의 중요성에 관해 콜린스, 월러스틴과 의견을 달리한다. 그 대신 그는 만일 정치적 동원이 무언가 적절한 대응을 이끌어내지 못한다면 환경의 압박이 파국으로 치달을 것이라고 강조한다. 이렇듯 맨의 거대우연(big contingency)은 환경(아주 넓은 의미에서 경제)과 정치 영역의 교차점에 놓여 있다.

크레이그 캘훈은 자본주의의 외부 요인들, 특히 환경의 위협이 가장 중요하다는 점에서 맨과 의견을 같이한다. 우리 모두 그렇거니와 캘훈은, 미래는 충분히 확정되어 있지 않으며, 따라서 정치적 행동에 달려 있다고 생각한다. 그럼에도 불구하고 그는 맨이 생각하는 것보다 체제 내부의 위험들이 자본주의에 더 위협적이라고 주장하며, 또한 자본주의가 존속하기 위해서는 자본주의를 가능하게 만들고 촉진하는 한편, 그것이 지금 사회 일반의 부담으로 외부화하는 비용과 피해를 보상하는 새로운 사회 제도들을 마련해야 한다고 주장한다. 그렇다면 월러스틴과 콜린스가 보기에, 문제는 세계적으로 점점 더 상승하는 그러한 비용을 자본주의가 도대체 감당할 수 있겠는가 하는 것이다. 이 질문은 수사의문문이 아니다. 사회과학자들은 세계적으로 연결된 사회구조들 전반으로 이익을 확산시키는 정치적 메커니즘의 성장 또는 쇠퇴와 아울러 새로운 부의 창출이 그 비용을 감당하고 있는지를 알기 위해 자본주의의 역동적 능력을 늘 관찰하고 측정해야 한다.

맨과 캘훈은 머지않아 심각한 환경위기가 닥쳐서 경제

적으로 아직 존속 가능한 자본주의를 위협할 수도 있다고 말한다. 콜린스와 월러스틴은 환경의 위험을 장기적인 것으로, 그리고 자본주의의 위기를 좀더 가까운 미래의 일로 본다. 콜린스는 환경 예측에 관한 과학계의 합의가 2100년경에 일대 위기의 가능성을 시사하고 있다고 이해한다. 맨은 심각한 생태계 훼손이 2030~50년에 이르면 이미 몇몇 나라의 생존을 위협할 것이라고 주장한다. 한편 콜린스와 월러스틴은 대략 2040년 전후의 몇십년 동안에 전면적인 자본주의의 위기가 일어날 것이라고 예측한다. 이들은 결국 환경의 한계로 종말을 맞기 전에 우리가 자본주의의 위기를 먼저 직면할 것이라고 생각하는 것이다. 콜린스나 월러스틴의 견해를 따른다면, 자본주의의 위기에 대한 사회주의적 해결책이 정치구조들을 변혁할 경우 생태위기에 대한 적절한 대처—자본주의가 여느 때처럼 그대로 지속된다면 도저히 기대할 수 없을—가 이루어질 것이라고 선뜻 추측해볼 수 있다. 맨의 생각은 이와 다르다. 어떤 것이든 대규모 자본주의 위기는 GDP 수준을 상당히 낮출 것이고, 그러면 환경위기가 완화될(단 온난화가 이미 너무 멀리까지 진행된 것이 아니라면) 것이다. 그는 기후변화를 일으키는 세가지 주범으로 자본주의만이 아니라 민족국가와 평범한 대량소비 시민을 꼽는다. 위기의 해결책은 이 셋 모두를 억제하고 개혁하는 일을 필요로 할 것이다. 그 위기로부터 빠져나와 존속하는 것이 자본주의든 사회주의든(아니면 다른 무엇이든지) 간에, 그것들은 근본적으로 탈바꿈해야만 할 것이다.

또한 맨과 캘훈은 공히 서구 밖에서의 자본주의의 역동성을 좀더 중시한다. 실제로 맨에게, 세계적으로 일어나는 것은 자본주의의 종말이 아니라 오히려 생태위기다. 그렇다고 해서 자본주의와 지정학적 헤게모니가 미국과 유럽 편에서 쇠퇴하는 동안 동아시아, 또는 브릭스 같은 이름 아래 진행 중인 어떤 연합체처럼 지구상의 다른 급부상하는 지역으로 세계의 지도력이 넘어갈 것이라고 단정해서는 안 된다. 하지만 지금 환경과학자들은 최악의 환경 재앙이 중국, 남아시아, 아프리카에서 시작될 것이라고 주장한다. 이런 예측은 서구를 대신하는 세계적 지도력의 등장에 대한 전망에 이의를 제기한다. 맨에 따르면, 생태위기는 만인의 종말이 될 것이다. 좀더 간단하게 말하자면 우리는 양자택일이 아니라 삼자택일의 가능성을 고려해야만 한다. 하나의 세계체제로서 자본주의의 최종 위기, 종전의 자본주의 헤게모니 세력들의 쇠퇴와 새로운 세력들로의 교체, 그리고 지구적 차원의 생태 충격과 여전히 상상의 여지가 있는 그에 따른 변형들, 콜린스와 월러스틴은 이 가운데 첫번째 가능성을 논하고, 맨은 세번째 가능성을 논한다.

이매뉴얼 월러스틴과 콜린스는 서로 상이하지만 상통하는 방식으로 상황판을 파악한다. 그들은 자본주의를 하나의 세계적 체제로, 또는 말하자면 경제적 먹이사슬 및 틈새시장들(market niches)의 위계적인 생태계로 본다. 여느 복잡한 체제와 마찬가지로 그것은 상호관련된 구조들과 역동적 추세들을 지니며, 그런 까닭에 궁극적인 한계들을 가질 수밖에 없다. 그 체제적 한계들은 생산의 새로운 지리적 배치와 과학기술에 기대어 팽창할 수는 있어도 완전히 없애버릴 수는 없다. 현재로서는 어느 누구도 자본주의 다음에 올 세계의 제도와 특질 들을 명확히 말할 수 없다. 여기서 크레이그 캘훈은 이와 같은 세계적 변형에서 얼마나 많은 부분이 서로 경쟁하는 정치적 선택지들에 달려 있는지를 우리에게 새삼 상기시킨다. 그럼에도 불구하고 콜린스와 월러스틴은 자본주의가 그 한계에 가까워지고 있다고 주장하면서 하나의 거대예언, 즉 세계적 이행이 일어날 것이라는 예언을 내놓는다. 이들 둘 다 어떤 구조적 과정이 그 예견된 이행을 향해 나아가고 있는지를 명시적으로 기술하며, 이렇게 해서 자신들의 가설을 비판적 검토와 경험적 검증의 시험대 위에 올려놓는다. 게오르기 데를루기얀은 콜린스와 월러스틴의 과거 예언 가운데 일어난 것과 일어나지 않은 것의 이론적이고 경험적인 시금석으로 쏘비에뜨의 사례를 제시한다. 쏘비에뜨 블록의 궤적은 규모가 큰 하나의 체제적 단위가 어떻게 그 자체의 성공에 따른 한계에 도달하는지, 그리고 어떻게 구조적 압력과 순전히 우연적인 요인들의 결합으로 멸망하는지를 보여준다.

한편으로 맨의 예언(또는 미래 개산槪算)과 다른 한편으로 콜린스와 월러스틴의 예언 사이의 차이점은 진화인류학자들이 개발한 인간사회에 관한 역동적 모델의 양면에 상응한다. 전문용어로 그것은 인간 생태계의 '지탱능력의 한계'(bearing capacity) 대 '생산 고도화'(productive intensification)이다. 이 모델에 따르면 이제까지 존재한 모든 인간사회는 그 환경을 포화상태 또는 지탱능력의 한계에 이를 때까지 가득 채우는 경향이 있었다. 이같은 한계에 따른 위기는 극적으로 다른 세가지 가능성을 열어놓았다. 첫째는 말 그대로 죽음이었다. 역사의 전기간에 걸쳐 되풀이되는 재난은 기근, 전염병, 집단학살 전쟁을 통해 인간 집단들의 부분적 또는 전면적인 절멸을 불러왔다. 그것은 곧 먹여야 할 인구에 대한 맬서스주의적 인구 조절의 비극적인 싸이클이다. 인구 감소 국면은 환경이 그 지탱능력의 한계까지 다시 꽉 채워질 때까지 변함없는 기초 위에서 생산활동을 회복할 조건들을 조성하며, 그리하여 또다른 먹고살기 힘든 국면을 불러오게 된다. 두번째 가능성은 다양화다. 그것은 우리 조상들로 하여금 저 북쪽 툰드라와 열대의 섬들, 스텝과 사막, 산과 숲의 새로운 지리적 변경을 발견하고 거기에 적응해 식민하도록 ― 인류가 지구를 가득 채울 때까지 ― 이끌었다. 끝으로 세번째 가능성은 인간이 그들의 자원에서 더 많은 것을 획득하게 해주는, 보통 진보라고 불리는 것(즉 총체적인 과학기술 조건 아래서의 질적 고도화)이다. 이 마지막 탈출구는 인간사회에서 점진적인 혁신의 주된 추진력이었다.

복잡한 계급사회와 최초의 국가 들은 사막과 산악 지대 옆의 비옥한 하천 계곡 같은 포기하기에는 너무 아까운 생산적인 장소들에서 일어났다. '우리 효과'(caging effect)라는 널리 알려진 표현은 실은 마이클 맨이 고대의 제국과 시장, 종교에 대한 그의 초기 연구에서 고안한 말이다.[3] 그것은 다른 곳으로 이주하는 것이 불가능해졌음을 뜻한다. 역사적으로 이런 상황은 인간 집단을 장기간 점유한 장소에서의 잉여 추출 및 교환을 증대할 질적으로 새롭고 광범위하며 정교한 형태의 사회조직(요컨대 새로운 문명)으로 밀어넣었다. '밀어넣었다'(forced into)라는 동사를 쓰

---

3 Michael Mann, *The Sources of Social Power*, Vol. I: *A History of Power from the Beginning to A.D. 1760* (New York: Cambridge University Press 1986). 또한 종합적인 논의를 담은 논문으로 Randall Collins, "Market Dynamics as the Engine of Historical Change," *Sociological Theory* 8 (1990) 111~35면을 참조하라.

는 이유는 많은 사람들이 노예, 농노, 공물 납부자가 되지 않으려고 했지만 탈출구가 없었기 때문에, 그리고 전사 및 사제 엘리뜨들의 실질적인 강요에 의해서 '우리에 갇히게'(caged) 되었음을 강조하려는 것이다. 과거에 생산기술의 고도화는 결코 독자적으로 일어난 것이 아니라 주요한 정치적·이데올로기적 재편과 맞물려서 일어났다. 그래서 이런 변형 과정에는 언제나 상당한 갈등이 따르기 마련이었다.

이 책에서 마이클 맨은 자본주의가 여전히 복원력이 있다는 입장을 취한다. 다시 한번 캘훈은 자본주의가 스스로 갱신하기 위해서는 어떻게 변화해야 하는지에 더 강조점을 두긴 하지만, 맨의 입장에 대부분 동의한다. 캘훈 역시 일반적인 의미의 자본주의와 최근 체제적 위험을 악화시킨 불균형한 금융자본주의 사이의 차이를 강조한다. 맨에 따르면 자본주의는 생산적 혁신, 세계화와 소비시장의 발달을 통해서 스스로 강화하는 사실상 무진장한 능력을 가지고 있다. 혹시라도 자본주의를 끝장낼 수 있는 어떤 것이 있다면, 그것은 핵의 시대에 그 파괴력의 한계에까지 이른 전쟁의 발발이거나 아니면 지구 차원의 자연환경위기가 될 것이다. 전자는 자본주의의 동역학과는 대체로 무관한 인과 사슬을 통해 작동하며, 따라서 우발적이다 (즉 자본주의에 대한 내재적 분석의 관점에서는 예측 불가능하다). 주로 이 점에서 맨과 캘훈의 입장은 월러스틴과 콜린스가 내놓은 추정과 구별된다. 하지만 환경위기는 정치적·문화적 요인들과 교차하는, 자본주의의 발전에 따른 결과의 하나다. 비록 교차하는 인과관계들 때문에 반드시 그렇게 되지 않을 수도 있지만, 이렇게 우회적인 방식으로 자본주의는 자신의 몰락을 자초할 수 있다.

랜들 콜린스와 이매뉴얼 월러스틴은 자본주의가 그 구조적 한계에 가까워지고 있다고 주장한다. 둘 다 그 자체의 정치경제를 팽창시키고 심화하는 자본주의의 비상한 능력을 인정한다. 자본주의는 지구 행성 전역을 모든 주민, 생산자원과 함께 망라하는 최초의 진정한 세계체제를 창출했다. 19세기 중에 이루어진 기계에 의한 농업 및 공업 분야 일자리 대체는 카를 맑스가 생전에 예언한 것처럼 서구에서 빈곤화와 혁명을 낳지는 않았는데, 이는 사기업 및 정부의 관료체제 내에서 근대적인 경영·전문·사무직종의 발달이 근대 중간계급이라는 안락한 쿠션을 만들어냈기 때문이다. 그렇지만 21세기에 그런 내부 공간의 여지(reserves)는 마침내 바닥이 날 것이다. 과두의 과잉축적과 중간계급의 고통에 따른 결과에 초점을 맞춘 모델이 다양한 역사 시대에 걸쳐 타당성을 갖는다면, 자본주의의 최종 위기는 실제로는 오래도록 연장된 쇠퇴기에 일어나는 여러 위기들의 연속이 될 것이다.

하지만 여하튼 마이클 맨의 논의가 가늠하기 어려운 세 가지 위험, 즉 기후변화, 전세계적인 전염병, 핵전쟁에 대해 진지한 성찰을 이끌어낸다는 데에는 우리 모두가 수긍한다. 그것들은 인류 전체에 대한 위험이라는 면에서 가늠하기 어려운 것이 아니라 그 재앙들이 일어날 시기 면에서 가늠하기 어려운 것이다. 그것들 각각에 대한 우리의 지식은 광범위하지만, 정확히 어떤 일이 일어날지 확신할 수 없을 정도로 이 문제를 연구해온 전문가들 사이에도 많은 불확실성과 의견차가 있다. 기후변화는 정치적이거나 이데올로기적인 이유로 이 현실을 부정하는 사람들을 제외하면 누구에게나 의심할 여지가 없는 현실로 보인다. 게다가 기후변화를 일으켜온 모든 요인이 실제로 둔화되는 것이 아니라 점점 더 빠르게 가중되고 있다. 기후변화의 대처 방안에 관한 부국과 빈국 사이의 정치적 입장 차이로 말미암아 적어도 지금으로서는 그 위험을 완화할 어떤 합의에도 도달하기 어려울 것으로 보인다.

하지만 지구의 생태학적 복잡성이 대단히 크고 그 변화들이 아주 넓은 범위에 걸쳐 있는지라 우리는 어떤 종류의 재조정이 일어날지 알 수 없다. 해수면이 상승할 것이고, 이미 상승하고 있으며, 이 때문에 광대한 지표면이 물에 잠길 위험이 있다는 것은 분명해 보인다. 세계 여러 지역에서 평균기온이 변동할 것이고, 이미 변동하고 있다는 것 또한 분명해 보인다. 그러나 이것은 농업 생산과 에너지 공급 지대를 다른 지역으로 옮겨 원래 지역들의 피해를 보전할 수도 있다.

세계적인 전염병에 대해서도 같은 식으로 이야기할 수 있을 것 같다. 지난 100년가량 일견 수많은 질병을 통제한 것으로 보이는 세계 의학의 놀라운 진전은 인류의 숙적인 세균이 새로운 방식으로 내성을 갖게 되는 상황을 빚어냈다. 여기서도 역시 우리의 지식은 대단해 보였지만 결국 따지고 보면 가소로운 수준에 지나지 않는다. 이 시간과의 경주에서 우리는 얼마나 빨리 지식을 쌓아야 하는가? 그리고 생존하기 위해서 아는 지식을 얼마나 많이 버려야만 하는가?

이제, 핵전쟁으로 인한 절멸의 공포가 남아 있다. 냉전의 종식과 미국 일극체제를 밀고 나가려는 오만한 시도 이후로 핵 확산은 사실상 피할 수 없는 일이 되어버렸다. 국가간 전쟁이라는 면에서 임박한 위험은 없어졌을지도 모른다. 사실은 거의 그 반대다. 핵무기는 본질적으로 방어무기이며, 따라서 국가간 전쟁의 가능성을 늘리는 것이 아니라 줄인다. 그럼에도 불구하고 몇가지 가늠하기 어려운 점들이 남아 있다. 비국가 행위자들의 동기가 책임있는 자리에 있는 공직자들의 동기와 반드시 같지는 않다. 틀림없이 핵무기를(생화학무기도 물론이고) 수중에 넣고 또 사용하려 드는 사람들이 있다. 이 무기의 탈취나 구매를 막을 수 있는 많은 국가들의 능력에 한계가 있다는 사실이 비국가 행위자들의 그 무기 획득을 조장할 수 있다. 게다가 가상의 닥터 스트레인지러브(Dr. Strangelove, 냉전 시대 미소 간의 핵무기 경쟁을 배경으로 과학기술의 위험성과 인간의 광기를 풍자한 스탠리 큐브릭Stanley Kubrick 감독의 영화(1964)의 등장인물)처럼 악당 같은 국가 요원이 등장할 가능성도 결코 배제할 수는 없다.

세계가 이런 대재난 가운데 어느 것도 겪지 않고서 전 세계적 이행을 무사히 헤쳐나갈 가능성도 꽤 있다. 그러나 그렇지 않을 가능성도 다분하다. 어떤 정치구조들이 새로 등장할지, 그리고 얼마나 빨리 등장할지에 많은 것이 달려 있다. 상상컨대 이 새로운 구조들은 세계적인 재앙의 가능성을 줄이거나 심지어 없앨 수 있는 그런 종류의 대책을 강구할 것이다. 분명히 말하거니와, 그런 재앙이 꼭 천재인 것만은 아니다. 기근, 역병, 핵 공포는 단연 인류에 대한 정치적 위협이다. 그것들을 가늠하기 어렵다는 이유도 바로 그 때문이다. 유효한 대응책을 모색한다는 것은 곧 정치적 선택을 한다는 뜻이다. 많은 사람이 그 위험에 대응하는 한가지 주요한 방식은 보호주의적이고 외국인혐오적인 색깔을 짙게 띠고서 안으로 웅크리는 것이다. 이미 그런 경향이 거의 모든 곳에서 눈에 띈다. 이는 비교적 민주주의적이고 비교적 평등주의적인 어떤 체제를 추구하는 사람들이 그런 경향에 대항할 정치 전략의 개발에 더 진력해야 한다는 것을 의미한다.

이행들

우리 필자들이 하나같이 동의하는 중요한 한가지는 향후 수십년 안에 세계 정치경제의 낯익은 지형이 상당히, 그리고 당장 분명하지는 않게 변화할 수밖에 없다는 것이다. 정치가, 사회운동, 미디어 평론가 들은 그 기간 내내 진부한 옛 지혜를 좇아 방향키를 조종하느라 쩔쩔맬 것이다. 정부들과 한때 우위에 있던 기업들은 그들 권력의 지렛대가 약해지고 정치와 이데올로기의 레퍼토리에서 곧잘 써오던 수단들이 쓸모없거나 갈수록 새로운 말썽거리가 된다는 것을 깨달을 것이다. 항의자들은 그 어느 때보다도 분개할 것이다. 그러나 그들은 누구를 상대로 항의해야 할지, 무엇을 요구해야 할지, 어떻게 조직하고 누구와 동맹해야 할지 갈피를 잡기가 훨씬 더 어려울 것이다. 과거의 역사적 이행에 대한 우리의 이론적 지식은 불충분한 조언자 구실밖에 할 수 없다는 것이 드러날 것이다. 지금부터 한동안 우리의 이론은 상당한 교정과 보완을 필요로 할 것이다(하지만 이것이 과학지식의 본성 아닌가?). 부분적으로 이는 인류 역사상 전례가 없는 것으로 보이는 많은 문제와 전망 들이 나타나기 때문이다. 하지만 대개는 우리가 알다시피 주요한 역사적 이행은 몇가지 서로 다른 수준에서 동시에 일어나기 때문이다. 이행의 시기에 평상시와 같은 기업활동은 불가능하다. 미제국의 헤게모니는 지정학 이론이 오래전부터 예언해온 대로 눈에 띄게 휘청거리고 있다. 생산성, 금융, 그리고 중국과 유럽연합의 정치적 호응 면에서 미국의 최대 예비자산은 점점 바닥을 드러내고 있다. 한가지 큰 문제는 서구의 쇠퇴가 급박하게 다가올 것인가, 아니면 점진적으로 다가올 것인가 하는 것이다. 우리가 바라는 최선은 어쩌면 역사적 서구와 떠오르는 나머지 세계 사이에서 세력과 부의 분배가 협상을 통해(즉 파괴적이지 않게) 평등하게 이루어지는 것이다.

거듭 강조하거니와, 우리의 의견이 일치하는 요점은 미래가 아주 세세하게 예정되어 있지는 않다는 것이다. 어찌 될지 모르는 정치투쟁들이 그 경로와 공동 목적지를 선택하는 데 결정적인 역할을 할 것이다. 게다가 사회과학이 다가오는 미래를 다른 어떤 것으로 만들 수 있다. 거시역사이론들은 미래의 대재난 가능성에 대해 경고한다. 중도적인 가능성은 분열과 퇴행(즉 근본적으로 같은 길로 나아가되 좀더 완만하고 파행적이고 악화되는 형태로 지속되는 것)이다. 소련의 최근 운명이 가장 비근한 예가 될 수 있다. 또다른 불쾌한 가능성은 도탄에 빠진 국민들의 사회운동으로 지지받는 동시에, 군국주의적이고 대단히 간섭적인 경찰국가에 의존하는 파시즘식 독재다. 불행하게도 20세기 파시즘의 기록은 그것이 적어도 몇십년 동안 대규모 민족집단이 다른 대규모 민족집단을 억압함으로써 이익을 얻는 유망한 정치경제를 창출할 수 있었음을 보여준다. 유독 잔혹하고 과대망상적인 독일의 나치 체제는 대외전쟁으로 인해 멸망했지, 내부의 정치적 변동이나 혁명으로 인해 멸망한 것이 아니었다.

그러나 같은 이론들은 또한 혼돈의 세월을 거치면서 우리 앞에 좁지만 더 희망적인 길들이 나타날 가능성이 꽤 높다는 것을 시사한다. 우리의 희망은 과거에 심각한 구조적 위기에 대한 인간의 반응이 질적으로 새롭고 더욱 광범위한 집단의 힘을 결집하는 경향이 있었다는 이론적 근거를 지닌 소견에 바탕을 둔 것이다. 이런 경향은 마침내 안정과 번영의 새 시대를 위한 길을 닦게 될, 주기적인 인간 창의력의 쇠퇴와 폭발(언제나 평화로운 것만은 결코 아니었지만)을 통해 발달했다.

인류는 지금 또 한번 그 계기에 직면해 있거니와, 이번에는 지구에 거주하는 전인류의 문제다. 작고한 우리의 벗이자 동료 조반니 아리기(Giovanni Arrighi, 1937~2009. 이딸리아 태생으로 페르낭브로델센터, 존스홉킨스 대학에서 사회학 교수로 재직했으며, 이매뉴얼 월러스틴 등의 영향으로 세계체제 분석에 참여해『장기 20세기: 화폐, 권력 그리고 우리 시대의 기원』『베이징의 애덤 스미스: 21세기의 계보』등을 저술했다)는 체제적 문제는 체제적 해결책을 필요로 한다고 말하곤 했다. 그의 분석 모델에서 역사적 자본주의의 궤도는 여러번 최고조에 달한 공간적 팽창과 재편의 물결을 거쳤다.[4] 본래 유럽의 자본가들은 16세기에 새 시대를 여는 혼란의 와중에 그들의 민족국가——육군과 해군, 이를 지탱하는 조세기구와 함께——를 획득함으로써 그들 자신과 사업의 안전을 확보했다. 좀 더 분석적으로 말하자면, 자본주의는 보호비용을 내부화함으로써 자체의 역사적 돌파구를 찾았던 것이다. 그다음 물결은 생산비용의 내부화 또는 영국이 주도한 1780~1840년대의 산업혁명으로 널리 알려진 것에 근거한 자본주의의 심화와 엄청난 식민지 팽창을 몰고 왔다. 그러나 그 시대는 또한 경기순환의 효과, 혁명적·개량적 운동들의 제도화, 그리고 1914년에 거의 자본주의를 죽일 뻔했던 산업제국주의의 경쟁적 지정학에서 비롯되는 다양한 위기들을 예고했다. 20세기의 미국 헤게모니는 복잡성의 또다른

---

4 Giovanni Arrighi, *The Long Twentieth Century: Money, Power and the Origins of Our Times* (Updated edition) (London: Verso 2010).

층위, 즉 거래비용의 내부화를 추가함으로써 그러한 위기들을 길들이는 데 일조했다. 다양한 위험에 맞서 자본주의 체제를 안정시켜야 할 절실한 필요가 1945년 이후로 현대 정부, 기업, 국제조직 들의 정교하고 위압적인 구조를 결정지었다.

그렇다면 논리적으로, 21세기에 남겨진 시대적 과제는 정말로 지구적 차원에서 이루어내야 할 사회 및 환경 재생산비용의 내부화이다. 여느 정책토론의 주제로는 너무 커 보이는 한가지 사실을 성찰해보자. 지난 1만여년 동안 인류의 대다수는 촌락(villages)에서 살았다. 촌락공동체의 발명(좀더 정확히 말해서 반복된 발명들)은 집단적 인간 능력의 중대한 재편성을 나타내는 것이었다. 그것은 고고학자들이 신석기혁명이라고 부르는 것, 따라서 농경사회를 이루게 했다. 촌락의 생활양식은 중간 규모의 비친족 집단들이 활기차게 그리고 두루 그들의 공동사를 조직할 수 있게 해주었다. 그것은 분업, 자원과 일상의 갈등 및 분쟁에 대한 전통적 규제, 문화와 기술의 전승, 무척 신령스러운 마을 춤에서부터 속된 마을 춤에 이르기까지 집단 연대의 이데올로기적(또는 심지어 우주론적) 의례 등 사회 재생산을 위해 중요한 대소사를 주관했다. 요컨대, 촌락공동체는 출생에서 죽음에 이르기까지 인간 생애주기의 기능적이고 정서적인 측면들을 조직했다. 그리고 이 자기조직적인 촌락은 부족장 지배에서 도시국가와 제국에 이르기까지 차후의 모든 복잡한 사회에 대한 공납의 기초로 구실했다.

자본주의는 본래 여전히 촌락들의 세계였던 것에서 출현했다. 자본주의의 시장과 지정학적 역동성은 이내 촌락 공동체를 침식하기 시작했다. 촌락 주민들이 다른 곳에서 노동력으로, 식민지 주민으로, 병사로 필요했기 때문이다. 촌락 주민들 편에서는 종종 자신들의 가난하고 갑갑한 시골에 눌러앉는 것이 견디기 어려웠다. 촌락이 소멸하는 원인은 근대화, 도시화, 산업화, 농업인구 과잉, 문자 해득능력 보급, 또는 제국주의와 군사혁명 등의 명칭으로 규정된다. 그 최종 결과는 어디서나—처음에는 서구에서, 그다음 일본과 쏘비에뜨 블록에서, 그리고 지금은 세계 전역에서—똑같을 것이었으니, 즉 종전의 수많은 농촌 주민들을 도시로, 또는 훨씬 더 흔히는 빈민가로 유출시킨 것이었다.

인간 생활의 본거지를 촌락에서 도시로 옮기는 것은 되돌릴 수 없는 일로 보인다. 그에 따라 일어날 수 있는 결과는 자본주의의 위기가 그토록 해결되기 어려운 이유를 설명해준다. 새로운 밀집 주거지역에서 다시 정상적 질서, 사회적 규제, 일상의 안전과 복지를 전반적으로 제공하기 시작하려면 무엇인가가 개입해야만 한다. 게다가 이제 이러한 과업들은 촌락이 종전에 하던 것보다 엄청나게 더 큰 규모로, 더욱더 충실하게 수행되어야만 한다. 촌락은 친밀한 아늑함과 보금자리를 내주었고, 이는 나아가 사생활을 침해하는 감시와 개인에 대한 사회의 우리 가두기를 의미했음을 염두에 두어야 한다. 전통의 보호적 관성, 가부장제 가정에 새겨진 연령 및 성에 따른 차별, 이방인과 국외자에 대해 폄하하고 앙심을 품는 태도, 이런 것들 역시 촌락 생활의 중요한 부분이다.

대량 이주와 인구 변천, 새로운 정치공동체 창출의 근대사는 엄청난 비용과 트라우마를 가져왔다. 유럽 식민자들의 해외 이주는 자원 대비 인구 비율을 향상시켰지만, 이는 총기도 없고 침략자들에게서 퍼진 세균에 면역력도 없던 식민지 토착민들의 추방과 노예화, 그리고 노골적인 절멸을 댓가로 한 것이었다. 근대 민족의 등장에는 흔히 '비민족적'(non-national) 소수집단들의 억압과 축출이 뒤따랐다. 1914년 이후 민족주의가 군국주의적이고 지독히 포퓰리즘적인 파시즘의 형태로 과격화한 것은 동일한 역사적 벡터들을 단계적으로 확대해 결국 홀로코스트에까지 이르게 되었다. 다른 종류의 단계적인 확대 과정을 통해 소련의 농업집단화는 공업화를 성취하고 생존자 자녀들에게 현대적인 생활을 가져다줄 목적으로 수백만의 인명을 희생시켰다. 서구와 쏘비에뜨 블록의 예전 농민과 노동계급은 1945년 이후에야 그들의 민족국가에 의해서 사회보장과 번영의 요소로 고려되었다. 그런 사람들의 수는 통틀어 수억명에 이른다. 그러나 지금 남반구의 수십억명에 이르는 사람들을 그렇게 고려할, 정치적 의지는 고사하고 재원이 있는가?

세계화의 열성 지지자들은 우리가 하나의 지구촌으로 이주하는 것을 환호한다. 이런 낙천적인 주장은 냉정하게 평가되어야 한다. 세계시민주의(cosmopolitanism)는 자유주의 버전과 사회주의 버전을 지닌 오래된 기획이다.[5] 그러나 그것은 안정된 국가들의 세계를 보완하는 것으로서 세계화와는 다른 무엇을 의미한다. 또한 세계화를 이끌어가기 위해 제국주의적 야망, 민족주의, 이민자 거부, 종교적 근본주의, 그리고 이것들의 여러가지 조합으로부터 동력을 끌어내는 더 보수적인 기획들이 존재한다. 바로 글로벌 거버넌스(global governance)와 인류 공동정체성(common human identity)의 가능성이 당연히 지금부터 수십년 동안 정치적 논쟁의 초점이 될 것이다. 그 결과를 예측하는 것은 시기상조다. 세계적 범위의 체제적 위기는 일대 파괴와 공포, 역겨운 반응들의 불씨가 될 것이다. 그러

---

5 더 자세한 내용은 Craig Calhoun, *Nations Matter: Culture, History and the Cosmopolitan Dream* (New York: Routledge 2007)을 참조하라.

나 그것은 좀더 민주적으로 책임질 수 있고 조직적으로 유연하며 유능한 글로벌 거버넌스를 지향하는 공동대응 전략들을 이끌어내는 계기도 될 것이다. 인류는 아직 그 공동조직의 복잡성과 범위에 있어 비극적인 퇴보를 피할 수 있다. 어쩌면 20세기의 혁명운동과 사회개혁운동의 충분한 교훈이 최근 수십년 동안 신보수주의에 의한 황폐화를 이겨내는 데 밑거름이 되었을지 모른다. 또는 현대 국가들 자체의 복잡하고 모순되는 제도적 구조에서 어떤 심대한 변화가 일어날 수도 있다. 여하튼 이것은 사회과학자들의 생산적 연구를 위한 또 하나의 논제다.

우리는 더 나은 미래의 정치구조를 '세계국가'라고 부르기는커녕 '국가'라고 부르는 것도 탐탁지 않다. 사실 이것은 알려지지 않은 최대 규모의 정치구조다. 좀더 희망적인 미래의 정치 패턴에 관해 두가지 주목할 만한 점만을 말해보겠다. 대개 우리는 기존 국제기구들의 총합이 그런 구조의 원형이 될 것이라고는 생각지 않는다. 국제연합, 유럽연합, 국제통화기금, 다보스, G-8(G-8 정상회의. 1975년 세계 경제위기에 대처하기 위한 선진 5개국 회의에서 출발해 1992년부터 기존 회원국인 미국, 영국, 독일, 프랑스, 일본, 이딸리아, 캐나다에 러시아가 참여하고 1998년 정식 회원으로 가입하면서 G-8이 결성되었다), G-20(G-20 회의. 아시아 금융위기를 계기로 세계 경제 현안에 공동 대처하기 위해 1999년 G-7과 유럽연합 의장국에 12개 신흥국을 추가해 G-20 재무장관회의가 시작되고, 2008년 세계 금융위기 이후 정상회의로 격상되었다), 그밖에 이런 종류의 클럽은 자본주의 통합과 미국 헤게모니의 시대에 속하는 것들이다. 현재 이 제도들은 정치적 조작과 테크노크라시적인 냉담한 태도 탓에 약화되거나 위상이 실추되었다. 하지만 우리 중에는 환경위기에 대한 유일한 해결책이 국가들 사이의 훨씬 더 강력한 네트워크—말하자면 '슈퍼 유엔' 같은 것—에 있다고 보는 견해도 있다. 한편 이런 정치적 통합이 그렇게 빨리 이루어지기는 어려울 것이라는 회의적인 견해도 있으며, 설령 이루어진다고 해도 그 자체의 불안요인들이 없지 않을 것이다. 그럼에도 불구하고, 상대적인 세계 평화와 번영이 지속된 1945년 이후 시대는 그것의 정치제도들보다 더 영속적인 것으로 나타날 하나의 중요한 선례를 제공했다.

미래 정치의 변화하는 구조와 방향은 틀림없이 대단히 놀라운 결과들을 낳을 것이다. 대다수 사람들은 이전 경험에서 연장된 것을 가장 그럴듯한 것으로 여긴다. 민족국가들의 거침없는 성장이 사실 근대 이래로 줄곧 하나의 주요한 현실이었다. 그러나 지구 수준에서 일견 익숙한 요인들의 새로운 재조합이 색다른 결과로 나타난다면 어찌 될 것인가? 결국, 이것이 바로 랜들 콜린스가 첨단기술에 의한 일자리 대체에 관해 논의하는 바이다. 비록 우리 가운데 누구도 무정부주의를 그리 현실적인 전략으로 생각하지는 않지만, 1968년의 반체제정신은 좌파에든 우파에든 결국 가장 오래도록 남은 그것의 유산들 중 하나였음을 우리는 인정해야만 한다. 어쩌면 이것은 가장자리에서 끈질기게 잔존하는 비국가주의(non-statist)운동들이 대변하는 가치와 조직적 대안들을 더 진지하게 받아들일 것을 요청하는 지도 모른다. 현대에 어떤 변형을 몰고 온 국가권력 및 인민의 대규모 동원은 전쟁이나 폭력혁명과 결부되었다. 무정부주의적 또는 자유지상주의적 요구는 이런 상황에서 정치적으로 유효하지 않을 것이다. 그러나 미래에 비군사적인 일대 비상사태—그것이 생물 종들의 무시무시한 멸종이든 아니면 중간계급 일자리의 무시무시한 소멸이든 간에—가 닥친다면 어찌할 것인가? 나무를 심고, 신기술을 개발하거나 아이들을 교육하고, 노인들을 보살피고, 전반적으로 생명을 북돋아주는 이타적인 사업을 위해 수십억의 사람들을 조직하는 과업을 국가 또는 국가간 동맹이 결국 감당해낼 수 있을 것이라고 우리가 믿게끔 만드는 것은 무엇인지 진지하게 생각해보자. 자기조직적인 동력이 오히려 시대의 흐름이 될 수도 있다. 누가 알겠는가? 심지어 이것이 서로 적대하는 우파와 좌파 진영에서 지금 고조되고 있는 대중운동들 사이에 다리를 놓을 공동의 지반을 열어줄지도 모른다. 여기서 우리는 현대 이데올로기 및 대

중정치의 동역학에 대한 사회과학적 탐구라는 또 하나의
움직이는 전선을 확인할 수 있다.

가변적인 미래 속의 사회과학

정치적 희망이 우리의 이론적 비전을 흐리게 하고 있는
가? 우리의 대답은 이렇다. 우리의 희망과 가설 사이의 연
관을 반성적으로 인정하는 것이, 더욱이 그것이 우리 자신
의 시대를 다룰 때라면, 사회과학에서 이론적 정직성의 한
필수 구성요소라는 것이다. 사회이론은 인간의 행동 패턴
을 분간하게 해주는 다채로운 장면 컷의 렌즈에 비유되곤
한다. 렌즈가 오로지 자신의 신념을 확증하고 무엇이든 그
에 반하는 것을 매도하기 위해 잘리고 깎여 있을 때, 그로
부터 나오는 비전은 단연코 이데올로기적인 것이다. 흔히
정치와 공공토론의 장에서 닳고 닳은 이런 렌즈들은 오히
려 눈가리개 같은 구실을 한다. 이론이란 시험할 수 있는
것이어야 하기에 그와는 다르다. 사회과학에서 그런 시험
에 해당하는 것이 무엇인지는 논란거리였다. 사회과학을
하는 하나의 올바른 방법을 법으로 정하려는 시도를 우려
하는 만큼 우리는 방법론상 다원주의자이다. 하지만 그렇
다고 해서 완전한 상대주의자도 아니다. 문제의 범주와 분

석 수준이 제각기 다름으로 해서 연구자는 적절한 연구 방법을 선택할 자유가 있다. 실험과 통계적 상관관계 분석은 사회과학의 도구상자에서 중요한 자리를 차지하지만, 그것들의 역할이 보편적일 수는 없다. 국지적인 사회 환경을 연구할 때는 체계적인 민족지학적 관찰이 종종 더 많은 것을 드러내준다. 우리가 작업하는 지평인 거시역사적 수준에서, 주된 방법은 커다란 퍼즐 판 위의 점들을 연결하는 것에 비유할 수 있다. 거시역사이론에 대한 또 하나의 시험은 반사실적 가정, 즉 어떤 중대한 역사적 시점에 선택 가능한 것으로 보였지만 실제로는 선택되지 않은 또다른 길들을 가정하는 것이다. 바꿔 말해서 우리는 어떻게 우리가 하나의 역사적 상황에서 다른 역사적 상황으로 옮아가는지, 그리고 구조적 가능성들의 실제 범위와 사건을 좌우하는 요인들은 무엇인지를 모두 보여주어야만 한다. 아마도 이것이 우리가 수행하는 종류의 연구에서 실험에 가까이 도달할 수 있는 방법이 아닐까 싶다.

역사적 사회과학(historical social science)은 처음부터 갈등, 이행, 전환의 문제들을 다루어왔다. 만일 미래가 커다란 위기들로 이어져 있다면 어찌 될 것인가? 이것이 이 책에서 논의하는 주된 질문인 것도 바로 그 때문이다. 사회적 조망은 유동적이고, 종종 요동치며, 어찌 보면 기상도에 더 가깝다고 할 수 있다. 비록 우리가 사후에 돌아보고 어떤 구조가 이동하거나 망가졌고 특정한 처지에서 나오는 어떤 인간의 행위가 결국 새로운 기회를 포착했는지를 정확히 집어내 그 사건들을 설명할 수 있다고 해도, 국지적 사건들이란 본래 우발적인 것이다. 장기적으로 사건들을 예언하는 것은 헛된 일이지만 구조적 지형을 예언하는 것은 그렇지 않다. 날씨와 비슷한 면을 한번 보도록 하자. 가령 내년 1월 13일 시카고에 눈이 올 것이라고 예보하는 것은 무책임한 짓일 것이다. 이것은 우발적인 사건들의 '짧은' 시간에 속한다. 한편 내년 1월에 시카고에 눈이 올 것이라고 예보하는 것은 하찮은 일이다. 이런 진술은 더 긴 구조들의 시간에 속한다. 그렇다면 시카고의 기후가 허리케인의 영향을 자주 받는 플로리다나 아니면 동토인 씨베리아의 툰드라와 비슷해질지도 모를 몇십년 뒤의 미래는 어떤가?

이 책에서 정확한 미래의 씨나리오를 찾고자 하는 독자들은 실망감을 느낄지도 모른다. 하지만 그들의 실망은 부당한 것이다. 사회적 예측에서 정확성의 결여는 집단적으로 우리가 구조상 유효한 수많은 선택지들 앞에 일정한 행동의 자유를 가지고 직면해 있음을 의미한다. 평상시에도 좀더 좋은 결과와 그렇지 못한 결과 사이에서 정치적 선택의 여지가 없지 않겠지만, 그런 선택지는 평상시에는 오히려 제한되어 있다. 반면 현 상태의 정상적인 메커니즘들이 제대로 작동하지 않는 위기의 시기에 선택지는 엄청나게 확대된다. 이러한 시기는 체제적 이행에 관한 의식적인 전략을 요청한다. 인간은 비록 그들 자신이 선택한 상황은 아니라 해도 자신의 미래를 다른 사람들과 충돌하고 또 협력하면서 스스로 만들어나간다. 사회과학은 현 상황은 어떠하며 그 속에서 새로 나타나는 가능성들은 어떤 것인지 분명히 밝혀내야 한다. 더욱이 그 가능성들이 나타나서 이내 사라질지도 모르는 때라면 더 이를 나위도 없다.

이 점에 관해 우리는 현대 사회과학이 역사적 변화의 구조적 가능성들로부터 어떤 가능성을 임의로 추출하는 것을 비판한다. 우리의 비판은 1980년대 이래로 대학의 사회과학을 지배하게 된 사뭇 다른 두가지 주류 — 포스트모더니즘과 신고전주의 경제학 — 에 똑같이 적용된다. 둘 다 그 나름대로 1970년대의 위기에 뒤이은 이름 없는 시기, 좌파운동들의 쇠퇴, 신보수주의적인 세계화 기획 속에 다시 기지개를 켠 미국의 헤게모니적 야심을 반영하고 있다.

인문학에서 더 두드러지게 나타나고 포스트모더니즘이라는 표제 아래 뭉뚱그려진 다양한 지적 조류들은 어떤 거대이론 또는 그것들이 '거대서사'(master-narratives)라 부르는 것에 극히 회의적인 태도를 보이게 되었다. 그 대신에 그것들은 의심, 역설, 체험, 신념의 해체, 문화적 실천에 대한 미시적 해석을 치켜세웠다. 이런 지적 움직임은 1968

년의 반란들로부터, 그리고 여성 및 소수집단의 진출과 함께 대학 인구 구성에 나타난 변화로부터 직접 자라났다. 인간이 자기 자신과 사회 세계에 대해 상상하는 방식들로 관심을 옮긴 것이 그때까지 언급되지도 검토되지도 않은 영역으로 남아 있던 신념의 문제에 새로운 비판적 자각을 불어넣는 데 일조했다. 포스트모더니즘운동은 고여 있던 많은 물들을 휘저었지만, 그것들을 흙탕인 채로 내버려두었다.

그 반대편에서, 사회과학 분야는 신고전주의 경제학과 다른 학문들에 포진한 그것의 형식주의적 모방자들의 지배 아래 들어갔다. 이 상황을 뒷받침하는 구조는 옛날 점성술의 영향력과 그리 다를 바 없다. 교훈 삼자면 스위프트(Jonathan Swift)의 패러디 한 대목이 여기에 제격이다(그의 소설 『걸리버 여행기』에 나오는 천공의 섬 라퓨타 사람들이 수학, 철학, 천문학 등 추상적 학문과 관념을 지고의 가치로 알면서도 점성술을 숭배하며 실생활에 무지하고 비현실적인 탁상공론을 일삼는 데 빗댄 것이다). 근대 이전 점성술은 오늘날의 경제학과 마찬가지로 자타가 공인하는 전문분야였다. 그것은 동서양을 막론하고 사실상 모든 문명에서 통치자들의 귀를 사로잡았다. 그것은 푸짐한 보수를 가져다주었는데, 그도 그럴 것이 인간에게 더없이 불확실하고 불안한 영역을 다루는 전문가들은 최고의 보수를 받아 마땅하기 때문이다. 지대의 가족적 관리에 기반을 둔 제국적·봉건적 정치구조에서 엘리뜨들의 가장 큰 걱정거리는 가계 상속과 급변하는 전투의 운수에 관련된 문제들이었다. 거의 마찬가지로 자본가들의 걱정거리는 불확실한 투자 선택, 시장의 변덕, 그리고 그들의 사업활동이 때로 불러일으키는 대중의 저항에서 나온다. 점성술은 신고전주의 경제학처럼 그 시대 지배계급의 상식에 부합하는 이데올로기적인 학문으로 기능했다. 하지만 한창때의 점성술이 단순히 엘리뜨 이데올로기의 반영에 그친 것은 아니었다. 최전성기의 점성술은 근대 천문학의 기초가 된 경험적 관찰이 아주 오랜 세월에 걸쳐 축적한 토대 위에서 고도로 수리화된 학문이었다. 예언한 대로 사태가 현실로 나타나는 것은 거의 절반 정도밖에 안 되므로, 실제 예측은 직관과 정치감각에 따라 미묘하게 수정되었다. 성공적인 점성술사는 약삭빠른 궁정인의 처신을 완전히 익혀야만 했다. 이는 오늘날의 경영 고문이나 정부 측 경제전문가라는 직업에도 거의 똑같이 들어맞는다.

위기와 그에 따른 정치적 양극화의 시기에 경제전문가와 정치학자 들은 새로운 무언가를 할 수 있는 풍부한 기회를 만날 것이다. 예컨대 대안적 시장조직에 관한 선구적인 연구가 완전히 새로운 전선을 이룰 수도 있다. 시장 가능성을 아예 고려조차 하지 않고 기각해버린 것은 20세기 좌파운동들이 이론과 실천 면에서 저지른 중대한 실수였다. 우리는 조지프 슘페터의 지적 유산을 매우 소중하게 다룬다. 그러나 기업가적 역동성에 관한 그의 이론이 미래에 어떻게 소용에 닿을 것인가? 미래에 기업가들의 역할을 누가, 또는 무엇이 맡을 수 있을 것인가? 기업가적 정력을 시장 창조력을 더 늘리고 파괴를 줄이는 방향으로 활용하는 것은 가능한가?

이에 못지않게 우리는 땅, 돈, 인간의 생명처럼 사고팔 수 없는 '허구적 상품들'에 관한 칼 폴라니의 관념 역시 진지하게 받아들인다. 21세기에 '땅'은 대체로 말해서 환경을 의미하고, '돈'은 세계 금융이며, '인간의 생명'은 질 좋고 적당한 의료와 교육, 주거, 연금, 그리고 역시 우리 도시들의 물리적 안전에 대한 공적 지원을 통해 사회적 재생산 비용을 내부화하는 것을 의미한다. 자본주의 이후의 세계 경제가 서로 다른 원칙에 따라 작동하는 부문들로, 즉 넓은 의미의 공익사업 부문은 사회적 재생산에 우선권을 두고 소비재 및 써비스 부문은 시장 효과에 우선권을 두는 방식으로 조직될 수 있을까? 게다가 자본주의 이후의 경제체제들은 그 자체가 고정되어 있지 않을 것이다. 어느 정도든 간에 사적 소유권과 함께 시장경제로의 주기적인 복귀는 미래에 충분히 일어날 수 있다. 세계가 자본주의적 형태의 경제와 비자본주의적 형태의 경제 사이에서 한층 더 진동을 거듭할지도 모른다. 이 역시 잘 대처해야 할 과제일 것이다.

시장에 대한 혐오 못지않게 정치적으로 해로운 것은 국가 지도력에 대한 혐오이다. 지난 20세기 말의 수십년 동안 정치적 좌파의 좌절에 뒤이은 신보수주의의 부활이 규제 완화 및 세계화를 통해 국가권력에 드세게 도전한 것은 결코 우연의 일치가 아니었다. 현대 국가에서 권력이 비엘리뜨 시민들의 수중에 들어가고 — 민주적 선거나 가두 반란을 통해서, 또는 둘 다를 통해서 — 시장 규제와 사회적 재분배 같은 비자본주의적 목적에 이용될 가능성이 있다는 지극히 현실적인 이유로, 자본가들은 '거대정부'에 의심을 품게 되었다. 거대 복지국가는 1945년 직후 되찾은 평화를 위해 어느정도 용인되어야 했다. 그러나 1970년대에 이르러 특히 미국에서 많은 자본가들은 좌파를 꺾고 전후의 타협을 거꾸로 되돌릴 기회를 잡자 대담해졌다. 이제 이론화를 위한 한가지 중요한 문제는 현대 관료제 국가가 위기와 다가오는 체제적 이행의 시대를 통해 우리의 공동 사안들을 이끌어가는 데 좋은 역할을 할 것인지 나쁜 역할을 할 것인지 아니면 아예 아무런 역할도 하지 않을 것인지 여부다. 이런 큰 질문은 그에 딸린 여러 세부 문제, 실천상의 쟁점들, 그리고 여전히 탐구되어야 할 이론상의 역설들로 가지를 친다. 사회과학자들은 이러한 도전에 응해 결정적 중요성을 갖는 많은 지적 과업을 떠안게 될 것이다.

꼬다(coda)

우리 저자들은 5인조가 되어 세계가 향해 갈지 모르는 행선지들의 범위를 묘사했다. 우리는 우리가 이전 책들에 쓴 많은 논의를 요약하고 미래에 초점을 맞추어 재론했다. 의도한 바대로 이 책은 단일한 선율의 5중주가 아니다. 우리가 기대한 바는 대위법(對位法)의 선율을 이루어내며, 제각기 자기 주제의 함의들을 추구하도록 서로 자극을 주는 것이다. 우리는 복잡미묘한 문제들, 비판적 지적과 반대의 견을 모두 포함시켰다. 또한 극적이거나 심지어 우레 같은 음조도 피하지 않았다. 주된 주제들이 워낙 크고 무겁다보니 그런 음조를 써도 무리가 아닐 것 같았다. 앞으로 몇십 년은 예사롭지 않은, 지난 500년에 비추어볼 때 결코 예사롭지 않은 시기가 될 것이다. 인류 공동의 진로가 크게 방향을 틀고 있지만 그것이 꼭 더 나쁜 쪽으로 나아가는 것은 아니다.

피날레에서는 점점 더 높은음의 낙관이 나타난다. 그 씨나리오가 어떻든 간에 일대 위기와 변형이 세계의 종말이 다가오고 있음을 뜻하는 것은 아니다. 사회학의 축적된 지식에 근거해 보건대, 사회조직 속에서 연관된 인간들이 존재하는 한 언제라도 역사가 끝나리라고 믿을 이유는 없다. 세계 핵전쟁이나 환경의 붕괴를 포함한 최악의 씨나리오들은, 바로 인류 공동의 절멸이 몇십년 동안 실재하는 위험으로 널리 주의를 끌어왔기 때문에, 다행히도 피할 수 있을 것으로 보인다. 자본주의의 종말이 그런 종류의 대재앙은 아니다. 현대 세계 정치경제를 지탱하는 구조들의 위기는 최후심판의 날에 관한 예언과는 거리가 멀다. 궁극적으로 자본주의의 종말은 하나의 희망적인 비전이다. 물론 그것은 그 자체의 위험들과 함께 온다. 우리는 20세기 초에 위기에 대응해 반자본주의적 대안을 도모하려던 시도들이 전체주의적 경향을 발현시키고 관료주의적 관성으로 귀결하고 말았다는 것을 명심해야만 한다. 또한 우리는 그 반자본주의적 기획들이 세계전쟁의 와중에 구성된 국가기구들과 인적 자원으로부터 나왔음을 잊어서는 안 된다. 바야흐로 수십년 동안의 결정적인 정치적 벡터들은 지구 행성 전역에서 군국주의를 억제하고 민주주의적 인권을 제도화해야 할 것이다. 자본주의 정치경제의 막다른 궁지는 우리가 오랫동안 유토피아적이라고 여겨온 이념이 새로운 종류의 정치경제에서 조만간 기술적으로 실현 가능한 토대를 얻을 역사적 전기를 가져다준다. 게다가 그것은 우리가 우리 행성의 생물권(生物圈, bioshpere)에 대한 위협들에 더 잘 대처하고, 인류가 금세기에 언젠가 직면하게 될 여러 다른 과업을 더 잘 처리하는 데 도움을 줄 것이다.

자본주의 이후가 죽음 같은 정체기로 인도할 것을 걱정

하는 사람들은 확실히 틀렸다. 자본주의 이후가 자체 위기가 없는 영속적인 낙원으로 인도하기를 기대하는 사람들도 필시 틀렸다. 위기—그리고 우리 중 몇몇의 예언에 따르면 21세기 중엽 자본주의 이후로의 이행—이후에 예기치 않은 사건들이 수도 없이 일어날 것이다. 바라건대 그 중 많은 사건이 좋은 것이었으면 한다. 어찌 될지 우리는 보게 될 것이다, 그것도 머지않아서.

이매뉴얼 월러스틴, 랜들 콜린스, 마이클 맨,
게오르기 데를루기얀, 크레이그 캘훈

옮긴이의 말

돌이켜보면 한국 베이비붐 세대의 인생 싸이클은 한국 경제의 싸이클과 얼추 맞아떨어지는 것 같다. 그 세대에 속하는 옮긴이의 성장기가 한국경제의 고도성장기에 걸쳐 있으니 말이다. 하지만 오르막은 내리막의 전 단계인 법. 경제 도약, 압축 성장, 사상 최대의 호황을 구가하던 시절은 언젠가부터 신자유주의, 세계화, 구조조정, 유연화, 민영화 운운하는 소리에 묻혀 점점 더 멀어져갔다. 이것들 탓인지 아닌지는 잘 모르겠지만, 여하튼 그런 단어들이 귓전에 맴돌던 무렵부터 주위에서 살림살이, 세상살이가 점점 더 팍팍하고 고단해진다는 한숨소리가 부쩍 는 것은 확실하다. 아닌 게 아니라 요 근래는 청년실업이니 워킹푸어(working poor)니 프레카리아트(precariat), 심지어 삼포세대 같은 우울한 단어들이 상식어가 되었다.

불안정한 삶과 어려운 경제 형편보다 더 심각한 문제는 조만간 나아지리라는 전망이 잘 안 보인다는 것, 더 나아가 한국경제, 세계경제의 복원력과 성장 동력에 대한 회의와 불안이 커지고 있다는 것이다. 그럼에도 대부분의 사람들에게 자본주의 체제의 종말은 여전히 지구 종말을 그린 공상영화에서나 있을 법한 일로 느껴진다. 좋든 싫든 그 체제가 우리의 삶과 의식을 전면적으로 지배해온지라, 말하자면 오늘날 우리는 감옥 밖으로의 탈출을 상상하기 힘든 태생적인 포로처럼 되어버린 것 같다. 그럴 만도 한 게 그 체제는 무려 500여년 동안 대다수 인류의 삶을 그렇게 지배해왔고, 번번이 개량 모델로 재등장하는 터미네이터 씨리즈처럼 위기를 겪을 때마다 늘 업그레이드된 버전으로 진화해온 것이다. 더욱이 지난 세기 말에 사회주의권이 붕괴하고 신자유주의 이데올로기가 맹위를 떨치면서 자본주의는 인간 본성에 따른 유일하고 영원한 체제로 여겨지기에 이르렀다.

이렇듯 많은 사람들에게 하나의 믿음이 된 자본주의의 지속가능성이 바로 이 책에서 묻고자 하는 대상이다. '자본주의는 미래가 있는가?' 다섯명의 논자가 제각기 이 질문에 답한다. 아마도 거시역사사회학의 시각과 방법론을 공유한다는 이유로 '5인조'가 된 저자들은 그런 관점에서 현 세계 상황에 대한 진단과 문제의식을 같이한다. 이들은 그 원인과 의미에 대해서는 의견차가 있겠지만 대체로 과도한 금융화와 세계적 불평등(양극화), 시장근본주의에 의한 자본주의 기반의 침식, 미국 헤게모니의 쇠퇴에 따른 지정학상의 지각변동, 그리고 전쟁과 생태위기의 위협 등으로 현 세계경제가 중대한 국면을 맞고 있다는 데 의견을 같이한다. 하지만 그 미래에 대한 비전까지 공유하지는 않는다.

먼저, 이미 열몇권의 저서가 우리말로 번역되어 소개된 이매뉴얼 월러스틴은 그가 개척한 근대세계체제론의 기본 전제, 즉 자본주의는 특유의 작동 규칙들을 지닌 하나의 역사적 체제(historical system)라는 전제에서 출발한다. 이 체제는 팽창과 수축의 주기적 리듬(이른바 꼰드라띠예프 싸이클)을 따라 진행하지만, 더이상의 팽창 여지도 조정 가능성도 닫히는 점근선에 다가감에 따라 평형상태로부터 멀어져 정상상태로의 복귀가 아예 불가능한 체제적 위기를 맞는다. 노동비용과 복지비용, 환경비용 등의 비용 상승이 생산자의 이윤을 점점 더 압박하는 것이 이 체제의 장기적 추세이며, 그래서 더이상 자본의 끝없는 축적이 불가능해지는 체제의 분기점이 온다는 것이다. 월러스틴은 금세기 중엽이 그 시점이 될 것이라고 예측한다. 그렇다면 지금 우리는 자본주의의 황혼기에 접어든 것이다.

월러스틴의 비전에 가장 근접한 저자는 랜들 콜린스다. 그 역시 자본주의의 발전논리 속에서 구조적 위기를 자초하는 메커니즘을 찾아내지만, 여기서 그가 주목하는 것은 기술의 발달에 따라 인간의 노동이 대체되는 구체적인 메커니즘이다. 이른바 '노동의 기술적 대체'는 산업혁명 이래로 새로운 일이 아니다. 하지만 그동안의 기계화는 주로 블루칼라 노동을 대체했고, 화이트칼라 일자리의 증가로 그 충격이 흡수되었다. 그러나 최근 컴퓨터 및 정보통신기술의 발달은 사무·관리·전문직 일자리를 위협하고 있다. 게다가 지난날 기술적 대체에 따른 위기를 벗어날 수 있었던 다섯가지 탈출로가 모두 봉쇄되어 자본주의는 이제 막다른 길에 다다랐다는 것이다. 이렇듯 월러스틴이 이윤 추구의 한계를 중심으로 자본주의 체제의 위기를 추론한다면, 콜린스는 주로 고용 유지의 한계를 통해 같은 결론에 도달한다. 그는 "사회주의적 소유와 강력한 중앙의 규제 및 계획을 의미하는 어떤 비자본주의 체제로"(139면) 이행하는 것만이 유일한 돌파구가 될 것이라고 강조하면서, 장기적인 미래는 아마도 자본주의적 형태와 사회주의적 형태의 정치경제체제 사이에서 진동할 것이라고 예측한다.

마이클 맨과 크레이크 캘훈은 이 두 논자에 대해 대립각을 세운다. 그들은 자본주의를 하나의 자족적 체제로 보지 않으며, 체제적 위기를 자초하는 일반적인 운동법칙 같은 것이 있다고 보지도 않는다. 또한 자본주의는 경제체제일 뿐만 아니라 법적·제도적 체제이기도 하기 때문에 그것을 위협하는 요인들은 경제적인 것들에 그치지 않는다. 맨은 사회를 다중적인 네트워크들, 특히 이데올로기·경제·군사·정치 권력관계라는 네가지 네트워크들의 복잡한 상호작용이라는 관점에서 바라보며, 이같은 자신의 사회분석틀을 대공황과 현재의 대침체에 적용하여 거기에 경제만이 아니라 이데올로기, 정치, 군사, 지정학 등 다양한 범주의 인과사슬이 다소 우연하게 교차하고 있음을 보여준다. 그는 자본주의의 붕괴나 어떤 대변혁보다는 저성장의 세계자본주의로 지속할 가능성을 내다보며, 오히려 자본주의 자체에서 오는 위기보다는 핵전쟁이나 기후변화처럼 그 밖으로부터 오는 위기와 파국의 씨나리오를 더 우려한다. 특히 환경위기에 대처하려면 그에 책임이 있는 자본주의, 민족국가, 소비 시민권을 규제해야 하며, 이를 위해서는 초국가적 연대와 저성장 경제의 수용이 필요하다고 제안한다.

캘훈 역시 자본주의 종말론에 고개를 젓는데, 그렇다고 해서 그 미래가 안전하다는 것은 아니다. 극도의 금융화, 비용의 외부화, 자원 및 생태 위기 같은 문제들이 치명타가 될 수도 있다. 그가 보기에 자본주의를 진정으로 위협하는 것은 경제위기 자체가 아니라 그것이 다른 위기들과

교차하는 상황, 또는 자본주의가 의존하는 조건들(국가,
사회제도, 자연 등)이 파괴되는 상황이다. 그럼에도 그는
맨과 마찬가지로 자본주의의 존속에 대해 낙관적이다. 그
것은 개혁된 형태로, 이를테면 중국의 국가자본주의 같은
형태로 온존할 수도 있고, 지배적인 지위를 잃어버린 채
상이한 경제체제들과 결합되거나 지역에 따라 다른 비중
으로 존속할 수도 있다. 여하튼 자본주의는 앞으로 몇세대
에 걸쳐 사뭇 다른 형태로 변형될 것이라는 게 저자의 예
측이다.

　끝으로, 게오르기 데를루기얀은 이 대립 구도에서 한발
짝 물러나 자본주의에 대한 최초의 대안으로 떠올랐던 쏘
비에뜨 체제의 운명을 되짚는다. 저자가 길게 소개하듯이,
1970년대에 이미 월러스틴과 콜린스는 서로 다른 근거에
서—전자는 자본주의 세계경제의 구조적 압박, 후자는
지정학적 과대 확장에 따른 압박을 근거로—소련의 멸망
을 예언한 바 있다. 1917년 볼셰비끼 혁명의 지정학적 지
반, 성공적인 산업화가 낳은 체제의 딜레마, 노멘끌라뚜라
가 지배하는 관료제적 지배체제의 경직화, 그리고 체제 말
기의 위기 상황에서 드러난 지배 엘리뜨의 무능과 이탈에
대한 그의 기술은 구조적 한계를 안고 있는 한 체제가 일
련의 우발 사태에 대한 집단대응의 실패를 통해서 순식간
에 그리고 허망하게 침몰할 수 있음을 잘 보여준다. 또한

같은 시기에 정치적 위기에 직면한 중국이 어떻게 체제의 붕괴를 피하고 오늘날 자본주의 세계의 한 주역으로 떠오를 수 있었는지에 대한 흥미로운 비교분석은 소련의 붕괴에 대한 저자의 논의를 더욱 선명하게 드러내준다.

자본주의의 미래에 대한 비전과 씨나리오는 이렇듯 저자들마다 제각기 다르다. 하지만 이러한 차이를 넘어 다섯 저자들이 기본적으로 함께 도달하는 결론이 있다. 지극히 상식적인 말로 들릴지 모르겠지만, 미래는 불확실하며 다양한 가능성들이 열려 있다는 것이다. 서두에서 밝히듯이, 예측 가능한 것은 사건이나 구체적 씨나리오가 아니라 심층의 구조적 동역학이다. 체제적 위기에 대한 예측 또한 과거의 경험에서 관찰된 장기적 추세 또는 동역학을 미래에 투사한 결과일 따름이다. 과거의 추세나 동역학이 미래에 그대로 발현되리라고 장담할 수는 없다.

설령 체제적 위기가 닥친다 해도 그 이후의 이행에 관해서는 그야말로 예측이 불가능하다. 그럴 수밖에 없는 것이 체제가 정상궤도에서 이탈한 이 시기에는 평상시엔 닫혀 있던 수많은 가능성들이 열리기 때문이며, 그래서 인간사회의 집단의지와 선택이 무엇보다도 중요한 변수가 되기 때문이다. 마이클 맨은 자신의 논의를 이렇게 맺는다. "인류는 원칙적으로 미래에 관한 더 좋은 씨나리오나 더 나쁜 시나리오들 사이에서 선택할 자유가 있다. (…) 우리는 때로 이성적으로 행동하며, 또한 때론 감정적으로, 이데 올로기적으로, 비이성적으로 행동한다. 결국 이것이 자본 주의든 이 세계든 우리가 그 미래를 예언할 수 없는 이유 다"(198~99면). 집단적 선택의 문제라는 것은 곧 정치적 결 단의 문제라는 뜻이다.

시장근본주의자가 아니라면, 그리고 꼭 '정치경제학' 의 옹호자가 아니더라도 경제와 정치가 서로 불가침의 영 역이 아니라 본래 불가분의 관계라는 데 대개 이의가 없을 것이다. 제2차 세계대전 이후 1970년대에 이르는 이른바 '자본주의의 황금시대'에 경제적 불평등이 축소되고 이후 신자유주의 시대에 불평등이 다시 확대된 것이 꼭 경기순 환으로만 설명되지는 않을 것이다. 마찬가지로 오늘날 같 은 시장경제하에서도 북유럽 모델과 미국 모델이 상이한 것이 경제논리로만 설명되지는 않을 것이다. 몇몇 저자들 도 논의하듯이, 기업이 외부화하는 각종 비용을 처리하고, 각종 위험을 관리하며 안전판 역할을 하는 국가 및 사회 제도가 없다면 자본주의는 도저히 작동하지 못할 것이다. 따라서 자본주의는 그러한 비용 및 위험 분담에 대한 공동 체의 정치적 동의에 의존하는 것이다.

저자들이 제시하는 미래의 대안 체제들 가운데 어느 것 도, 설령 그것이 마이클 맨의 예측대로 저성장의 자본주의 사회라 해도, 우리의 정치적 의지와 무관하게 필연으로 다가오는 것은 아니다. 자본주의와 사회주의의 역사가 보여주듯이, 미래의 대안 체제에 대한 정치적 선택은 서로 다른 이해관계만이 아니라 서로 다른 '정신' 사이의 갈등과 투쟁에 따라 결정될 것이다. 월러스틴은 "인정을 하든 안 하든 간에, 우리는 후속 체제를 위한 투쟁이 한창인 때를 살고 있다"라고 말한다(69면). 이 말이 옳든 아니든 간에, 위기를 의식하는 것 자체가 스스로의 운명을 통제하는 첫걸음이 될 것이다. 저자들은 이 책 마지막 장의 결론 제목을 '진지해지기'(Getting Real)라고 붙인다.

이 책이 저자들 사이의 진지한 토론장으로 쓰인 것처럼, 저자들은 이 지면상의 토론이 널리 세상의 토론장으로 이어지기를 바라는 마음에서 "좀더 이해하기 쉬운 형식으로 쓰려고 했다"라고 서두에서 밝히고 있다. 이 말에 용기를 내어 읽어가면서, 나는 실제로 그렇게 애쓰고 고심한 흔적을 볼 수 있었다. 물론 자본주의의 미래를 묻는 거대한 질문에 대해 저마다 복잡하기 그지없는 논의를 한편의 짧은 글에 담다보니 내용이 그리 녹록지만은 않다. 그럼에도 저자들의 그런 노력이 없었다면, 경제 지식이 얕은 옮긴이로서는 번역은 고사하고 독해하기도 버거웠을 것이다. 그런데 막상 우리말로 옮긴 원고가 생각처럼 쉽게 읽히지 않아서 용기가 과했다 싶을 정도로 몹시 난감했다. 다행히 주위 분들의 친절한 도움으로 많은 오역과 미숙한 문장을 바로잡을 수 있었다. 끝으로, 늘 격려와 가르침을 베풀어주신 나종일 선생님, 한남대학교의 여러 선생님들, 창비 편집진과 정편집실의 김정혜 선생님께 깊이 감사드린다.

2014년 11월
성백용

지은이 · 옮긴이 소개

이매뉴얼 월러스틴 Immanuel Wallerstein

뉴욕주립 빙엄튼대 페르낭브로델쎈터 명예소장, 예일대 수석연구학자. 국제사회학회(ISA) 회장을 역임했다. 세계체제 분석을 선구적으로 진행했으며 한국에 많은 저서가 소개되었다. 『근대세계체제』(3권) 『역사적 자본주의/자본주의 문명』 『사회과학으로부터의 탈피』 『반체제운동』(공저) 『자유주의 이후』 『사회과학의 개방』(공저) 『이행의 시대』(공저) 『유토피스틱스』 『우리가 아는 세계의 종언』 『미국 패권의 몰락』 외에 주요 저서로 *The Capitalist World-Economy*; *The Politics of the World-Economy*; *Geopolitics and Geoculture*; *Africa and the Modern World*; *Race, Nation, Class*(공저) 등이 있다.

랜들 콜린스 Randall Collins

펜실베이니아대 사회학 교수. 정치경제적 변동에 대한 거시역사사회학의 대가로 현대의 손꼽히는 사회학자다. *Conflict Sociology*; *The Credential Society*; *The Sociology of Philosophies: A Global Theory of Intellectual Change*; *Macro-History: Essays in Sociology of the Long Run*; *Violence: A Micro-Sociological Theory* 등의 저서가 있고 한국어판으로 『사회적 삶의 에너지』 『사회학 본능』 등이 출간되었다.

마이클 맨 Michael Mann

캘리포니아대 로스앤젤레스 캠퍼스(UCLA) 사회학 석좌교수. 사회계층을 역사와 사회적 권력의 성격과 관련지어 연구하며 사회적 권력이 군사·경제·정치·이데올로기의 다원적 근거를 가지고 역사적으로 변하는 것임을 밝히고 있다. *The Sources of Social Power*(전4권); *The Dark Side of Democracy: Explaining Ethnic Cleansing*; *Fascists*;

The Autonomous Power of the State 등의 저서가 있고, 한국어판으로 『분별없는 제국: 미국의 일방주의와 패권적 신군사주의』『사라진 권력 살아날 권력』(대담집)이 출간되었다.

게오르기 데를루기얀 Georgi Derluguian

뉴욕대 아부다비 캠퍼스(NYU Abu Dhabi) 사회학 교수. 1980년대 이래 아프리카·중앙아시아·까프까즈의 게릴라운동, 혁명, 내전 등에 관한 현장연구를 진행하고, 민족주의 지식인의 사회적 기원과 시장 개혁의 정치학을 연구하고 있다. 저서로 *Bourdieu's Secret Admirer in the Caucasus: A Biography in World-Systems Perspective*가 있으며, 이 책은 2006년 『더 타임즈』의 서평 섹션에서 '올해의 책'에 선정되기도 했다.

크레이그 캘훈 Craig Calhoun

런던정경대(LSE) 학장. 비판이론의 전통을 확장해 실증적 역사·사회연구에 접목하여 사회과학의 공적 기여를 강조했다. 코스모폴리터니즘, 문화와 커뮤니케이션, 인도주의, 사회운동, 기술변화의 영향 등 광범위한 분야에 걸쳐 연구한다. 사회과학연구협의회(Social Science Research Council) 회장을 역임했으며 *The Question of Class Struggle*; *Sociology*; *Neither Gods Nor Emperors: Students and the Struggle for Democracy in China*; *Critical Social Theory*; *Nations Matter: Culture, History, and the Cosmopolitan Dream* 등의 저서가 있다.

옮긴이 성백용 成白庸

서울대 서양사학과에서 박사학위를 받았고 한남대학교 역사교육과 교수로 재직 중이다. 저서로 『영웅 만들기』(공저), 역서로 『사회과학으로부터의 탈피』『세 위계: 봉건제의 상상세계』『영웅은 어떻게 만들어지는가』『사생활의 역사』(공역) 등이 있다.

찾아보기

자본주의는 미래가 있는가

초판 1쇄 발행 / 2014년 11월 28일
초판 3쇄 발행 / 2022년 10월 25일

지은이 / 이매뉴얼 월러스틴 · 랜들 콜린스 · 마이클 맨 ·
　　　　게오르기 데를루기얀 · 크레이그 캘훈
옮긴이 / 성백용
펴낸이 / 강일우
책임편집 / 정편집실
펴낸곳 / (주)창비
등록 / 1986년 8월 5일 제85호
주소 / 10881 경기도 파주시 회동길 184
전화 / 031-955-3333
팩시밀리 / 영업 031-955-3399　편집 031-955-3400
홈페이지 / www.changbi.com
전자우편 / human@changbi.com

한국어판 ⓒ (주)창비 2014
ISBN 978-89-364-8592-4　03300